RAINER HOLBE
PHANTASTISCHE
PHÄNOMENE

In memoriam
Bobby und Minna

RAINER HOLBE

PHANTASTISCHE
PHÄNOMENE

DEN GROSSEN RÄTSELN
AUF DER SPUR

Mit 31 Farbfotos

H E R B I G

Bildnachweis

Pressestelle SAT.1, Berlin; Dr. Elmar R. Gruber; Archiv des Autors.

Wissenschaftliche Beratung

Dr. Johannes Fiebag

Vor- und Nachsatz: Der Uluru, der heilige Berg der australischen Ureinwohner, die davon überzeugt sind, »daß unsere Existenz einer Traumzeit gleicht und wir gerade damit beginnen, das Überleben in alle Ewigkeit zu erlernen«.

Gedruckt auf chlorfrei gebleichtem Papier

Umschlagentwurf: Adolf Bachmann, Reischach
Umschlagbild: Joseph Drivas, TIB, München
Satz: Schaber Satz- und Datentechnik, Wels
Gesetzt aus 11/13 Punkt September auf Scantext 2000
Reproduktionen: Grafisches Atelier Krah, Geisenbrunn
Druck und Binden: Wiener Verlag, Himberg
Printed in Austria
ISBN 3-7766-1772-1

Inhalt

1 Es gibt keine Wunder

Ein Vorwort

Nach der ersten Sendung von *Phantastische Phänomene* war der Jubel groß. Die Einschaltquote stimmte, Zuschauer schrieben begeisterte Briefe; nur die Damen und Herren in den Redaktionen der großen Zeitungen rümpften die Nase. So monierte die *Frankfurter Rundschau* Wünschelrutengänger, Feuerläufer und Hypnose als *kollektiven Aberglauben*. Pikanterweise hatte der Kritiker übersehen, daß seine Zeitung in ihrem wissenschaftlichen Teil einige Wochen vorher einen Artikel unter der Überschrift *Der Entwicklungshelfer mit der Rute – Selbst Skeptiker sind beeindruckt* veröffentlicht hatte, in dem von der Arbeit eines Wasserbauingenieurs in der Dritten Welt berichtet wurde. Dieser Mann war bei einer wissenschaftlichen Untersuchung des Rutengehens zwei Münchner Physikern aufgefallen. Inzwischen hat sich herausgestellt, daß er mit 95prozentiger Sicherheit in Ländern wie Namibia und Kenia den Standort eines Wasserreservoirs bestimmen kann.

Rutengänger *fühlen* das Wasser. Ihr Instrument ist nur ein Werkzeug, der verlängerte Arm. Das alles ist keine Zauberei, aber wissenschaftlich noch nicht erklärt. Man spekuliert gerade über das Phänomen. Ähnlich unklar ist, warum sich Feuerläufer bei ihrem Gang über glühende Kohlen nicht die Füße verbrennen, oder warum ein Experiment funktioniert, bei dem ein Mann mit den Augen eines anderen Menschen sehen kann: ASW – außersinnliche Wahrnehmung.

Phantastische Phänomene sind keine Wunder, denn sie stehen nicht *im Gegensatz zur Natur,* sondern nur zu dem, *was wir von der Natur wissen.* Schon der Kirchenlehrer Augustinus hat darüber spekuliert. Inzwischen wissen wir mehr. Unsere Astronomen dringen mit immer besseren Instrumenten in die Tiefen des Universums vor, entdecken fast jeden Tag ferne Sonnen, Pulsare und Quasare, schwarze Löcher und riesige Galaxien, Millionen Lichtjahre von uns entfernt. Gleichzeitig forschen unsere Physiker nach den Geheimnissen des Mikrokosmos, stoßen auf die winzig kleinen Bausteine der Materie, die sie Quanten nennen, der Grundstoff, aus dem das gesamte Universum besteht. Geradezu revolutionär ist die Erkenntnis, daß sich Quanten nur dann als Teilchen manifestieren, wenn wir sie *beobachten.* Sind wir Schöpfer und Geschöpfe gleichzeitig?

In diesen aufregenden Zeiten gewinnt der Satz der alten griechischen Philosophen, die ihre Schriften unter dem Namen des Weisheitsgottes Hermes Trismegistos niederlegten, eine neue Dimension: *So wie im Großen, so im Kleinen.*

Erst die Menschen unserer Zeit können beobachten, daß die Strukturen im Universum – beispielsweise die Funktion unseres Sonnensystems – ihre Entsprechung in der Welt des Unsichtbaren haben – beispielsweise dem Atom-Modell. Einstein verblüffte mit der Aussage, Raum und Zeit seien keine selbständigen Einheiten, sondern miteinander verbunden und Teile eines größeren Ganzen, das er *Raum-Zeit-Kontinuum* nennt.

Die in diesem Buch geschilderten *Phantastischen Phänomene* sind also keine Wunder, keine Ausnahmeerscheinungen der Natur. Sie sind weder als *paranormal,* noch als *übersinnlich* einzustufen, sondern lediglich Hinweise auf ein bisher unerschlossenes Geheimnis. Der Physiker David Bohm und der Gehirnforscher Karl Pribram erklären Phänomene wie Gedankenübertragung, außersinnliche Wahrnehmung, Selbstheilung, Wiedergeburt und Hellsehen wissenschaftlich mit Hilfe der holographischen Weltbild-Theorie: Das Universum ist ein riesiges Hologramm, in dem alles miteinander verbunden und in jedem Teilstück das Ganze enthalten ist. Im Daumennagel unserer rechten Hand müßte also ein Abbild der Struktur des Andromeda-Nebels enthalten sein, jener riesigen, uns benachbarten Galaxie im Weltall.

Bemerkenswert auch die Idee des englischen Biologen Rupert Sheldrake von der Natur *morphogenetischer Felder,* die als eine Art Erdgedächtnis die gesammelten Informationen sowohl der menschlichen Geschichte als auch der gesamten Evolution enthalten. Sheldrakes Konzept der *morphologischen Resonanz* besagt, daß einander ähnliche Strukturen mittels ihrer *morphogenetischen Felder* über Zeit und Raum hinweg miteinander kommunizieren.

Um seine Idee zu erläutern, benutzt Sheldrake gerne den Vergleich mit einem Fernsehapparat. Der Nachrichtensprecher sitzt nicht in dem Gerät, sondern verbreitet seine Informationen aus einem weit entfernten Studio. Ähnlich müßten wir uns die Funktionsweise unseres Gehirns vorstellen. Es sei lediglich ein Apparat, der uns Informationen aus nicht-räumlichen *morphogenetischen Feldern* vermittelt. Sheldrake stellt die ketzerische Frage, ob nicht vielleicht die Idee, daß das Gehirn unser Gedächtnis enthält, ein Irrtum sein könnte. Es wäre eher mit dem Fernsehapparat als mit dem Programm vergleichbar. Anders gesagt: Unsere Persönlichkeit – also unser *Ich* – ist ebensowenig in unserem Kopf zu finden wie der Nachrichtensprecher im Fernsehgerät.

»Wenn so etwas möglich ist«, schrieb die *Zeit,* »dann gäbe es keinen Grund, warum Gedankenübertragung nicht existieren könnte, keinen Grund, warum Gebete nicht wirksam sein sollten, und nichts spräche mehr gegen jederlei religiöse oder gar mystische, also höchst unwissenschaftliche Überzeugungen.«

Wirklich radikal an Sheldrakes Theorie ist die Vorstellung, daß unsere Ideen und Naturgesetze nicht zeitlos und unwandelbar sind, sondern sich ständig verändern und weiterentwickeln. Was wir *Naturgesetze* nennen, sind vielleicht nur *Gewohnheiten.*

Im Moment verdoppelt sich das Wissen auf der Erde alle fünf Jahre. Niemand von uns ist in der Lage, sämtliche neuen Ideen, Erfindungen, Entdeckungen und Philosophien zu kennen, geschweige denn zu verinnerlichen. Es gibt kein Weltbild, sondern nur ein Bild, das wir uns von der Welt machen. Wir sollten also ständig bereit sein, unseren Standpunkt zu korrigieren, wenn wir neue Informationen und Eindrücke erhalten.

In diesem Buch sind nicht nur viele *Phantastische Phänomene* beschrieben und analysiert, sondern auch Übungen enthalten, wie man neue Erkenntnisse für sich selbst anwendet. Wenn es überhaupt eine Botschaft gibt, dann die von der Grenzenlosigkeit unseres Geistes und all jener Möglichkeiten, von denen Sie jetzt vielleicht noch nichts wissen. Folgen wir also dem Rat des englischen Philosophen Francis Bacon, und machen wir aus einfachen Dingen keine Wunder, sondern reduzieren Wunder zu einfachen Dingen.

Rainer Holbe

PS: Von der Existenz einiger der dargestellten Phänomene können sich die Leser in eigenen Übungen selbst überzeugen. Sie sind in der Regel harmlos, und ihre Ergebnisse verblüffend. Vorsichtshalber erwähne ich dennoch, daß jeder selbst verantwortlich ist und Autor und Verlag jede Haftung ablehnen.

10

2 Der Sieg über die Angst

Die geheimnisvollen Rätsel des Feuerlaufens

Der Mond ist gerade voll geworden und die Nacht sternenklar. Meterhohe Flammen fressen sich in die Buchenholzscheite. Vier Meter lang, etwa 1,50 Meter breit und etwa genau so hoch ist der Stapel, der sich knisternd und langsam in Asche verwandelt.

Ohne Feuer gäbe es keine menschliche Kultur. Seit Jahrtausenden wärmt es die Menschen, erhellt ihre Nächte, macht ihre Nahrung genießbar, trennt ihre Mineralien im glutvollen Prozeß des Werdens. Für die Christen symbolisiert das Feuer die Wahrheit des Geistes. Jesus sagte: »Ich bin gekommen, Feuer auf die Erde zu werfen, und wie sehr wünschte ich, es loderte empor!« Zu allen Zeiten schuf das feurige Element eine Verbindung zwischen den Göttern und den Menschen. Und auch Pamina und Tamino, die Helden der *Zauberflöte,* unterziehen sich der Feuerprobe, um ihre Liebe und Treue zu beweisen.

Feuer kann zerstören und erhalten, erneuern und reinigen. Sein Erlöschen und Wiederanzünden ist symbolträchtiger Ausdruck für das Ende und den Neubeginn wichtiger Lebenszyklen. Eine Mutprobe ist oft auch eine Feuerprobe. Die Angst überwinden und sich dem scheinbar Unmöglichen stellen: dem Gang über glühende Kohlen.

Dagmar, Peter, Hans und Konrad sind dazu bereit. Sie halten sich an den Händen, die zuckenden Flammen werfen roten Schein auf ihre Gesichter. Drei Männer und eine Frau wollen mit nackten Füßen einen sechs Meter langen Feuer-teppich überqueren, in dessen Mitte es etwa 900 Grad heiß ist. Sie werden sich dabei nicht verletzen, obwohl sie wissen, daß menschliches Gewebe schon bei der Berührung mit 70 Grad heißer Materie verbrennt. Und danach wird für sie nichts mehr so sein, wie es einmal war. Wer über glühende Kohlen laufen kann, hat die Macht seines Willens kennengelernt, die Kraft seines grenzenlosen Geistes.

So jedenfalls lautet die Botschaft der zahlreichen Feuerlauf-lehrer, die das Ritual des Feuerlaufens meist an das Ende ihrer Seminare setzen, in denen es um das Entdecken bisher unerkannter Möglichkeiten von Körper, Geist und Seele geht: »Glaubt an Euch selbst, glaubt unbeirrbar daran, daß die kosmische Kraft Euch schützen wird. Daran besteht nicht der geringste Zweifel.«

Solchen Optimismus verbreitet auch Dr. Kurt E. Schweig-hardt, der vorwiegend Frauen und Männer aus den Chef-etagen großer Unternehmen im Feuerlaufen unterweist. Sie versprechen sich eine Steigerung der Motivation und Ent-scheidungsfreudigkeit. Denn wer kraft seines Geistes unbe-schadet über glühende Kohlen gegangen ist, der weiß aus eigener Erfahrung, daß er mit Hilfe einer positiven Einstel-lung alles erreichen kann, was er sich vorgenommen hat.

Die zuckenden Flammen verbreiten inzwischen eine solche Hitze, daß die umstehenden Zuschauer zurückweichen. Neugierig, aber auch ein wenig mitleidig, schauen sie auf die Feuerläufer. Ist ihr Lachen echt, verbirgt sich nicht doch auch eine tiefe Angst hinter ihren Mienen?

Zum Ritual gehört, daß die Teilnehmer vor dem Anzünden des Feuers einen Zettel auf den Holzstoß gelegt haben, auf dem sie all jene Eigenschaften notierten, von denen sie sich gerne befreien möchten. Damit übergeben sie alles Negati-ve gewissermaßen den Flammen.

Dr. Kurt E. Schweighardt bittet nun seine Leute, sich mit ihm in ein nahes Haus zurückzuziehen, um eine letzte Entspannungsübung zu praktizieren. Schon während des ganzen Tages hat er ihnen immer wieder versichert: »Wenn Ihr glaubt, Ihr könnt über rotglühende Kohlen gehen, so könnt Ihr es – das ist unumstößlich gewiß. Wer es sich jedoch nicht zutraut, durch die Glut zu gehen, der braucht sich nicht zu genieren. Manchmal ist es mutiger, gegen den Strom zu schwimmen, als mitzumachen. Jeder muß ganz allein für sich entscheiden, ob er glaubt, genügend kosmische Energie gesammelt zu haben, um durch das Feuer zu gehen. Wessen Glaube jedoch stark genug ist, der wird es ganz sicher schaffen.«

Dann erläuterte er ihnen die Bedeutung der Silbe *Aum* (auch Om), die heilige Silbe der Hindus. Gedehnt und laut ausgesprochen schafft sie eine Resonanz, deren Vibration im Schädel zu spüren ist und auf Geist und Seele wirken soll. *Aum* ist das Symbol für den unvergänglichen und unbegrenzten Geist, das höchste Ziel menschlichen Strebens. Als akustisches Hilfsmittel – *Mantra* – gesprochen, soll es vor und während des Feuerlaufs dem Menschen helfen, sich über die Grenzen seines alltäglichen Ichs zu erheben und Kräfte zu entwickeln, die das Unmögliche möglich machen.

Noch sitzen die Teilnehmer auf ihren Stühlen, die Augen geschlossen. Ihre Hände liegen auf den Knien. Sie wirken entspannt. Schweighardt gibt ihnen die letzte Suggestion: »Ich weiß, daß diese Entspannungsübung mich körperlich und seelisch erneuert. Ich bleibe während der ganzen Übung Herr meines Willens. Ich kann bei unangenehmen Gefühlen die Übung jederzeit beenden. Nach der Übung bin ich wieder voll aktiv und handlungsfähig. Gleich werde ich über glühende Kohlen gehen, aber mein unbedingter

Glaube bewirkt, daß mir nichts geschieht. In meiner Vorstellung wird es mir erscheinen, als gehe ich über einen Teppich aus feuchtem, kühlem Moos. Mein unbedingter Glaube an das Gelingen ist mir Schutz und Schirm.«

Um die Macht ihres Unbewußten zu demonstrieren, erhält jeder Teilnehmer einen an einem 30 Zentimeter langen Faden befestigten Ring. Schweighardt fordert die junge Frau und die Männer auf, sich vorzustellen, wie dieses Pendel zwischen ihren Fingern zuerst nach rechts und links schwenkt und umgekehrt. Es folgt tatsächlich der von ihnen gewünschten Richtung, ohne manuelle Manipulation. Die künftigen Feuerläufer erfahren, daß sie sich auf ihr Unterbewußtsein verlassen können und daß es genau tut, was sie ihm bildhaft suggerieren.

Dermaßen motiviert gehen die Teilnehmer wieder ins Freie. Der große Moment ist gekommen. Sie ziehen sich Schuhe und Strümpfe aus und bilden einen Kreis um das zu einem Glutteppich niedergebrannte Feuer. Die Holzkohlen sind am Rande etwa 400 Grad heiß, in der Mitte um die 900 Grad. Rotschimmernd funkeln sie in der Dunkelheit.

Schweighardt und seine Novizen fassen sich bei den Händen. Er flüstert der jungen Frau zu: »Du schaffst es.« Der Satz macht im Uhrzeigersinn die Runde. Dann rezitieren sie gemeinsam die magische Silbe *Aum*. Es klingt wie eine Beschwörung, eine Hymne des Willens über die Furcht. Mit dem *Mantra* auf den Lippen löst sich Schweighardt als erster von der Gruppe, überquert mit erhobenen Händen und gemessenen Schrittes die glühenden Kohlen. Auf der anderen Seite angekommen, verbeugt er sich vor dem Feuer zum Dank dafür, daß seine zerstörende Kraft ihn verschont hat.

Die anderen Teilnehmer halten sich noch immer an den

Händen, heben gemeinsam ihre Arme und singen die heilige Silbe, die merkwürdig feierlich in der Nacht verhallt. Die Glut knistert noch immer, kleine Flammen züngeln. Konrad löst sich von der Gruppe, seine nackten Füße versinken im Glutteppich. Funken sprühen auf. Als nächste geht Dagmar über das Feuer. Fest und bestimmt tritt sie auf. Auch sie verneigt sich am Ende vor dem Element. Doch dann fällt die Anspannung von ihr ab. Jubelnd umarmt sie Kurt E. Schweighardt, lacht unter Tränen: »Es ist unglaublich. Ich habe es geschafft.«

Als auch noch Peter und Hans unbeschadet den Feuerteppich überqueren, applaudieren die Zuschauer, fühlen sich einbezogen in dieses ungewöhnliche Ereignis.

Die Gruppe bleibt an diesem Abend noch lange zusammen. Das gemeinsame Erlebnis hat sie zu einer verschworenen Gemeinschaft gemacht. Am nächsten Morgen diktiert ihnen der Feuerlauftrainer ein Vermächtnis: »Jetzt, da ich, getragen von der Kraft meines Glaubens, unbeschadet über 700 bis 900 Grad heiße, rotglühende Kohlen gegangen bin, weiß ich, daß ich alles erreichen kann, was ich mir von ganzem Herzen wünsche. Jetzt ist mir unerschütterlich gewiß: Der Glaube ist eine unbezwingbare Macht, die sogar das Unmögliche möglich machen kann. Für diese Erfahrung bin ich zutiefst dankbar. Mein Leben lang werde ich nie mehr vergessen, daß die kosmische Kraft mir Helferin und Beschützerin gewesen ist, und dieser Kraft werde ich mich in Zukunft bedingungslos anvertrauen – zum Besten meiner Mitmenschen und zu meinem eigenen Wohl.«

Der Feuerlauf ist in vielen Kulturen ein bekanntes Phänomen. Auf der Insel La Réunion gehen jeden ersten Sonntag des neuen Jahres Männer, Frauen und Kinder barfuß durch einen sechs Meter langen Graben voller Glut, nachdem sie 18 Tage lang gefastet und nach der Arbeit in einem Tempel gemeinsam gebetet haben. Die Enthaltsamkeit, der Hunger und das Erlebnis, ohne Schmerzen über das Feuer zu gehen, geben den Gläubigen eine neue Identität. Auf Bali reiten Tänzer der *Sangyang-Djaran* auf hölzernen Steckenpferden über einen Teppich aus brennenden Kokosnußschalen und fassen mit Händen und Füßen nach faustgroßen Glutstücken, ohne sich zu verletzen.

In ländlichen Gebieten Bulgariens sowie in einigen Dörfern Mazedoniens in Nordgriechenland finden jedes Jahr am 21. Mai öffentliche Feuerläufe statt, die den Höhepunkt eines tagelangen Rituals bilden, und bei denen Frauen und Männer oft auch in wollenen Socken über die Glut gehen, ohne daß eine einzige Faser angesengt wird oder sich die Menschen verbrennen. Es gibt solche Zeremonien bei den Darden in Afghanistan, wo ein Feuerlauf zur Initiation eines Schamanen gehört, auf Java und den pazifischen Fidschi-Inseln. Hier finden sich Reste eines der ältesten schamanischen Einweihungsrituale der Menschheit, das den Sieg des Geistes über die Materie demonstriert. Die mazedonischen Feuerläufer nennen sich *Anastenariden,* was soviel wie *Aufseufzer* heißt, da sie bei ihren Riten entsprechende Laute ausstoßen. Bei ihren Zeremonien handelt es sich nicht um eine volkskundliche Attraktion, sondern um einen *Heilkult.* Therapeutische Voraussetzungen sind Gruppenverhalten, Tanz, Rhythmus, Trance und die öffentliche Darstellung als besonderer Handlungsrahmen. Ihr

Fazit: Wenn die Grundkräfte von Natur und Mensch miteinander in Harmonie wirken, lebt der Mensch in Gesundheit.

Seitdem Feuerläufe im Westen fast schon zu einem Partyspektakel geworden sind, verlieren sie oft ihre Wirkung und drohen zu einem sinnentleerten *Happening* zu werden. Das ursprünglich geistig-soziale Netz bedeutsamer Handlungen und Symbole wird auf den Akt des Feuerlaufs reduziert, der in Wirklichkeit der End- und Höhepunkt einer komplexen Persönlichkeitsentwicklung der einzelnen Teilnehmer sein sollte.

Warum aber verbrennen sich die überwiegende Zahl der Feuerläufer nicht die Füße? Neben der hier aufgeführten Erklärung, daß durch bestimmte Trancetechniken der Geist des Menschen Materie - in diesem Fall seinen Körper - beeinflußt und ihn damit gegen Verletzungen und Schmerzen schützt, gibt es noch andere Hypothesen. Man spekuliert über elektromagnetische Ströme, die bei der Muskelarbeit entstehen und den Einfluß des Feuers neutralisieren. Diskutiert wird auch die Rolle langsamer Hirnströme, sogenannter *Tetrawellen,* bei der Bewältigung extremer Schmerzreize. Daß am Feuerlaufen nichts Magisches ist, wollen auch zwei Wissenschaftler der Universität von Kalifornien herausgefunden haben, nachdem sie Videoaufnahmen solcher Veranstaltungen untersuchten und feststellten, daß der längste Kontakt der Fußsohlen auf glühenden Kohlen 1,9 Sekunden nicht übersteigt. Die Verweildauer von weniger als zwei Sekunden soll unterhalb der physiologischen Grenze liegen, bei der Körpergewebe von der Hitze geschädigt wird.

Ein weiteres Erklärungsmodell ist das nach einem deutschen Arzt benannte *Leidenfrost*-Phänomen. Ein Wassertropfen auf einer heißen Herdplatte verdampft nicht sofort, sondern nimmt eine kugelförmige Gestalt an, die auf der Platte hüpft. Bei der ersten Berührung mit dem heißen Untergrund bildet sich eine Gasschicht um den Tropfen und wirkt isolierend. Deswegen kann man auch die heiße Unterseite eines Bügeleisens mit feuchten Fingern kurz berühren, ohne sich zu verbrennen. Ob diese Erklärung ausreicht, das Phänomen des Feuerlaufens zu entmystifizieren, können erst weitere wissenschaftliche Untersuchungen ergeben.

Auch wenn es schon Menschen gegeben hat, die *ohne* die hier beschriebenen Trancetechniken unbeschadet über das Feuer gelaufen sind, ist es doch sinnvoller, sich bei einer solchen Übung einem erfahrenen Seminarleiter anzuvertrauen. Wie schnell ein derartiges Experiment mißlingen kann, beweist ein vor Jahren veranstalteter Feuerlauf auf Lanzarote. Trotz mehrstündiger Meditation und Einweisung durch den Therapeuten hatten sich von elf Feuerläufern acht Verbrennungen dritten Grades zugezogen, die in einer nahen Klinik behandelt werden mußten.

Übungen für den Leser

Um die Teilnehmer des Feuerlaufs von der Macht ihres Unterbewußtseins zu überzeugen, demonstriert Dr. Kurt E. Schweighardt einen Pendelversuch, den Sie sofort nachvollziehen können. Hängen Sie einen Ring an einen etwa 15 bis 30 Zentimeter langen Faden, den Sie nun am freien Ende zwischen Daumen und Zeigefinger halten. Ihren Ellbogen stützen Sie auf den Tisch. Gleichzeitig heben Sie die Hand so hoch, daß der Ring frei über der Tischfläche schwebt.
Das Pendel ist nun eine Art Kommunikationsgerät zwischen Ihrem Bewußtsein und dem Unterbewußtsein. Bevor

18

aber diese beiden Fremden ihr Wissen austauschen können, muß eine von beiden verstandene Sprache gefunden werden. Stellen Sie also für sich selbst Pendelbewegungen klar, die *Ja, Nein* oder *Vielleicht* bedeuten. Am besten, Sie orientieren sich an unserer Körpersprache: Das Nicken bedeutet ein *Ja,* also sollte das Pendel von Ihrem Körper weg und wieder auf Ihren Körper zu reagieren. Bei einem *Nein* schütteln wir den Kopf. Das Pendel müßte also von links nach rechts schwingen. Bei der Antwort *Vielleicht* sollte es kreisen.

Stellen Sie sich jetzt die verschiedensten Bewegungen des Pendels nacheinander intensiv vor, und Sie werden feststellen, daß es wie gewünscht reagiert. Bewegen Sie dabei aber nicht ihre Finger oder die Hand. Bedienen Sie sich ausschließlich der Kraft Ihres Willens.

Später können Sie das Pendel befragen, und Sie werden dabei Antworten erhalten, die aus Ihrem eigenen, bisher verschlossenen Unterbewußtsein kommen. Denken Sie daran: Kein Freund, kein Partner und erst recht keine Behörde kennt Sie besser als Sie sich selbst. Die Begegnung mit Ihrem eigentlichen *Ich* lohnt sich allemal. Stellen Sie keine Fragen, deren Antworten in die Zukunft weisen, denn auch Ihr Unbewußtes ist nicht allwissend. Und vor allem: Machen Sie sich *nicht abhängig* von Ihrem Unbewußten. Ihr *waches Bewußtsein* hat eine ebenso *wichtige Funktion*.

3   Löffelbiegen per Gedankenkraft

Erfahrungen mit Psychokinese kann jeder machen

Am Eingang des Fernsehstudios bekommt jeder Zuschauer einen Löffel. Doch es wird keine Suppe sein, die er auszulöffeln hat, sondern die Teilnahme an einem jener Experimente, auf die Kritiker meist mit Spott reagieren. Ein Stück Metall – eben der Löffel – soll mittels mentaler Kräfte so weich gemacht werden, daß es sich ohne Kraftanstrengung verformen läßt.

Der Bonner Ethnologe Dr. Walter Frank – zuletzt Dozent an der dortigen Universität – will bereits vor Sendebeginn das Publikum auf den Versuch einstimmen. Natürlich weiß er, daß auch Zauberkünstler damit bisweilen verblüffen.

»Diese Löffel sind aus Stahl. Probieren Sie ruhig mal, ob sie die Dinger mühelos verbiegen können«, sagt er. Die Zuschauer – teils amüsiert, teils neugierig – versuchen vergeblich, ihre Löffel mit sanfter Gewalt zu biegen.

»Wichtig für das Gelingen des Experimentes ist es, daß Sie unbedingt daran glauben. Visionieren Sie vor Ihrem geistigen Auge, wie Sie den Löffel verbiegen, wie Sie ihn drehen, aufwickeln oder in eine Spirale verwandeln, so als sei er aus Wachs. Stellen Sie ein Verhältnis zu diesem Gegenstand her, der ja nicht aus toter, sondern lediglich aus unbelebter Materie besteht«, fordert Frank die Zuschauer auf. »Wenn wir davon ausgehen, daß alles was existiert, vor 20 Millionen Jahren am Beginn des Universums in einem winzigen Stück Materie zusammengebacken war, das sich dann in

20

dem bekannten Urknall entlud, dann kommen wir alle aus dem gleichen Urgrund. Auch der Löffel.«

Walter Frank bittet das Publikum, den Löffel während der Sendung an der schmalsten Stelle zwischen Schaufel und Stiel zu halten und mit Daumen und Zeigefinger ein wenig zu reiben. Die Botschaft lautet: Löffelbiegen per Gedankenkraft ist kein Spiel, sondern ein Hinweis darauf, daß Geist auf Materie einwirken kann.

Ähnlich wie nach dem Feuerlauf, erfährt der Experimentator nach gelungenem Versuch die Potenz seiner unbewußten Kräfte. Wenn es also möglich ist, die Stabilität von Stahl so zu verändern, daß es sich leicht verformen läßt, dann sind noch andere Effekte möglich.

Wissenschaftler sprechen dabei von *Psychokinese,* kurz *PK.* Bislang beschränken sich die im Labor erzeugten PK-Wirkungen auf relativ kleine Objekte, doch vieles deutet daraufhin, daß Menschen mit ein wenig Training auch größere Veränderungen in der physischen Welt zustande bringen können.

Um die Zuschauer auf das Experiment einzustimmen, zeigen wir einen schon klassischen Schwarz-Weiß-Film, der noch vor Perestroika und Glasnost aus der damaligen Sowjetunion in den Westen geschmuggelt wurde: Die medial begabte Hausfrau Nina Kulagina bewegt auf ihrem Wohnzimmertisch Gegenstände wie einen Aschenbecher, ein Feuerzeug oder eine Armbanduhr, ohne sie zu berühren. Sie verändert die Nadel eines Kompaß, indem sie sich kurz auf das Gerät konzentriert. Natürlich wurde die Frau vorher nach versteckten Magneten untersucht, mit denen sie hätte manipulieren können. Das Experiment wurde von den russischen Wissenschaftlern Wassiliew und Sergejew überwacht.

Seitdem ist die Kulagina in über 100 Sitzungen unter streng

kontrollierten Laborbedingungen untersucht worden. Dabei hat sie leichte Gegenstände frei schweben lassen oder Farben mit den Fingerspitzen erfühlt, aber auch Metallstäbe verbogen, die unter einer Plastik-Glocke abgeschirmt waren. Während der Tests stand Nina Kulagina – sie starb 1990 – unter großer innerer Anspannung. Ihr Puls beschleunigte sich auf 200 Schläge pro Minute, die Hirntätigkeit erhöhte sich auf das Vierfache, und ihr Körper war von einer Art Magnetfeld umgeben. Am Ende einer zweistündigen Sitzung war sie völlig erschöpft, klagte über Muskelschmerzen und hatte nahezu zwei Kilo Körpergewicht verloren.

Dr. Walter Frank, der auf Kongressen, in Seminaren und Workshops die Menschen von ihren unerschöpflichen geistigen Fähigkeiten überzeugen möchte, benutzt das Löffelverbiegen als überzeugenden Einstieg ins Thema.

»Wie paßt das zusammen: Löffelverbiegen und ernsthafte Wissenschaft?« frage ich ihn.

»Nun, das paßt hervorragend zusammen. Sogar in der neuen Physik weiß man heute, daß alles was überhaupt existiert, ein elementares, eigenes Bewußtsein hat. Also auch die Atome und Elektronen in diesen Löffeln. Mit diesem Bewußtsein können wir eine Verbindung herstellen und damit die angeblich so tote Materie beeinflussen.«

Frank sucht sich aus den in Folie eingeschweißten Löffeln drei Exemplare aus.

»Bei mir klappt es meistens schon zu Beginn«, erklärt er. »Deshalb habe ich einen enormen Verbrauch an Löffeln.«

Wir fordern auch die Zuschauer zu Hause auf, das Experiment mitzumachen. Voraussetzung ist natürlich, alle Vorurteile und Einwände zumindest für kurze Zeit zu vergessen.

Frank erklärt zunächst ein paar technische Details: So soll

22

der Löffel in die linke Hand genommen und zwischen Daumen und Zeigefinger an seiner schmalsten Stelle gehalten werden, mit dem Stiel nach oben. Noch einmal fordert er die Zuschauer auf, den Widerstand zu prüfen, den das Material im normalen Zustand hat.

Zur Entspannung spielen Jens Zygar und Steve Schroyder sanfte Musik. Riesige Gongs vibrieren und schaffen mit einem eingespielten Film der über dem Meer aufgehenden Sonne jene Stimulanz, die unsere Zuschauer vom Wachzustand in ein Gefühl herabgeminderten Bewußtseins versetzen soll. Gefragt sind jetzt die Kräfte unserer rechten Gehirnhälfte, die für Kreativität und Phantasie zuständig ist.

»Die Sonne ist der größte Energielieferant für unsere Erde. Und wir stellen uns vor, daß ihre Strahlen durch den Scheitel in uns eindringen, durch den Kopf und über die Schulter in unsere linke Hand wandern. Ein glühender Punkt entsteht zwischen Daumen und Zeigefinger. Und diese Kraft schmilzt den Stahl des Löffels, er wird weicher und weicher. Und wenn ich jetzt von zehn bis eins zähle, wird sich diese Energie noch verstärken und uns helfen, den Löffel mühelos in seiner Form zu verändern.«

Frank zählt langsam. Dann fordert er: »Biege dich!« Mühelos dreht er eine Spirale in den Stiel seines Löffels, so daß er eher einem Korkenzieher gleicht.

Die Kameras schwenken ins Publikum. Geradezu triumphierend halten einige Frauen und Männer ihre Löffel hoch, die teilweise seltsame Formen angenommen haben. Einige wurden aufgewickelt wie eine Schnecke.

»Eigentlich war ich total skeptisch, aber es hat funktioniert«, sagt ein Mann. Und ein anderer meint: »Ich fühlte eine starke Energie in mir, und der Löffel wurde richtig heiß.«

23

Nach der Sendung kommen Hunderte von Briefen. In fast allen werden positive Ergebnisse gemeldet. Erstaunlich, daß fast ausschließlich Frauen sich dazu bekennen. Sie erzählen auch von ihren Kindern, die trotz später Stunde dabei waren und Löffel aufwickelten, als seien sie aus Wachs.

Was ist Psychokinese?

In der ZDF-Sendung »Drei mal Neun« hatte der Israeli Uri Geller Anfang der siebziger Jahre seinen großen Auftritt, verbog Schlüssel und Löffel, brachte kaputte Uhren zum Laufen und forderte die Zuschauer auf, doch mal zu Hause nachzusehen, ob sich etwas Ungewöhnliches ereignet habe. Tatsächlich: In deutschen Haushalten waren Glühlampen plötzlich geplatzt, fingen alte Uhren wieder an zu ticken und verbog sich Besteck in der verschlossenen Schublade, wie bei der Hausfrau Barbara Schied, die herbeigeeilten Fotografen ein wenig verwirrt ihre verformte Silbersammlung präsentierte.
Geller zeigte seine Künste in Fernseh-Shows in den USA, Europa und Japan und bewirkte Massenreaktionen, die später *Geller-Effekt* genannt wurden. Ein Teil der aufgetretenen Phänomene – wie das Erlöschen von Glühlampen – kann dem Zufall zugeschrieben werden, ein Teil beruht auf subjektiven Täuschungen. Manche Zuschauer mögen – um Aufmerksamkeit zu erregen – bewußt falsche Angaben gemacht haben. Ein letzter Teil aber dürfte echt sein. Mögliche Erklärung: Nicht Geller hat die Effekte bewirkt, sondern seine Suggestionen haben latente Kräfte beim Zuschauer geweckt.
Psychokinetische Experimente können von jedem Zauber-

künstler mühelos nachvollzogen werden, wobei selbstverständlich nicht die *Kräfte des Geistes* die Resultate auslösen, sondern geschickte manuelle Tricks. So sind denn auch Gellers größte Gegner Berufsmagier, die seine angeblich psychokinetischen Fähigkeiten als bloße Fingerfertigkeit deklarieren. Auch einige seiner Untersucher geben zu, daß Geller gelegentlich Tricks anwende, behaupten aber, dies sei nur der Fall, wenn ihn seine angeborenen Kräfte im Stich ließen. Ihrer Meinung nach ist er sowohl ein begabtes Medium wie ein genialer Artist. Geller selbst hat es aufgegeben, sich dazu zu äußern.

Nicht alle professionellen Zauberer allerdings haben Geller verdammt. David Berglas, einer der bekanntesten Bühnenmagier Großbritanniens, hat Gellers Karriere verfolgt. »Er ist der einzige, der seine Fähigkeiten beständig demonstriert. Wenn er ein Trickkünstler ist, dann ist er ebenfalls phänomenal – der beste, den es je gegeben hat«, sagt er.

Was auch immer geschehen ist, Geller hat seine Talente gut genutzt. Heute lebt er mit seiner Frau und den beiden Kindern in einer Villa an der Themse, mit eigener Yacht und Hubschrauberlandeplatz. Dafür hat er mehr als eine Million englische Pfund ausgegeben. Das große Geld – so Geller – habe er mit der medialen Ortung von wertvollen Bodenschätzen gemacht: Gold in Brasilien, Erdöl in Mexiko, Diamanten in Afrika. Die Aufträge kommen von großen Konzernen – gezahlt wird im voraus.

Uri Geller, der Vegetarier ist, nicht raucht und keinen Alkohol trinkt, hat das Thema Psychokinese zumindest in die Öffentlichkeit gebracht, wo es nach wie vor heftig diskutiert wird. Ob Geller dabei trickst oder nicht, verliert an Bedeutung, wenn der unbefangene Zuschauer im Studio oder vor dem Bildschirm ähnliche Effekte nachvollziehen kann.

Dazu der wissenschaftliche Berater der Sendereihe *Phanta-stische Phänomene*, Dr. Elmar R. Gruber: »Es ist sicher verblüffend, wenn hartes Material bei einem solchen Experiment weich und biegsam wird. Doch wir erleben solche Dinge im Alltag Hunderte Male, daß nämlich der Geist auf Materie einwirkt. Wenn wir zum Beispiel denken, ich möchte den Arm heben, und in der gleichen Sekunde hebt sich der Arm, dann hat ein Gedanke auf Materie eingewirkt. Er hat ausgelöst, daß unsere Neuronen einen Impuls in den Muskel senden, damit eine Bewegung entsteht. Auch dieser Effekt ist wissenschaftlich noch völlig ungeklärt. Ein Schritt weiter: Wenn man auf seine eigene Körpermaterie einwirkt, dann kann man es auch auf andere Materie tun, also auf einen Löffel beispielsweise.«

Warum aber wird ein solcher Effekt dann nicht als völlig normal in unser Weltbild integriert?

»Unsere geistigen Beschränkungen halten uns davon ab, öfter solche Phänomene zu erzeugen«, erklärt Gruber. »Wenn wir es nicht für möglich halten, wird es auch nicht möglich sein.«

So einfach ist das. Ein Mensch, der mit Gedankenkraft die Struktur eines Löffels verändert, wird natürlich noch ganz andere Dinge bewirken. Es gibt Anhaltspunkte dafür, daß sogenannte Wunderheilungen nichts anderes sind als das Einwirken der Psyche auf die Physis. Wissenschaftlern sind Hunderte von Fällen bekannt, in denen intensive Gläubigkeit die verborgenen Kräfte des Geistes aktiviert hat. Sie sehen darin einen Hinweis darauf, daß das Bewußtsein weit mehr zu leisten vermag als ein paar psychokinetische Veränderungen in der Welt der Materie. Wie bereits erwähnt, sind die Naturgesetze nach dem holographischen Konzept der Professoren Pribram und Bohm nichts weiter als eine Art Gewohnheit und nicht *in Stein gemeißelt*. Sie könnten verändert werden, wann immer ein bestimmtes geistiges Potential das möglich machte.

Übungen für den Leser

Wie für alle in diesem Buch beschriebenen Übungen sollten Sie eine ruhige Ecke in Ihrer Wohnung aussuchen und dafür sorgen, daß Sie nicht gestört werden. Schalten Sie Hausklingel und Telefon ab. Um den gewünschten Entspannungszustand zu erreichen, hören Sie sanfte elektronische Musik (Kitaro, Deuter, Tangerine Dream, Star Sounds Orchestra o. ä.) oder klassischen Barock (Bach, Telemann o. ä.). Natürlich haben Sie sich vorher einen Löffel besorgt, der möglichst aus festem Stahl sein sollte. Halten Sie ihn an der schmalsten Stelle zwischen Daumen und Zeigefinger der linken Hand, mit dem Stiel nach oben. Den folgenden Text sprechen Sie am besten auf Kassette, oder Sie lassen ihn sich langsam – fast monoton – vorlesen. Achten Sie auf Pausen:

»Ich bin ruhig und entspannt. Ich atme tief ein und aus. Mit jedem Atemzug lasse ich einen Teil meines Alltags hinter mir. Ich werde gleich diesem Löffel eine andere Form geben. Dies wird leicht und ohne Mühe geschehen. Ich werde den Löffel dabei nicht zerstören, sondern sein Material zu einem neuen Kunstwerk verändern. Mein Bewußtsein nimmt jetzt Kontakt zu dem Bewußtsein des Löffels auf. Ich spüre in diesem Material die Welt des Mikrokosmos, die Atome und Elektronen des Stahls, der einst als Erz aus der Erde gekommen ist. Auch ich bestehe aus Milliarden von Atomen. Alles wird leicht und wunderbar sein. Ich werde erfahren, wie mein Wille alles bewirken kann und sich Stahl mühelos verändern wird, so als sei er aus Wachs.

Ich schließe jetzt die Augen und bin total entspannt. Ich atme ruhig und gleichmäßig. Ich fühle mich wunderbar wohl und sitze an einem warmen Strand. Dabei beobachte ich, wie im Osten aus dem Meer langsam der rote, glühende Ball der Sonne aufsteigt.«

Machen Sie hier drei Minuten Pause.

»Es ist warm und angenehm. Die Sonne ist rot und glühend. Ein riesiger Feuerball, der uns allen Kraft und Leben schenkt. Ich bitte nun die Sonne, mir von ihrer ungeheuren Energie etwas abzugeben. Und die Sonne reagiert auf meine Bitte. Ich sehe, wie sich aus ihr eine Feuerwolke löst und über den Horizont auf mich zuschwebt. Und je näher sie kommt, desto mehr zieht sie sich zusammen. Sie konzentriert sich zu einem winzigen Punkt, aber die ganze Energie bleibt vorhanden, hat sich verdichtet in diesen Punkt geballter Kraft. Und dieser glühende Punkt kommt näher und näher. Ich spüre, wie mir warm wird. Herrlich warm. Und dieser Punkt wird immer kleiner und kleiner, kommt näher und näher, bis er als winziger Feuerball direkt über meinem Scheitel steht. Dort lasse ich ihn ein paar Sekunden verharren. Jetzt lasse ich ihn durch meinen Scheitel, durch meinen Kopf gleiten, über die linke Schulter, durch den linken Arm in meine Finger. Dieser intensiv strahlende Energiepunkt fließt jetzt genau in den Löffelstiel, dort wo ich ihn halte. Ich spüre diesen Punkt geballter Energie, ich kann ihn selbst durch meine geschlossenen Augen sehen. Die ungeheure Energie der Sonne hat sich verdichtet auf diesen einzigen mächtigen Punkt, der jetzt das Metall weicher und immer weicher macht, so daß ich den Löffel gleich mühelos biegen werde.«

Machen Sie hier eine Minute Pause.

»Ich werde jetzt von zehn bis eins zählen. Und ich werde den Löffel mühelos verändern, wenn es heißt: ›Biege!

Zehn, neun, acht, sieben, sechs, fünf, vier, drei, zwei, eins. Biege!‹«

Wickeln Sie jetzt den Löffel wie eine Spaghetti-Nudel auf oder drehen Sie die Schaufel spiralförmig, je nachdem, wie es Ihnen gerade einfällt. Verwenden Sie dabei keine übertriebene Kraft, sondern stellen Sie sich vor, daß der Löffel aus weichem, biegsamem Material besteht. Sie werden bemerken, daß sich sowohl das Metall wie auch Ihre Finger dabei stark erwärmen.

Sollte das Experiment nicht gelingen, wiederholen Sie es nach einiger Zeit noch einmal. Behalten Sie dabei Ihren Optimismus, denn weder ein Meister noch ein Löffelverbieger fallen so einfach vom Himmel!

4 Kristina malt wie Picasso

Künstlerische Fähigkeiten durch Hypnose

Im Fernsehstudio herrscht gespannte Stille. Die Kameras sind auf den russischen Hypnotherapeuten Professor Vladimir Raikov gerichtet.

»Ich möchte Ihnen helfen, Ihre künstlerischen Fähigkeiten zu entdecken und auszuüben«, sagt er zu den 60 Zuschauern.

»Heben Sie jetzt Ihre rechte Hand und zeichnen Sie. Malen Sie eine Blume.« Raikov spricht russisch, der Dolmetscher muß simultan übersetzen. Trotzdem reagiert das Publikum sofort. Die Leute zeichnen unsichtbare Blumen in die Luft, schließen verzückt die Augen. Sie sind ·in einem leichten hypnotischen Zustand, ohne daß Raikov besondere Suggestionsformeln benutzte. Er bahnt sich einen Weg durch die scheinbar zeichnenden Menschen und führt eine junge Frau auf die Bühne. Ihr Gesicht verrät, daß sie sich in einem anderen Bewußtseinszustand befindet. Raikov drückt sie sanft auf einen Stuhl.

»Wie heißen Sie?« fragt er.

»Kristina«, antwortet die junge Frau.

»Wie alt sind Sie?«

»Zwanzig.«

»Gut, Du wirst jetzt immer jünger. Immer jünger.«

Mit jedem Wort dieser monoton gesprochenen Sätze krümmt sich Kristina mehr zusammen, nimmt beinahe eine embryonale Haltung ein.

30

»Du bist jetzt fünf Jahre alt. Zeichne eine Blume«, befiehlt der Hypnotiseur.

Er reicht dem Mädchen Block und Bleistift. Brav malt sie eine Blume; so wie kleine Kinder eben Blumen malen.

»Und jetzt bist Du ein großer Künstler. Ein Genie. Male eine Blume!«

Die Stimme Raikovs wird fordernd, suggestiv. Der Übersetzer trifft seinen Tonfall genau. Kristina richtet sich auf aus der Haltung des Kindes, wirft selbstbewußt den Kopf zurück und beginnt wie besessen zu zeichnen. Sie setzt den Stift kaum ab, malt die Blume fast wie aus einem Strich. Ihre Augen hält sie weiter geschlossen.

In ein paar Sekunden ist die Zeichnung fertig.

»Signiere jetzt das Bild. Schreibe Deinen Namen.«

Das Mädchen schreibt in schwungvoller Schrift »Kristina« und setzt darunter, ohne zu zögern: »Picasso.«

Später wird der Münchner Kunst-Experte und Autor eines Picasso-Buches, Ingo W. Walter, über Kristinas Zeichnung urteilen: »Sowohl der Stil als auch die Unterschrift ist der von Picasso ähnlich. Die Strichführung ist fließend; das Mädchen ist offensichtlich sehr talentiert.«

Kristina Neukirch ist Studentin der Betriebswirtschaft und an schöngeistiger Beschäftigung derzeit kaum interessiert. Malen ist ihr weder Hobby noch Passion.

»Ich habe mich ungeheuer leicht gefühlt, fast schwebend«, sagt sie nach dem Experiment. Die von ihr gezeichnete Blume betrachtet sie mit Staunen.

»Jeder Mensch wird als Dichter, Maler und Musiker geboren. Aber schon in früher Kindheit hören wir von den Erwachsenen, daß wir nicht begabt, fleißig oder kreativ genug sind«, sagt Raikov. »So sind wir voller Hemmungen, unsere wahren Fähigkeiten zu zeigen. Der Mensch der Zukunft wird lernen, diese Barrieren abzubauen. Gezielt eingesetzte Hypnose ist zum Beispiel ein Weg, um aus einem dilettierenden Klavierschüler einen begnadeten zweiten Chopin zu machen.«

Der Hypnotherapeut Vladimir Raikov, bärtig und suggestiv wie Trotzki, steckt Erwachsene in eine Zeitmaschine, und sie werden robuste, gesunde Kinder, frei und unbelastet von ihrer Vergangenheit, ohne sozialen Druck, Sorgen und Hintergedanken. Aller Streß fällt von ihnen ab, ihr Optimismus wächst.

»Die Gesellschaft entwickelt sich nur, wenn sich der einzelne entwickeln kann. Je reicher die Innenwelt des Individuums, desto stabiler die Gesellschaft«, sagt er.

Auf der Suche nach dieser »reicheren Innenwelt« wenden auch die Menschen des Westens seit längerem Methoden an, die eigentlich eher aus asiatischen Regionen kommen: Meditation, autogenes Training und Trance, aber auch Drogen, die sie in einen psychedelischen Bewußtseinszustand versetzen.

Ein anderer Weg ist die psychologische Stimulierung der psychischen Nerventätigkeit, um die Wahrnehmungsfähigkeit zu steigern und Denkprozesse unvergleichbar besser zu machen: die Hypnose. Schon im Ägypten der Pharaonen, im griechischen Altertum, aber auch in Indien und Rußland wurde diese Methode angewandt, um Blockaden abzubauen, Schmerzen zu lindern und Begabungen zu fördern.

In einer Reihe von Experimenten, an denen bis zu 50 Versuchspersonen teilnahmen, ist es Professor Raikov in Moskau gelungen, in Hypnose deren Fremdsprachenkenntnisse entscheidend zu erweitern, aber sie auch schnell und sicher im Klavier- und Schachspiel zu unterweisen oder mathematische Aufgaben lösen zu lassen.

Das größte Interesse sowohl des Hypnotherapeuten als

1 Drei Männer und eine Frau gehen unter Anleitung von Dr. Kurt Schweighardt mit nackten Füßen über einen Feuerteppich, in dessen Mitte es 900 Grad Celsius heiß ist. Die Tatsache, daß sie sich dabei nicht verletzen, sehen sie als ein Erlebnis zur Erweiterung ihres Bewußtseins.

2 Der Völkerkundler Dr. Walter Frank zeigt den Zuschauern, wie man das Metall eines Löffels so gefügig machen kann, daß es sich mühelos verbiegen läßt. Experten bezeichnen diesen Vorgang als Psychokinese, die Einwirkung des menschlichen Geistes auf das Bewußtsein von Materie.

3   Kein Zaubertrick: Georg Rieder erkennt hinter einer Wand die Silhouette der Schlangenfrau mit ihrem »sich bewegenden Schal«. Die Schaufensterpuppe verwirrt ihn, weil sie zwar menschliche Umrisse hat, aber aus anorganischer Materie besteht.

4   Unweit von Rom – in der Nähe des Dorfes Rocca di Papa – steht die Welt kopf: Flaschen und Dosen rollen den Berg hinauf. Der Diplom-Geologe Dr. Johannes Fiebag überzeugte sich vor Ort. Inzwischen berichten Zuschauer der Sendung von ähnlichen Orten in Deutschland, Schottland und Polen.

5 Der Schriftsteller Holger Kersten in der Palmblattbibliothek des kleinen indischen Dorfes Vaithiswarankoil, in der er zu seiner Überraschung Einzelheiten aus seinem vergangenen und gegenwärtigem Leben erfährt.

6 Im Schrank lagern viele tausend eng beschriebene Palmblätter, die vor etwa 5000 Jahren angefertigt wurden und die Lebensläufe all jener Menschen enthalten sollen, die irgendwann einmal den Weg dorthin finden werden.

7 *Über seinen Computer ist der ehemalige NASA-Ingenieur Joe Sanchez eine fröhlich-philosophische Kommunikation mit seinem Aprikosenbaum eingegangen. Ein Sprachmodul setzt dessen elektronische Impulse in Töne um.*

8 *40 Seiten stark ist inzwischen das Werk des sprechenden Aprikosenbaumes. Lyrik, kosmische Philosophie oder ganz einfach nur Quatsch?*

auch seiner Klienten galt jedoch der Förderung schöpferischer Tätigkeiten.

In seinem *Institut für Hypnose und psychische Prophylaxe* versammelte er eine Gruppe von Studenten, die weder gut zeichnen noch malen konnten. Die jungen Leute wurden in zwölf aufeinander folgenden Experimenten in Hypnose versetzt. Dabei wurde ihnen suggeriert, daß sie große und bekannte Maler der Vergangenheit seien, wie etwa Rubens, Raffael oder Leonardo da Vinci. Wie sie sollten sie nun menschliche Akte malen: Frauen und Männer in ihrer ganzen natürlichen Schönheit. Die Dynamik der nun folgenden schöpferischen Aktivitäten und die qualitativen Verbesserungen wurden von Experiment zu Experiment genau registriert. Neben den in Tiefenhypnose malenden Studenten gab es noch eine zweite Gruppe junger Leute, die nur zum Teil in Hypnose versetzt wurden.

Raikov und seine Kunstexperten stellten eine deutliche Qualitätssteigerung allerdings nur bei der in tiefe Hypnose versetzten Hauptgruppe fest, deren Leistungen ihren großen Vorbildern erstaunlich nahe kamen. Selbst total unbegabte Teilnehmer des Experiments lieferten meisterhafte Arbeiten ab. Alle Mal-Schüler verspürten nach der Hypnose den Wunsch, ihre neu entdeckten Fähigkeiten zu Hause zu kultivieren. Erstaunlich war auch, daß sich ihre Beobachtungsgabe verfeinert hatte. Sie begannen, gegenständliche Formen, deren Inhalte und Schönheit intensiver wahrzunehmen, beschäftigten sich mit Kunstgeschichte, besuchten häufiger Museen und sahen die ausgestellten Werke mit ganz anderen, künstlerischen Augen. Kein Wunder, daß sich damit auch ihr Persönlichkeitsbild veränderte und sie zunehmend auch sensibler und aufgeschlossener wurden. Durch Hypnose waren Blockaden gelöst worden.

Ähnliche Effekte erzielte Raikov bei Studenten des Moskauer Konservatoriums, denen er suggerierte, Rubinstein oder Rachmaninov zu sein, und die danach sowohl Technik wie auch musikalische Interpretation im Klavierspiel entscheidend verbesserten.

Für ein Schachspiel-Experiment lud Raikov den Ex-Weltmeister Michail Talg ein, der mit einer Versuchsperson sechs Partien spielen sollte: drei Partien ohne und drei Partien unter Hypnose, wobei man der Versuchsperson suggeriert hatte, sie sei Paul Morphey, einer der hervorragendsten Schachspieler der Vergangenheit.

Michail Talg gewann zwar alle Partien, war aber voller Respekt gegenüber seinem Gegner: »Vor der Hypnose spielte ich gegen einen Menschen, der die Figuren kaum bewegen konnte. Unter Hypnose saß mir ein ganz anderer Gegner gegenüber. Er war expansiv, energievoll, kühn und spielte erheblich besser als vorher.«

Die von Vladimir Raikov praktizierte Hypnose ist manchmal so tief, daß die Versuchspersonen zu keinen eigenen Handlungen mehr fähig sind, sich an ihre Namen nicht erinnern und sich auch nicht erkennen, wenn sie sich im Spiegel sehen. Sie sind dann tatsächlich Rubens, Morphey oder Rubinstein. Wenn sie sich in die Gestalt eines Menschen einfühlen, der vor langer Zeit lebte, haben sie keine Ahnung mehr von den Ereignissen der Gegenwart oder von Gegenständen unserer Zeit, wie etwa einem Fernsehapparat oder einem Computer.

Während sie sich in der ihnen suggerierten Persönlichkeit wähnen, nehmen sie leicht mit anderen Menschen Kontakte auf, geben sich heiter und selbstbewußt und weisen dabei keine äußeren Merkmale der Hypnose auf. Die Vorstellung von einer anderen Persönlichkeit verwandelt sich in die Vorstellung von sich selbst. Natürlich werden sie dabei keine Genies wie Raffael oder Rachmaninov, sondern handeln nur gemäß ihrer eigenen – in ihrem Unbewußten verankerten –, bisher unerschlossenen schöpferischen und ästhetischen Möglichkeiten. Die Einstellung: »Ich kann malen«, wird durch die Einstellung: »Ich kann malen wie van Gogh« abgelöst.

Was ist Hypnose?

Hypnose ist vom griechischen Wort *Hypnos* abgeleitet. Dies bedeutet *Schlaf*. Tatsächlich gibt es da Verbindungen. Auch während des Schlafs ist kein einziges Gebiet unserer Hirnrinde vollkommen ausgeschaltet. Doch während beim Schläfer die Aufnahmebereitschaft für äußere Reize fast blockiert ist, besteht bei einem hypnotisierten Menschen erhöhte Aufmerksamkeit. Er hört jedes Wort, jedes Geräusch intensiver als im Wachzustand. Obwohl das Phänomen inzwischen bekannt ist, bleibt die wahre Natur der Hypnose bis heute im Verborgenen. Gehirn-Physiologen wissen, daß es zwischen dem Wachzustand und dem Schlaf so etwas wie ein herabgemindertes Bewußtsein gibt, den *Alpha-Zustand,* in dem die körperlichen Funktionen herabgesetzt, die geistigen jedoch aktiviert sind. Der Hypnotiseur kann eine solche Situation zwar *einleiten,* der Hypnotisierte aber muß sie *zulassen.* Damit ist bereits die Frage geklärt, ob denn jeder hypnotisierbar ist.

In Diskotheken oder in Unterhaltungssendungen des Fernsehens treten oft *Show-Hypnotiseure* auf, die unter dem Jubel des Publikums Menschen in Sänger, Mondsüchtige und Marsmenschen *verwandeln,* die unbekannte Sprachen sprechen oder mit großem Genuß in Zitronen beißen. Dabei stellt sich der unbefangene Zuschauer die Frage, ob er denn selbst in einen solchen Zustand geraten könne.

Grundsätzlich ist jeder leicht hypnotisierbar, der bereits Erfahrungen mit Übungen wie Yoga oder autogenem Training hat, in der Lage ist, sich *jederzeit* völlig zu entspannen und ohnehin ein eher gefühlsbetonter als ein rationalistischer Typ ist. Voraussetzung für die Hypnose ist nicht nur die Zustimmung der Versuchsperson, sie muß auch zutiefst davon überzeugt sein, daß der Hypnotiseur nur das Beste will. Ungezählt sind jene Experimente, in denen Menschen in Hypnose von schweren Krankheiten geheilt und Operationen – vorwiegend schmerzhafte Zahnbehandlungen – problemlos durchgeführt wurden, wobei sich Atmung und Pulsfrequenz, Magensaft- oder Schweißabsonderungen beeinflussen ließen.

Es gibt verschiedene Formen und Techniken der Hypnose, bei denen unter anderem entspannende Musik, reduziertes Licht oder auch beruhigende Düfte eingesetzt werden. Manche Hypnotiseure müssen ihre Patienten berühren, andere schaffen es mit rein verbaler Suggestion, wobei oftmals ein *posthypnotisches* Signal – wie etwa ein Fingerschnicken – genügt, um blitzschnell einen Zustand herabgeminderten Wachbewußtseins zu erreichen.

Umstritten ist die Frage, ob Menschen in Hypnose gegen ihren Willen kriminelle oder sexuelle Handlungen ausführen und damit zu willenlosen Werkzeugen werden. Während die meisten Therapeuten davon überzeugt sind, daß die moralische Grundstruktur eines Menschen durch Hypnose nicht erschüttert werden kann, sind doch auch Fälle bekannt, in denen an hypnotisierten Personen verbrecherische Delikte begangen wurden. So sind Kranke in der Nähe des Todes anfällig für Erbschleicher, die sie immer in monoton gesprochenen Sätzen dazu auffordern könnten, beispielsweise das Testament zu ändern.

In Guayana wählten 1978 neunhundert Mitglieder einer

Sekte den Freitod. Diesem schrecklichen Geschehen war zumindest eine ständige verbale Suggestion vorausgegangen. Interessant in diesem Zusammenhang ist noch, daß sich Zeugen eines Verbrechens in Hypnose besser erinnern und Täter wesentlich exakter beschreiben. Trotzdem ist die Aufdeckung von Straftaten durch diese Methode in den meisten Ländern verboten.

Noch ist die Hypnose in der gesamten Heilkunde ein wenig eingesetztes Verfahren, obwohl sie sowohl bei der Anästhesie, bei der Schmerzbekämpfung wie auch bei der Heilung organischer – und damit vorausgehender seelischer – Krankheiten ohne die sonst üblichen Nebenwirkungen auskommt. Für den Menschen der Zukunft jedoch – und das sind mit ein bißchen Glück ja wir alle – bietet sie noch ungeahnte Möglichkeiten, wie die Aktivierung bisher unerkannter Persönlichkeitsstrukturen.

Übungen für den Leser

Jeder unserer gefühlsbetonten Gedanken – Wünsche und Tagträume – trägt eine starke Tendenz zur Verwirklichung in sich. Ohne aus dem Haus zu gehen, können Sie ein Verfahren ausprobieren, bei dem sie sowohl der Experimentator als auch die Versuchsperson sind: *die Selbsthypnose.* Mit von Ihnen vorher auf ein Tonband gesprochenen Suggestionsformeln können Sie viel erreichen: Befreiung von Kopfschmerzen, Linderung von Erkältungssymptomen, mühelose Gewichtsabnahme auf Dauer oder die Entwöhnung vom Rauchen, Nägelkauen oder exzessiven Alkoholgenuß. Natürlich gibt es auch vorgefertigte Audio-Kassetten wie *Abwehrkräfte steigern, Gesunder Schlaf* oder *Ab sofort Nichtraucher.* Aber nichts ist Ihnen doch vertrauter als

Ihre eigene Stimme und die Melodie Ihrer Sprache. Es gilt, mit den von Ihnen besprochenen Kassetten den Computer in Ihrem Gehirn umzuprogrammieren, die 30 Milliarden Neuronen unter Ihrer Schädeldecke von alten Mustern zu befreien.

Wichtig ist, daß Sie die Kassette *jeden Tag* einmal hören. Sie sitzen dabei möglichst ungestört in Ihrem Lieblingssessel, haben das Licht reduziert oder eine Kerze angezündet. Schon bald werden Sie merken, wie sich Ihr Verhalten ändert und Sie im Wachbewußtsein genau das erreichen, was Sie sich in dieser Autosuggestion - oder Selbsthypnose - gewünscht haben. Den folgenden Text für eine hier beschriebene Übung verfaßte der bekannte Heilpraktiker und Hypnotherapeut Kurt Tepperwein. Sprechen Sie ruhig und entspannt auf einen Kassettenrecorder. Das erwünschte Ziel haben wohl die meisten von uns:

Jünger und schöner

»Ich bin ganz ruhig. Ich schließe jetzt meine Augen und entspanne mich völlig. Nichts kann mich stören - nichts ist wichtig. Alle Muskeln sind locker. Ich spüre, wie ich mich mehr und mehr vom Alltag löse, und gebe mich ganz dieser wohltuenden Entspannung hin. Ich fühle mich ganz wohl und konzentriere mich jetzt nur noch auf meine Atmung. Mein Atem geht ruhig und gleichmäßig. Jedesmal, wenn ich ausatme, lasse ich mich noch tiefer sinken, mit jedem Atemzug tiefer, in ein wunderbares Gefühl der Ruhe und Geborgenheit. Ich gebe mich ganz diesem herrlichen Gefühl des Gelöstseins hin. Diese wunderbare Ruhe und Geborgenheit hüllt mich ein wie ein schützender Mantel. Ich fühle mich unsagbar wohl. Nichts ist mehr wichtig. Ich lasse mich einfach treiben. Ich bin frei - ich bin völlig frei und fühle mich unsagbar wohl. Meine Ruhe ist ganz tief und fest, und ich öffne mich ganz den folgenden Suggestionen:

Ich bin vollkommen ruhig – ganz gelöst, ein wunderbares Gefühl des Friedens und der Harmonie breitet sich in mir aus und erfüllt mich ganz. Nichts anderes ist wichtig. – Ich gebe mich ganz diesem wunderbaren Gefühl des Friedens und der Harmonie hin und bin aus tiefstem Herzen glücklich. Ich bin aus tiefstem Herzen froh und glücklich und fühle mich in meiner Situation ganz wohl. Ich fühle mich in meiner Situation ganz wohl und schaue frohen Herzens in die Zukunft, denn ich weiß, daß mich noch viele schöne Erlebnisse erwarten. Mein Herz schlägt ruhig und gleichmäßig – ganz ruhig und gleichmäßig. Mein Kreislauf ist stabil. Meine Gesundheit festigt sich von Tag zu Tag. Es geht mir von Tag zu Tag in jeder Hinsicht immer besser und besser.

Ich bejahe meine Situation und fühle mich ganz wohl. Mein Kopf ist leicht, Nacken und Schultern sind angenehm locker und entspannt. Ich empfinde diese wunderbare Entspannung in meinem ganzen Körper. Tiefe Freude über mein Wohlbefinden durchströmt meinen ganzen Körper. Ich habe einen gesunden, natürlichen und erholsamen Schlaf und schlafe jede Nacht tief und fest durch. Jeden Morgen erwache ich frisch und erholt und freue mich auf jeden neuen Tag. Ich blicke voll Zuversicht in die Zukunft und freue mich auf jeden neuen Tag. Meine Gesundheit festigt sich von Tag zu Tag. Dabei werde ich immer schlanker. Ich werde immer schlanker, und ich bin dankbar und glücklich, daß es mir so gut geht. Es geht mir von Tag zu Tag in jeder Hinsicht immer besser und besser – immer besser. Ich fühle mich ganz wohl. Meine Haut strafft sich, ich sehe von Tag zu Tag blühender aus. Ich sehe immer blühender aus und fühle mich von Tag zu Tag jünger. Ich spüre, wie ich immer jünger werde – ich werde immer jünger und schlanker. Eine neue, unbekannte Energie durchströmt mich, und ich löse mit Frieden die Probleme, die auf mich zukommen. Nichts kann mich mehr aufhalten, ich habe endlich mein Schicksal selbst in die Hand genommen und gestalte es nach meinen Wünschen. Ich gestalte mein Leben nach meinen Wünschen und bin aus tiefstem Herzen froh und glücklich.«

Hier drei Minuten Pause vorsehen!

»Ich empfinde noch einmal diese wunderbare Entspannung, die meinen ganzen Körper erfüllt, und ich empfinde diese angenehme Entspannung von Tag zu Tag mehr. In diesem angenehmen Zustand der Ruhe und Entspannung hat sich jede Zelle meines Körpers mit frischer Kraft gefüllt. Ich bin voller Kraft und Energie. Ich fühle mich ganz wohl. Gleich werde ich bis drei zählen. Dann öffne ich wieder meine Augen und bin frisch und munter.

Eins – zwei – drei. Augen auf! Meine Arme und Beine sind jetzt wieder ganz locker, leicht und frei beweglich. Ich bin voller Kraft und Energie und fühle mich ganz frisch und wohl. Ich fühle mich ganz frisch und wohl.«

Guten Erfolg bei Ihrem ersten Selbsthypnose-Experiment! Sie werden erleben, was diese Übung für Ihr Wohlbefinden und für Ihr jugendliches Aussehen bewirken kann, wenn Sie die Kassette regelmäßig über einige Monate hinweg hören.

5 Entwicklungshilfe mit der Wünschelrute

Erfolge trotz wissenschaftlicher Einwände

Wasser ist Leben. Wasser ist Lebensmittel. Wasser ist lebensnotwendig. Niemand weiß dies besser als die Menschen in den Trockengebieten der Erde. In Namibia – Südwestafrika – brennt die Sonne zwölf Stunden am Tag auf eine ausgedörrte Landschaft. Menschen, Tiere und Pflanzen lechzen nach Wasser. Entwicklungshilfe bedeutet hier also auch, den Einwohnern zu helfen, das kostbare Naß irgendwo in der Tiefe der Erde zu suchen und an die Oberfläche zu bringen. Der deutsche Wasserbauingenieur Hans Schröter hat dafür die Wünschelrute als geeignetes Mittel entdeckt. Seine Treffsicherheit beträgt 95 Prozent.

So steht es in dem für das Bonner Forschungsministerium erstellten *Wünschelrutenreport*. Schröter arbeitet im Auftrag der *Gesellschaft für technische Zusammenarbeit mit den Entwicklungsländern*. Ein einfaches Gerät aus Draht schlägt in seiner Hand aus, wenn tief unter der Erde das Wasser fließt. Und eine danach angebrachte Probebohrung bestätigt die Aussagen des Wünschelrutengängers. Wasser, in diesem Teil der Welt kostbarer als Gold, ist endlich gefunden.

Vor 20 Jahren in Bolivien wollte Schröter seinen Augen nicht trauen, als ein einheimischer Rutengänger wenige Meter neben der von dem Wasserbauingenieur angebrachten erfolglosen Probebohrung auf eine sprudelnde Quelle stieß. Weil der Mann aus Deutschland hinter den Trick des

Mannes kommen wollte, nahm er selbst das Holz in die Hand. Als er es über die genannte Stelle hielt, schlug es ihm fast aus der Hand.

Auf der Suche nach der Lösung des Rätsels, las Schröter zahlreiche Bücher und bemühte sich, seine Rutensensibilität zu vervollkommnen. Seitdem sprudeln durch diese Methode Hunderte von Brunnen in den verschiedensten Ländern. In der Zentrale der *GTZ* war diese Arbeitsweise mit Skepsis aufgenommen worden. Schließlich sind die Entwicklungshelfer Angestellte eines bundeseigenen Unternehmens, das Steuergelder ausgibt. Schon wenige Seiten einer Broschüre über den Rutengänger Schröter hatten ausgereicht, um Hydrologen und Geophysiker auf den Plan zu rufen, die von einer »Irreführung der Öffentlichkeit« und von »Schaden für das Ansehen Deutschlands« sprachen.

In der danach von der *GTZ* veröffentlichten Studie *Unkonventionelle Wasserfindung* wurden die Erfolge des Diplomingenieurs mit der Wünschelrute dokumentiert. Der Geowissenschaftler Professor Hans Berckhemer von der Frankfurter Goethe-Universität spricht von Ergebnissen, »die selbst kritische Leser beeindrucken müssen«. Nicht nur, daß Schröter mit 95 prozentiger Sicherheit den Standort eines Wasserreservoirs zu bestimmen vermag, er kann aus den Zuckungen der Rute auch auf Breite und Tiefe des möglichen Brunnens schließen und feststellen, mit welcher Heftigkeit es im Untergrund rauscht. Seine Methode kostet ein Zehntel dessen, was herkömmliche Wassersucher mit aufwendigen technisch-geophysikalischen Messungen veranschlagen.

Der Autor der *GTZ*-Studie, der Physiker Professor Hans-Dieter Betz, hat schon vor Jahren die Fähigkeiten von Wünschelrutengängern mit wissenschaftlichen Methoden überprüft. Bei den meisten kam das Ergebnis nicht über die

Zufallsrate hinaus. Doch einige wenige trafen so oft die Stelle, wo das Wasser floß, daß ein Zufall ausgeschlossen ist. Der beste unter ihnen: Hans Schröter.

Der Mann selbst hat keine Erklärung für seine Fähigkeiten und sieht sich auch nicht als Sensitiver. »Doch wenn wir mit der Rute einen 95prozentigen Erfolg haben, wissenschaftliche Methoden aber nur 50 Prozent, dann müssen wir einfach weitermachen«, sagt Schröter. Auch die Experten können über das Phänomen nur spekulieren. Betz spricht von »elektromagnetischen Strahlungen, Infra- und Ultraschall«, und Berckhemer hält gar »einen ererbten sechsten Sinn aus grauer Vorzeit« für möglich, »ein aus frühen Evolutionsphasen erhaltenes Verhaltensmuster«.

Mit der Kamera begleiteten wir den Wünschelrutengänger Walter Gösser im Obstgarten eines Einfamilienhauses. Seine Erfolgsquote betrage 100 Prozent, sagt er. Wasser sei immer gekommen. Der Besitzer des Grundstückes, Herr Maiworm, ist skeptisch. Doch schon nach wenigen Minuten schlägt die Rute aus. Eine kurz danach erfolgte Probebohrung stieß tatsächlich auf eine sprudelnde Quelle.

Gösser entdeckte seine Fähigkeiten aus eigener Not. Er wurde krank, die Ärzte waren ratlos. Wie sich später herausstellen sollte, konnte er Wasser *fühlen* und die Strahlung, die – wie er glaubt – davon ausgeht. Er nahm eine Wünschelrute zur Hand; es funktionierte. Gösser sucht nach dieser Strahlung, sei sie nun positiv oder negativ, seit nunmehr 30 Jahren. »Schon bevor ich die eigentliche Stelle erreiche, spüre ich in den Fingern, daß da was ist«, sagt er. »Wenn ich dann über dem Punkt bin, ist die Rute oft nicht zu halten, so schlägt sie aus.«

Rutengeher aber finden nicht nur verborgene Wasseradern; sie gehen auch auf die Suche nach *Kraftorten* oder *Reizzonen* in Wohnungen und Häusern. So ist der deutsche Arzt

Dr. Ernst Hartmann von einem *Global-Netzgitter* überzeugt, das sich über unseren Globus zieht.

Dieses Gitternetz sei so engmaschig, daß davon viele Menschen in ihrem Bett erfaßt würden. Dabei seien die Kreuzungsquadrate von 25 mal 25 Zentimetern besonders gefährlich. Der Nürnberger Kaufmann Friedrich F. Fleischmann macht für den Leukämietod seines sieben Jahre alten Sohnes Stefan den Schlafplatz des Kindes verantwortlich, dessen Bett auf einer *Hartmann-Kreuzung* stand, deren Wirkung zusätzlich noch von einer Wasserader verstärkt wurde. Die Reizstreifen kreuzten sich bei ihm im Bereich des Beckens – also genau dort, wo sich im Knochenmark das Blut bildet. Fleischmann hat dies später von einem Rutengänger feststellen lassen. Dessen Resultate überzeugten den Mann, so daß er sich mit Radiästhesie (andere Bezeichnung für Rutengehen) beschäftigt, inzwischen hauptberuflich als Rutengänger arbeitet und auch Menschen zu diesen Fähigkeiten ausbildet.

Westliche Geschäftsleute, die in der britischen Kronkolonie Hongkong arbeiten, werden schon bald feststellen, daß dort ohne *Feng Shui* nichts geht, eine Zauberformel, die soviel bedeutet wie *Wind und Wasser.* Seit Jahrtausenden sehen die Chinesen die Erde als Spiegel des Himmels. Das Glück der Menschen beruhe darauf, wie gut ihre Vorfahren beerdigt und ihre Häuser errichtet sind. Damit weder Büro noch Bett negativen Reizen ausgesetzt sind, sorgen *Feng-Shui-Männer* mit Kompaß und Wünschelrute für die Wahl der Türen und Fenster. Einzig die *Bank of China,* verwaltet von den offiziellen Kapitalisten des alten Peking, hat ohne *Feng-Shui-Mann* gebaut und prompt Pech gehabt: Zwischenwände stürzen ein, Fenster fallen aus den Rahmen, und alle naselang bricht sich jemand ein Bein. Ganz Hongkong feixt über die rote Überheblichkeit.

Feng-Shui ist die fernöstliche Entsprechung der westlichen Radiästhesie, deren Möglichkeiten die amerikanische *Occidental Petroleum Corporation* erfolgreich zum Aufspüren von Ölquellen einsetzt.

Daß Rutengehen als Form *außersinnlicher Wahrnehmung* bezeichnet werden kann, wird klar, wenn die Rute – oder ihre Entsprechung: das Pendel – über Landkarten gehalten wird, um bei der Suche nach vermißten Personen oder Gegenständen zu helfen. Die Ergebnisse sind verblüffend.

Der Assistenzprofessor an der Universität Innsbruck, Dr. Jörg Purner, hat sogar eine Doktorarbeit zu diesem Thema geschrieben. Für die Technische Hochschule Graz untersuchte er – erst recht widerwillig – das Phänomen der Erdstrahlen und »tauchte ein in das bunte Treiben der radiästhetischen Szene«. Er beobachtete amüsiert Menschen, die Speisekarten auspendelten, um den Verzehr des fetttriefenden Schweinebratens zu rechtfertigen. Seine Ruten stellte Purner selbst her und entdeckte schon nach einiger Zeit *in sich* die sogenannte Fühligkeit, die Sensibilität für bestimmte Strahlenwirkungen.

Nach einem Kreislaufkollaps erkannte er, daß er sich zu sehr auf das Erspüren negativer Einflüsse eingelassen hatte. So wandte er sich den uralten Weisheiten der *Geomantie* zu, besonders der Erforschung der Standorte von Kultplätzen und alten Kirchen. Offenbar hatten die Menschen der Vergangenheit die Gabe, besonders *magische Plätze* ausfindig zu machen – Kraftorte, auf denen sie Stonehenge bauten wie in England, Menhire setzten wie in Carnac oder Dome errichteten wie in Chartres, Köln und Speyer.

Jörg Purner erkannte, »daß es so etwas gibt wie ein unsichtbares Feld des Geistes, das die physische Erscheinung des Landes als lebendiges Kräfteprinzip durchdringt«. Geomantie ist also der Versuch, »den Kontakt zu diesem Geist aufrechtzuerhalten, um zu verhindern, daß man Verstöße gegen die beseelten Prinzipien der Natur begeht«.

Jörg Purner untersuchte mit der Rute Hunderte von Kirchen und Kapellen in Europa sowie 30 prähistorische Kultstätten und stellte dort besondere Reaktionen fest, die es an anderen Orten nicht gibt.

»Die Rute ist nur ein Anzeigeinstrument. Der Sensor aber ist der Mensch selbst. Es ist auch ganz egal, wie eine solche Rute ausschaut, sie ist lediglich ein Anzeigeinstrument für das Gespür des Menschen«, sagt er. »Damit registriert er nicht nur negative Zonen. Es gibt noch eine andere Dimension der Fühligkeit, nämlich das Lokalisieren positiver Orte, also Zonen der Harmonie.«

Dürfen wir dann davon ausgehen, daß überall auf der Welt, wo Kultplätze angesiedelt sind oder Tempel und Kirchen stehen, ein Kraftort ist?

»Jede Kultstätte ist ein Ort der Kraft«, antwortet Purner, »wobei es aber qualitativ große Unterschiede gibt.«

Inzwischen hat sich gar ein *Kraftorttourismus* entwickelt: Rituale an den Externsteinen, Meditationen in der großen Pyramide, Spiralwandern in der Kathedrale von Chartres. Jörg Purner hält von alldem nichts. »Das Geheimnis eines solchen Ortes wird man auf diese Weise nicht lüften«, sagt er. »Aufgrund meiner Erfahrungen ist es so, daß wir dank unseres Bewußtseins an jedem Ort und zu jeder Zeit in der Lage sein sollten, uns zu erinnern, daß wir selbst ein Ort der Kraft sind. Wir sind die Quelle, aus der wir schöpfen.«

Was ist Radiästhesie?

Der Begriff wurde 1930 in Frankreich von einem katholischen Priester geprägt und besteht aus dem lateinischen Substantiv *radius* (Strahl) und dem griechischen Verb *aisthanomai* (empfinden, fühlen). Das Rutengehen, vom einfachen Aufspüren unterirdischer Wasseradern über die medizinische Diagnose bis hin zu den Randbezirken, wie dem *Muten* (anderer Ausdruck für Rutengehen) aus der Ferne anhand einer Landkarte, sind von großer Bedeutung bei der Suche nach neuen Energieformen und für das Verständnis jener Effekte, die man bisher als unerklärbar betrachtet hat. Seit einiger Zeit werden überall auf der Welt auch von verschiedenen Wissenschaftlern schädliche Erdstrahlungen untersucht. Die Ergebnisse legen den Schluß nahe, daß bestimmte Reizzonen – über denen die Rute ausschlägt – nachteilige Auswirkungen auf die Gesundheit von Pflanzen, Tieren und Menschen haben. Über die Nützlichkeit von oft empfohlenen *Schutzvorrichtungen* ist wissenschaftlich nichts bekannt. Hier ist Vorsicht geboten.

Daß mit der Wünschelrute auch *Orte der Kraft* aufgespürt werden, beweisen die Untersuchungen des schon erwähnten Dr. Jörg Purner von der Universität Innsbruck und die Arbeiten von Dr. Jens Möller aus Karlsruhe, der auf sogenannte *Leylines* hinweist, unsichtbare Linien, die den Globus überziehen und *Orte der Kraft* miteinander verbinden.

Es ist nicht bekannt, wann der erste Rutengänger seine Kunst ausgeübt hat. Ein Felsbild aus der Sahara, vielleicht 8000 Jahre alt, zeigt eine Gestalt, die einen Gegenstand hält, der eine Wünschelrute sein könnte. In der griechischen und römischen Geschichte finden sich Hinweise auf Wahrsagen mit Ruten und Stäben.

Wünschelruten können aus Zweigen, metallenen Kleiderbügeln, Kupferdraht oder dünnem Stahl sein. Beobachter stellten fest, daß die Bewegungen dieser Instrumente von unwillkürlichen Muskelanspannungen in den Armen und Händen des Rutengängers hervorgerufen werden. Die meisten geben dies auch zu – aber es erklärt praktisch nichts. Verläßt sich der Rutengänger auf ein besonders geartetes Zusammenspiel seiner fünf Sinne, oder ist dabei der längst vermutete sechste Sinn im Spiel?

Rutengänger pendeln über archäologischen Fundstellen, wollen echte von gefälschten Gemälden unterscheiden, suchen nach Bodenschätzen und vermißten Personen. Auf mehreren großen Straßen gibt es Strecken, die als *Todesfallen* gefürchtet werden. An der Autobahn Frankfurt – Mannheim, auf der Bundesstraße zwischen München und Moosbruck und an einer unfallträchtigen Stelle der Autobahn Wien – Salzburg wurden Erdstrahlen als Unfallursache vermutet. Von der Wissenschaft unbestritten ist, daß unser Erdball von einem elektromagnetischen Feld umhüllt ist, das sich auch mit geophysikalischen Geräten nachweisen läßt.

In Deutschland ist das Phänomen der Erdstrahlen zuletzt ausführlich von den Professoren Betz und König untersucht und als *Wünschelruten-Report* veröffentlicht worden. Streng wissenschaftlich-statistische Experimente mit Rutengehern zeigen, »daß deren bisher umstrittene Fähigkeit mit sehr hoher Wahrscheinlichkeit real ist. Allerdings überschätzen manche Rutengänger ihr Können erheblich«. Weiter heißt es in dem Report: »Es wäre falsch, das Phänomen weiterhin in seiner Gesamtheit grundsätzlich als irrelevant oder okkult einzustufen.«

Übungen für den Leser

Wie schon berichtet, ist die Wünschelrute lediglich der verlängerte Arm für die Sensibilität des Menschen. Voraussetzung für das Funktionieren des Experimentes ist also, daß

48

man daran glaubt. Ähnlich wie beim Pendeln sollten Sie der Rute gedanklich eine Frage stellen, etwa: »Ist hier ein Ort der Kraft? Ist hier eine Störzone? Kann ich hier Wasser finden?«

Römer und Griechen orientierten sich übrigens gerne am Lieblingsplatz einer Katze, die sich grundsätzlich nie in Stör- und Reizzonen niederlasse. Hunde dagegen würden von solchen Plätzen angezogen.

Die folgende Anleitung zum Basteln einer Wünschelrute ist dem Buch *PSI-Training* von Ostrander/Schroeter (Heyne-Verlag) entnommen:

»Am einfachsten läßt sich eine Rute aus Drahtkleiderbügeln herstellen. Biegen Sie zwei 86 Zentimeter lange Stücke Kleiderbügeldraht zu einer L-Form, und zwar so, daß die kürzeren Enden 20 Zentimeter messen. Nehmen Sie je ein Drahtstück in jede Hand, strecken Sie die 66 Zentimeter langen Teile nach vorn, parallel zueinander und in einem Abstand von sieben bis acht Zentimetern. Diese Zeiger sollten entweder weit auseinanderschwingen oder sich über einer Reizzone zu einem X kreuzen.

Selber basteln können Sie sich auch eine Abart der Aurameter-Rute. Für die Rute brauchen Sie lediglich 1,20 Meter Kupfer- oder Aluminiumdraht mit einer Stärke von 1,5 bis 1,6 Millimeter, einen zylindrischen Handgriff und ein kleines Gewicht, beispielsweise den Senker einer Angelschnur. Wickeln Sie den Draht um den Handgriff, bis nur noch etwa 45 Zentimeter übrig sind. Biegen Sie unterhalb des Griffs das Drahtende zu drei Spiralwindungen mit einem Durchmesser von etwa fünf Zentimetern (sie sollen aussehen wie eine lockere Feder), und befestigen Sie das kleine Gewicht am Drahtende.«

6 Der Mann mit dem Röntgenblick

Wie einer durch Menschen und Wände sehen kann

In seiner österreichischen Heimat ist Georg Rieder ein bekannter, aber auch umstrittener Mann. *Wunderheiler* nennen ihn die einen, *Scharlatan* die anderen. Hauptsächlich die Herren von der Wiener Ärztekammer wünschen ihn zum Teufel. Dafür reißen sich die Reporter der Boulevardzeitungen um so mehr um ihn, der angeblich Kranke heilen und durch Wände sehen kann. Es ist nicht leicht, ihn ins Fernsehstudio einzuladen, denn der ehemalige Koch, Anfang 30, ist ein gebranntes Kind. Allzu oft, so sagt er, ist er schon reingelegt worden.

Wir verabreden zwei Live-Experimente: Er soll durch eine Wand und in den Körper einer von uns ausgewählten jungen Frau sehen. Rieder warnt: Nicht immer könne er durch Wände sehen, und auch die mögliche Diagnose wolle er nicht vor der Kamera stellen, um den intimen Interessen der Frau nicht zu schaden. Erst als sie ihr Einverständnis gibt, willigt er widerstrebend ein. Die Sache mit der Wand will er wagen.

So steht er denn Stunden später vor einer grauen Holzwand und fixiert mit merkwürdig starrem Blick, doch völlig gelassen, den grauen Belag. Dahinter steht eine junge Schönheitstänzerin - um deren nackte Schultern sich eine Pythonschlange räkelt -, der Studio-Feuerwehrmann Rolf und eine männliche Schaufensterpuppe. Es dauert keine zwei Minuten, dann sagt Rieder: »Ich sehe eine Frau mit einem

Schal, der sich bewegt. Einen Mann mit einer merkwürdigen Kopfbedeckung und ein Wesen ohne Unterleib.«
Die Wand wird entfernt, die Zuschauer applaudieren. Die Frau »mit dem sich bewegenden Schal« hält Rieder die Riesenschlange hin. Und der Feuerwehrmann zeigt seine »merkwürdige Kopfbedeckung«: den blankgeputzten Helm. Das »Wesen ohne Unterleib« wird von den Bühnenarbeitern nach draußen getragen.
Aus dem Zuschauerraum kommt Renate D. Sie hatte vor kurzem einen Unfall, das rechte Bein war mehrfach gebrochen. Der Arzt hat ihr Krankenbild schriftlich fixiert. Georg Rieder stellt sich etwa zwei Meter vor die junge Frau, blickt sie ruhig an. Dann bittet er sie, sich umzudrehen.
»Sie haben mehrere Brüche in Ihrem rechten Bein, die aber gut verheilt sind. Ihre Wirbelsäule ist etwas gekrümmt, und überhaupt gibt es ein paar Unregelmäßigkeiten im Knochenbau, die wahrscheinlich von einem Unfall herrühren. Daher sind auch Ihre Nieren etwas geschrumpft. Sie sollten viel trinken.«
Renate D. ist verblüfft. »Es stimmt alles«, sagt sie und zeigt das Attest. »Ich würde mich gerne nachher mit Ihnen unterhalten«, sagt Rieder zu ihr. »Vielleicht kann ich Ihnen auch helfen.«
Denn Rieder, so heißt es, ist auch ein Heiler. Nachdem er als 17jähriger bei einem Hypnoseversuch mit seinem Freund plötzlich dessen »leuchtenden Astralkörper« gesehen habe, in einer violettbraunen Strahlung und wie in zarten Rauch gehüllt, bemerkte er sein ungewöhnliches Talent.
»Ich sah danach, wie seine Haut, das Fleisch ganz durchsichtig wurde, so als fiele es von ihm ab. Er stand nur noch als Knochenskelett vor mir«, erinnert sich Rieder. »Seitdem probiere ich es auch bei anderen Menschen und erlebe immer wieder die gleichen Phänomene: Meine Augen durch-

dringen deren Körper. Vieles sehe ich schemenhaft, manches mit ausgeprägten Konturen. Meine Angaben treffen in den meisten Fällen zu.«

Anatomische Grundkenntnisse hat sich Rieder zwei Jahre lang bei einem österreichischen Arzt angeeignet, dem er in der Praxis bei den Diagnosen half. Inzwischen haben verschiedene Mediziner die Fähigkeiten des Österreichers getestet. So stellte ihm der Berliner Arzt Dr. Mario Marcuse zwei seiner Patienten vor. Bei der 37jährigen Regina M. sah Rieder »die Aura violett-braun«. Sein Befund: »Die Galle arbeitet nicht richtig. Die Schilddrüse ist schwer erkrankt, die Eierstöcke sind zu klein.«

Dr. Marcuse: »Die Diagnose stimmte eindeutig. Die Frau war bei mir wegen der Schilddrüse in Behandlung. Sie hatte schwere Gallenkoliken, und Teile der Eierstöcke waren vor Jahren entfernt worden.«

Bei der zweiten Test-Person, dem Rechtsanwalt S., blieb Rieders Diagnose ohne Befund. Der Mann war tatsächlich kerngesund.

Während einer Busfahrt in Wien sah Rieder durch die Bauchdecke einer Schwangeren hindurch, daß sie ein Mädchen zur Welt bringen wird – ohne Hände. Er machte die Frau darauf aufmerksam. Sie erschrak. Tatsächlich gebar sie sechs Wochen später ein mißgebildetes Kind, wie sie ihm schriftlich bestätigte.

Daß Rieder auch heilen kann, konnte unter den Bedingungen einer Live-Sendung natürlich nicht getestet werden. Die zahlreichen Kranken jedoch, die den Mann täglich in seinem Haus im niederösterreichischen Gerersdorf besuchen, schwören auf seine Erfolge. So berichtet etwa die Wochenzeitschrift *Profil* von dem einen Monat alten Stefan, bei dem Ärzte eine riesige Schwellung am Hals festgestellt hatten, die nur operativ zu beheben war. Vorher versuchte die

Mutter des Babys ihr Glück bei Rieder; dieser habe 28mal die Hände über den geschwollenen Bereich gehalten, dann sei die Beule weg gewesen. Die verblüfften Ärzte wollten es kaum glauben.

Den Lehrer und Bildhauer Reinhold T. aus Tirol schickten die Ärzte der Innsbrucker Klinik mit dem Befund *Schilddrüsenkrebs* nach Hause. Metastasen waren in der Bauchspeicheldrüse und in der Milz aufgetreten. Ein Jahr später bescheinigten ihm die gleichen Ärzte, daß der Krebs weg war. Der Kranke hatte sich Rieder anvertraut.

»Ich ziehe negative Energie ab und führe dem Patienten positive Kraft zu«, beschreibt er seine Handlungsweise. Während er heilt, verspürt er »ein Ziehen in der Mitte der Handfläche«. Je schwerer die Krankheit, desto intensiver dieses Gefühl. Die Patienten erleben dabei starke Wärme- und Kälteentwicklungen. Messungen seiner Hände während der Heilungen wiesen auf eine elektromagnetische Strahlung hin, die den biologischen Normalwert um ein über 40millionenfaches übersteigt.

Während seiner Diagnosen bilde sich – so Rieder – vor seinen Augen ein weißer Kreis, den er wie einen Scheinwerfer auf den Körper projizieren und beliebig verschieben könne. Was innerhalb dieses Kreises liege, werde für ihn durchsichtig.

Obwohl Rieder für seine Dienste kein Honorar verlangt, sondern auf freiwilliges Spenden verweist, stößt er nicht nur auf die Ablehnung der meisten Ärzte, sondern weckt auch immer wieder das Interesse der Journalisten. Walter P., Moderator der österreichischen Fernsehserie »Panorama«, schien ihn dann endlich entlarvt zu haben. Ein von Rieder getesteter Mann habe lediglich ein Magengeschwür und nicht – wie diagnostiziert – ein Gallenleiden. Eine Woche nach der Sendung wurde der Patient mit einer akuten Gallenkolik ins Krankenhaus gebracht.

»Was habe ich denn?« fragte der Moderator später den Heiler. Die Antwort kam prompt: »Ein Blick genügt – Herz und Magen.« Der Journalist nannte daraufhin seine Reportage »Ein Blick genügt«. Das war im Mai. Im Juni war der Mann tot. Er starb an einem Magendurchbruch auf dem Weg ins Krankenhaus.

Wer alles hat den Röntgenblick?

So *phantastisch* dieses Phänomen auch sein mag, *neu* ist es nicht. In der entsprechenden Literatur ist immer wieder von Frauen und Männern die Rede, die mit dem *dritten Auge* in das Körperinnere der Menschen schauen und sie gewissermaßen durchleuchten. Die Ukrainerin Julia Vorobjova erhielt diese Fähigkeit, nachdem sie als Kranführerin einen Stromschlag erlitt und nach ihrem klinischen Tod wiederbelebt worden war. Schon während ihres Aufenthaltes im Krankenhaus von Donezek konnte sie Körpertemperatur, Puls und Blutdruck ihrer Mitpatienten feststellen, ohne dabei Instrumente zu benutzen. Sie schaute auch in die Körper der Menschen hinein, was den Mediziner Dr. Boris Kalinichenko dermaßen verblüffte, daß er sie in einer Versuchsreihe Tausende von Patienten *durchleuchten* ließ und die Angaben mit den Krankenakten verglich. Die Ergebnisse waren zu 90 Prozent identisch.

Aus ihrem seltsamen Talent hat die junge Chinesin Zhen Xiangling einen Beruf gemacht. Nachdem sie als Dreijährige das Skelett ihrer im Raum anwesenden Eltern sehen konnte – was das kleine Mädchen zutiefst bestürzte – und später bei Schwangeren das Geschlecht der ungeborenen

Kinder erkannte, wurde sie Ärztin. Sie arbeitet an einem Militärhospital in Peking, und zu ihren Patienten gehören auch politische Funktionäre wie Deng Xiaoping. Wie die amerikanische Fachzeitschrift *Fortean Times* berichtete, erlebten Besucher aus Japan und Taiwan in Peking die Talente der jungen Frau. Die von ihr erstellten intuitiven Sofortdiagnosen reichten von *Krebs im Anfangsstadium* bis zu *versteckten Erkrankungen des Verdauungstraktes*.

Zu dem fast 70jährigen blinden Mexikaner Julio Estobal kommen Kranke aus ganz Amerika, um durch seinen *Röntgenblick* krankhafte Veränderungen im Körper aufspüren zu lassen. Estobal entdeckte seine Begabung, als er vor Jahren einer Frau begegnet war, deren kleine Tochter über Magenschmerzen klagte. Blitzartig erkannte der Mann einen Blinddarmdurchbruch und beschwor die Mutter, ein Krankenhaus aufzusuchen. Das Mädchen wurde gerettet. Estobal hatte trotz seiner Blindheit das kranke Organ mit seinem *inneren Auge* gesehen.

Der Münchner Zahnarzt und Psychotherapeut Dr. Harald Richter, der Georg Rieder bei seinen Diagnosen längere Zeit beobachtete, führt deren Treffsicherheit weniger auf einen *Röntgenblick* als auf seine *telepathischen Kräfte* zurück, mit denen er bei den Patienten das Wissen um ihre Krankheit anzapfe. Dies erklärt freilich nicht, wieso Rieder auch Krankheiten erkennt, von denen die Betroffenen noch nichts wissen.

Die im Libanon geborene amerikanische Neurologin Shafica Karagulla bezeichnet die Fähigkeit, menschliche Energiefelder zu sehen, als *höhere Sinnesperzeption*. Wer diese Fähigkeiten besitzt, kann oft auch durch das Fleisch und die Knochen im Körper hindurchsehen, als wären sie nichts als farbige Nebelschwaden. Im Laufe ihrer Nachforschungen konnte die Wissenschaftlerin eine Reihe von Medizinern und Laien ausfindig machen, die diesen »Röntgenblick« besitzen.

»Für mich als Psychiaterin bedeutete diese Erkenntnis eine totale Umkehrung meiner üblichen Vorgehensweise«, schrieb sie, nachdem sie Diane S. kennengelernt hatte, die an der Spitze eines Unternehmens stand und diese seltene Fähigkeit besaß. Shafica Karagulla unterzog Diane einer Reihe von Tests mit zufällig ausgewählten Patienten eines New Yorker Krankenhauses. Nach der Diagnose überprüfte Karagulla Dianes Aussagen mit dem jeweiligen Krankenblatt. »Ich konnte zwar ihre Befunde hinsichtlich des Energieleibes nicht nachprüfen«, schrieb die Untersucherin, »aber ihre Aussagen über den jeweiligen körperlichen Zustand stimmten genau mit den medizinischen Diagnosen überein.«

Auch die US-Therapeutin Barbara Brennan hat Übung, in den menschlichen Körper hineinzusehen, und bezeichnet ihre Fähigkeit als *innere Vision*. Nach der Theorie der Wissenschaftler Pribram und Bohm ist auch der Körper kein festes Konstrukt, sondern selbst so etwas wie ein *holografisches Bild*, in dem jeder Teil als Information im anderen enthalten ist. Eine bestimmte, uns noch nicht bekannte Fähigkeit erlaube daher manchen Menschen, in die Körper anderer hineinzusehen.

7   Ein Mann geht in die Luft

Wie Menschen einfach abheben

Der Mann pumpt sich auf wie ein Maikäfer, sein Gesicht ist merkwürdig verkrampft, die Augen nur noch schmale Schlitze. Er hebt die Arme, die Finger zucken wie bei Spastikern. Die Füße sind extrem angewinkelt. Dann erhebt sich der Mann vom Boden, schwebt etwa 40 Zentimeter nach oben. Eigenartige Kontraktionen der Gesichts- und Halsmuskulatur geben ihm ein furchterregendes Aussehen. Er ähnelt Astronauten und Piloten, die in einer Zentrifuge der mehrfachen Erdanziehungskraft ausgesetzt sind, um ihre Flugtauglichkeit zu testen. Etwa 40 Sekunden schwebt er, dann stürzt er ab, fällt auf den Boden seiner Küche.

Peter Sugleris – der Mann, der in die Luft geht – steht neben mir. Gemeinsam betrachten wir das Video, auf dem diese *Levitation* dokumentiert ist. Leider hat der 30jährige Amerikaner das Experiment nicht im Studio vorführen können, live und vor den eingeladenen Zuschauern.

»Man kann nicht auf Knopfdruck levitieren«, sagt er. »Ich bereite mich durch monatelanges Fasten vor, bei dem ich 20 Pfund verliere.«

»Nach dem Experiment fühle er sich völlig erschöpft, schläfrig, lethargisch. Heftige Kopfschmerzen und Übelkeit plagen ihn, manchmal muß er sich übergeben. Am ganzen Körper stark schwitzend, trinkt er Unmengen von Wasser.

Der amerikanische Psychiater Berthold Schwarz hat vier

Jahre lang Freunde und Verwandte von Peter Sugleris befragt und von Augenzeugen eidesstattliche Versicherungen erhalten, die seine *Levitationen* bestätigen. Schwarz hält inzwischen »jeglichen Betrug oder Täuschung für ausgeschlossen«. Aufmerksam wurde er auf Sugleris, als dieser im Oktober 1985 in seine Praxis in Vero Beach, Florida, gekommen war. Psychokinetische Begabungen sind offenbar eher eine Bürde als ein Gewinn für den Menschen, der sich damit nicht selten aus der Gemeinschaft der anderen ausgeschlossen fühlt.

Schwarz hat inzwischen umfangreiches Material über seinen Patienten zusammengetragen. In seinen bisher 33 Berufsjahren war ihm so ein Fall noch nicht vorgekommen. Schwarz: »Es begann, als Peter drei Jahre alt war und in seinem Bettchen lag. Da hoben sich Rumpf und Beine von der Unterlage ab. Nur noch sein Kopf berührte das Kissen.« Diese Aussage von Peters Mutter Toula nimmt der Psychiater genau so ernst wie die zahllosen seltsamen Ereignisse, in die der junge Mann im Laufe seines Lebens verwickelt war: Glühbirnen platzten in seiner Gegenwart, Besteck und Münzen verbogen sich, der Fernsehapparat schaltete sich von selbst ein, und die Kühlschranktür öffnete sich wie von Geisterhand.

Schwarz testete Sugleris auch in seiner Praxis, wobei sich zahlreiche dieser psychokinetischen Ereignisse wiederholten. Trotz mehrfacher Bemühungen ist ihm dort eine *Levitation* nicht gelungen. Deshalb gibt es nur das Video vom *Küchenexperiment* und einer Levitation im August 1981 im Hinterhof des elterlichen Hauses, in dem Peter sich vor einem mit Weinreben umrankten Drahtzaun circa acht Sekunden lang etwa 35 Zentimeter in die Höhe erhebt.

Was ist Levitation?

Das lateinische Wort »levitas« – zu deutsch: Leichtigkeit – gab dem Phänomen den Namen. Menschen der Vergangenheit, von denen viele später heilig gesprochen wurden, sollen diese Begabung gehabt haben. Überliefert ist solches Schweben von der heiligen Agnes, der heiligen Theresia, von Franz von Assisi und Joseph von Copertino, der siebzig Mal den Gesetzen der Schwerkraft getrotzt haben soll. Ein gewichtiges Zeugnis von Levitation des Thomas von Aquin legt immerhin Giordano Bruno ab, dessen unbestechliches naturwissenschaftliches Wirken ihn bekanntermaßen in einen tödlichen Konflikt mit der Kirche gebracht hat.

Der amerikanische Professor Gardner hat vor Jahren an einem Levitations-Experiment in einem nepalesischen Kloster teilgenommen, bei dem sich nach einem langen Ritual – leise Gebete und monotone Musik – ein Mädchen wie eine Statue in die Höhe gehoben habe. Eines der eindrucksvollsten Dokumente ist freilich ein Film des Münchner Regisseurs Rolf Olsen, der einen Medizinmann im westafrikanischen Obervolta zeigt, wie er aus einem Feuerkreis etwa einen Meter in den nächtlichen Himmel schwebt. Obwohl die Szene mit drei Kameras aufgenommen und über dem Kopf des Mannes mit Stangen nach versteckten Seilen gesucht wurde, konnte keine Manipulation festgestellt werden.

Erklärungshypothesen für das Phänomen gibt es kaum. Ethnologen haben tibetanische Tranceläufer beobachtet, die ihre scheinbare Schwerelosigkeit bestimmten Atemübungen verdanken, die auch von europäischen Ballett-Tänzern wie dem Russen Nijinksi angewendet wurden, dessen Bewunderer ihn danach *schweben* sahen. Der russische Physiker Bunin spricht von der Fähigkeit lebender Organismen, Gravitationswellen zu erzeugen und zu empfangen: und damit *Biogravitationsfelder* herzustellen. Dies wäre nichts weiter als ein Bewußtseinsprozeß.

Der Berliner Autor Karl Spiesberger hat für sein Buch *Levitation* zahlreiche Versuche unternommen, um schwere Gewichte mühelos in die Luft zu stemmen. Dabei verwendete er gewisse Atemtechniken, intonierte die Runensilbe MAN »und stemmte mit unvorstellbarer Leichtigkeit« Gewichte über seinen Kopf.

Der Asien-Forscher Heinrich Harrer beobachtete in einem indischen Mausoleum nahe der Stadt Poona, wie elf Pilger mühelos mit ihren Zeigefingern einen 80 Kilogramm schweren Stein in die Höhe hoben, nachdem sie vorher den Namen eines Heiligen angerufen hatten.

Durchaus möglich, daß frühe Baumeister solche Techniken kannten, um Kolossalbauten wie die Pyramiden von Gizeh oder die Mauern von Sacsayhuaman (Peru) zu errichten. Bis zu 100 Tonnen schwere Steinblöcke mußten in Tiahuanako ohne technische Hilfe bewegt werden, um schließlich zum Sonnentor – dem Stein gewordenen Kalender – zusammengefügt zu werden.

Gehen wir auch hier von den Ideen eines holografischen Universums aus, in dem der Geist auf Materie einwirkt, so muß es möglich sein, auch das Gesetz der Gravitation zu beeinflussen und damit für kurze Zeit außer Kraft zu setzen. Selbst der geniale Naturwissenschaftler Isaac Newton hatte keine Erklärung für die Ursachen der Schwerkraft. Für ihn stand fest, daß »es irgendeinen feinen Geist gibt, durch dessen Kraft und Wirkung alle Begegnungen des Stoffes bestimmt werden«. In diesem Sinne äußerte sich auch der deutsche Gelehrte Gottfried W. von Leibnitz, der die Gravitation als »eine unkörperliche und unerklärliche Kraft« bezeichnete.

Nirgendwo gibt es Gebrauchsanweisungen für Levitationen, doch nähert sich die folgende Übung dem oben beschriebenen Phänomen, schwere Gegenstände scheinbar mühelos hochzuheben. Nutzen Sie dafür ruhig die ausgelassene Stimmung eines Familienfestes oder einer Party.

Fünf Personen sollten an diesem Experiment teilnehmen, wobei die schwerste von ihnen sich auf einen Stuhl setzt. Die anderen vier legen nun abwechselnd ihre Hände auf den Kopf der sitzenden Person, so daß sie - wie bei einem Kinderspiel - zu einem Turm aufgebaut sind. Dabei sprechen alle Teilnehmer den Satz »Du wirst leicht« mehrmals gemeinsam aus. Dann schüttelt jeder seine Hände aus. Und jetzt kommt der große Augenblick. Jeder der vier Teilnehmer preßt seine Hände fest zusammen, besonders die beiden Zeigefinger. Zwei Personen legen ihre Zeigefinger nun in die Achseln des sitzenden Menschen, die andern beiden legen die Zeigefinger in dessen Kniekehlen. Sprechen Sie nun alle den Satz »Du bist federleicht« und heben Sie die sitzende Person in die Höhe. Sie werden spüren, wie mühelos dies geht. Natürlich können Sie nach einer Pause das Experiment ohne das beschriebene Ritual durchführen und dabei den Unterschied feststellen.

8   Wenn alles nach oben rollt ...

Nicht nur ein italienisches Phänomen

Wer Rom in südöstlicher Richtung auf der neuen Via Appia verläßt, erreicht nach etwa 30 Kilometern die romantische Landschaft um den Albaner See. Der Papst zieht sich hierher in seine Sommerfrische *Castello Gandolfo* zurück. Genau ihm gegenüber, in der Nähe des Dorfes Rocca di Papa, scheint auf rund 100 Metern die Welt Kopf zu stehen. Das von Newton nach den Keppplerschen Regeln aufgestellte Gravitationsgesetz funktioniert dort irgendwie nicht.

Hauptsächlich an den Wochenenden parken zahlreiche italienische Familien ihre Autos am Rand der schmalen *Via dei Laghi* und lassen Flaschen und Getränkedosen den Berg hinaufrollen. Junge Leute aus der Umgebung fahren mit ihren Rädern bergan, ohne ein einziges Mal in die Pedale zu treten. Und der Römer Giuseppe Carlini zeigt seiner russischen Ehefrau Irina gerade, wie sein Auto ohne Motorkraft langsam die Steigung hinaufrollt.

Auch unser schwerer Kamerawagen bewegt sich aus dem Stand nach oben, sobald die Handbremse gelöst ist. Immer mehr Autofahrer halten an und probieren es selbst aus. Der Nuklear-Physiker Luciano Gelmi ist sich nicht sicher, ob er hier vor einem Wunder steht. Er öffnet eine Plastikflasche, schüttet Wasser auf den Asphalt und registriert verblüfft, wie es die Straße hinaufrinnt. Begeistert sagt Irina in die Kamera: »Wenn ich die Straße hinauflaufe, merke ich, daß es unheimlich leicht geht. Ein komisches Gefühl.«

Der Diplom-Geologe Dr. Johannes Fiebag stellte fest, daß die Straße auf dem Rand eines erloschenen Kraters entlang führt und an ähnlichen Stellen zahlreiche geophysikalische Messungen durchgeführt wurden. Eine Gravitationsanomalie wie vor Rocca di Papa sei dabei aber nie entdeckt worden.

Fiebag legt eine Wasserwaage auf die Straße. Tatsächlich zeigt sie ein leichtes Gefälle. Der Geologe bietet zwei Hypothesen an: Entweder handelt es sich um eine optische Täuschung, da die Straße in einer Länge von 200 Metern im Süden durch eine Kante, im Norden durch einen Knick begrenzt wird. Das Auge könnte sich davon täuschen lassen und ein *Gefälle* nach Norden anstatt eines leichten *Anstiegs* vermuten. Die Wasserwaage würde dabei korrekt anzeigen. Oder es handelt sich wirklich um ein bisher unbekanntes Gravitationsphänomen, das entgegen der Erdanziehung wirkt. In diesem Fall würde natürlich auch die Wasserwaage falsch anzeigen.

Genaue Klärung könnten nur umfangreiche Messungen bringen sowie die Auswertung von Luft- und Satellitenbildern. Bisher hat sich noch keine Expertengruppe dazu bereit gefunden, und so bleibt dieser Teil der Via dei Laghi bis auf weiteres ein phantastisches Phänomen.

Wer sich selbst überzeugen will, mag einen Abstecher in diese herrliche Gegend machen. Ähnliche Orte gibt es auch in Japan und am Fuße der polnischen Schneekoppe auf einer schmalen Straße, die zu dem Ort Kr führt. Dort machen sich Busfahrer oft den Spaß, ihr schweres Fahrzeug zum Erstaunen ihrer Fahrgäste im Leerlauf den Berg hinaufrollen zu lassen.

In der Gegend um Pila (früher *Deutsch Krone*) war der Hamburger Bankier Dr. Christoph von der Decken unterwegs, um die Stelle wiederzusehen, an der er 1945 als Soldat verwundet wurde. Zwischen dem ehemaligen *Deutsch Krone* und Ludwigstal kam er mit seiner schweren Limousine auf eine schmale asphaltierte Straße, die durch den Wald führt. Ein kleiner Junge machte ihn darauf aufmerksam, daß dies sein Schulweg sei und er an dieser Steigung einfach aufhören könne, in die Pedale des Fahrrades zu treten. Es würde von selbst nach oben gezogen. Daraufhin stellte der deutsche Besucher den Motor seines Wagens ab, kuppelte aus und staunte nicht schlecht, als er – immer schneller werdend – bergauf zu rollen begann.

Christoph von der Decken: »Weil wir den Verdacht hatten, das Ganze sei eine optische Täuschung, haben wir später unsere Arme waagerecht ausgestreckt und dabei festgestellt, daß sich ein gerade herunterfahrender Kleinbus deutlich außerhalb der Waagrechten befand.«

Der Busfahrer Wolfgang Barby aus Merenberg hat auf seinen Reisen ein ähnliches Phänomen im Westen Schottlands beobachtet. Auf der Landstraße A 719 in der Nähe des *First of Clyde* zwischen Ayr und Maidens – 20 Meilen südlich von Ayr – nennen die Bewohner das seltsame Straßenstück *Electric Brae,* und Barby machte gleich die Probe: Der schwere Touristenbus rollte mit ausgekuppeltem Gang den Berg hinauf.

Etwa 200 Meter vom Ortsausgang Schleiden in der Eifel steigt die Fahrbahn an, um danach etwa 500 Meter abzufallen. Gegenüber einem Zeltplatz befindet sich ebenfalls eine Stelle, an der alles nicht mehr so ist, wie es uns die Wissenschaft seit Jahrhunderten erklärt: daß nämlich alles von oben nach unten zu fallen hat, weil es die Erdanziehungskraft gibt. Zur Überraschung der Anwohner ist das Phänomen in der Eifel allerdings oftmals *außer Kraft.* Nur an bestimmten Tagen rollen auch hier die Flaschen den Berg hinauf, und verschüttetes Wasser fließt nach oben ...

9   Der sprechende Aprikosenbaum

Gedichte und Musik aus dem Garten

Die meisten Zuschauer hielten es für einen Gag: Da steht im Garten des Ingenieurs Joe Sanchez im kalifornischen Long Beach ein Aprikosenbaum, der mit Hilfe einer imposanten Computeranlage merkwürdig monotone Musik und – je nach Laune – auch schon mal ein Gedicht von bizarrer Unverständlichkeit macht. Doch Sanchez – einer der Konstrukteure des Space-Shuttle und Experte für Satellitenkommunikation – erlaubt sich keinen Scherz. Er ist davon überzeugt, daß sein Baum mit ihm seit nunmehr fünf Jahren eine fröhlich-philosophische Kommunikation eingegangen ist.

Dafür hat er zuerst zwei Elektroden in den Stamm gesetzt, mit dem er die elektrischen Signale des Baumes durch ein abgeschirmtes Kabel in den Computer leitet, der diese über ein Sprachmodul in Töne umsetzt.

»Mit diesem Experiment versuche ich herauszufinden, ob es die Möglichkeit gibt, die Informationen von Lebewesen – also auch von diesem Baum – so zu übersetzen, daß ich sie verstehen kann«, sagt Sanchez. »Der Baum verändert ständig seine Energie, die der Computer in Sprache verwandelt.«

40 Seiten stark ist inzwischen das Werk des dichtenden Baumes, von dem Sanchez nicht genau weiß, ob es sich um Lyrik, eine Art kosmische Philosophie oder ganz einfach nur um Quatsch handelt. Eine Kostprobe:

»Wegen der Krümmung unten
Erwartungsvoll die Übersetzung
Von der Welt
Mit vom Verzerrten Licht«

Rätselhafte Worte, aber manchmal auch direkte Antworten. Als Joe Sanchez zu Beginn seiner Experimente an einer Zimmerpflanze eine Elektrode befestigte und das Gegenstück während der Arbeit in den Mund nahm, sagte die Pflanze: »Mensch schmeckt gut.«

»Sie hatte tatsächlich auf mich reagiert. Seitdem höre ich auch fasziniert meinem Aprikosenbaum zu«, lacht Sanchez. Für seinen Computer entwickelte er ein völlig neues Programm mit 900 der meistverwendeten Wörter der englischen Sprache. Ergänzend zu den Vokabeln konstruierte er ein Satzbauprogramm, aus dem der Aprikosenbaum mit seinen elektrischen Impulsen Zahlen auswählt, denen die Worte nach dem Zufallsprinzip zugeordnet sind.

Den Film über den sprechenden Aprikosenbaum drehte der Chemiker und Publizist Dr. Imre Kerner, der zusammen mit seiner Frau Dagny in seinem Buch »Der Ruf der Rose« (erschienen im Verlag Kiepenheuer & Witsch) zahlreiche Beweise anführt, wie Pflanzen fühlen und miteinander – aber auch mit Menschen und Tieren – ständig kommunizieren. Dabei läuft ihre Sprache auf verschiedenen Ebenen: über chemische Stoffe, über Wellen und elektrische Signale. Und sie können sogar Gedanken lesen. So verfügt der Wald über ein raffiniertes Alarmsystem: Wenn Holzfäller den ersten Baum absägen, wissen alle anderen Bäume Bescheid.

»Alle Pflanzen strahlen ununterbrochen, Tag und Nacht, die Aura, das Licht des Lebens aus, in der eine Fülle von Informationen gespeichert ist«, sagt Imre Kerner. »Mit der Entschlüsselung dieser Informationen wird jetzt begonnen, weil sie mit hochempfindlichen physikalischen Geräten meßbar gemacht werden.«

Alle Lebewesen, vom Einzeller bis zu den Menschen, besitzen diese Aura. Sie ist einer der Schlüssel zur Kommunikation innerhalb der Natur.

Viele Menschen sprechen mit ihren Blumen, Zimmerpflanzen und Bäumen und sind überzeugt, sie auch zu verstehen. So zeigte der Züricher Polizist Ernst Roth in einer Fernsehsendung einen 26,5 Pfund schweren Riesenkohlrabi, einen 1,50 Meter hohen Rosenkohl und einen 47 Kilogramm schweren Kürbis. Befragt, wie er denn zu dieser Rekordernte komme, gestand der Mann, täglich seine Pflanzen »zu küssen, zu streicheln und zu loben«.

Natürlich reicht dies allein nicht aus, um zu solchen Resultaten zu kommen. Roth düngt den Boden mit vier Jahre altem, selbstgemachtem Kompost, harkt die Beete regelmäßig und verwendet keine chemischen Mittel. »Am wichtigsten ist jedoch der Kontakt zu den Pflanzen«, sagt Roth. »Sie haben eine Seele, spüren, ob man sie liebt oder ob sie einem gleichgültig sind.«

Auch Hobby-Gärtnerin Gertrud Doste aus Essen geht fürsorglich mit ihren Tomaten um, lobt sie, wenn sie wieder einmal ein Stück gewachsen sind und wünscht ihnen jeden Abend eine gute Nacht. Daß die Nachbarn schon mal mit dem Finger an die Stirn tippen, stört die Pflanzenfreundin nicht. Auch Joe Sanchez hat sich daran gewöhnt, daß er bisweilen wegen seines sprechenden Aprikosenbaumes auf den Arm genommen wird. »Ich bin auch nicht sicher, ob er wirklich redet oder ob er nur eine Art Antenne ist für etwas, was draußen ist, was vielleicht überall ist«, sagt er. »Da Blumen und Bäume sich nicht fortbewegen wie wir, sind sie im Universum auch ganz anders eingebettet.«

Wie Pflanzen kommunizieren

Bäume und andere Pflanzen können regelrecht um Hilfe schreien, wenn sie in Dürrezeiten dem Verdursten nahe sind. Möglicherweise locken sie dabei auch Insekten an, die den ohnehin schwer geschädigten Pflanzen weiter zusetzen. Mitarbeiter des amerikanischen Landwirtschaftsministeriums haben diesen Lautäußerungen mit empfindlichen elektronischen Sensoren nachgespürt und dabei festgestellt, daß unter Trockenheit leidende Pflanzen Geräusche von sich geben, die in einem für das menschliche Ohr nicht hörbaren Frequenzbereich liegen.

Die Professoren Hameroff, Watt und Smith von der Universität in Phoenix (Arizona) wiesen mit einem Lügendetektor nach, daß Pflanzen auf Drohungen, Schmerz, Musik und Streicheln reagieren. Daß sie dabei auch über eine Art Vorauswissen verfügen, stellte Cleve Backster fest, ein Pionier der Pflanzenkommunikation. Er schloß einen Drachenbaum an einen Galvanometer an. Als er zum Feuerzeug griff, um eines der Blätter anzusengen, schlug der Detektor aus. Hatte der Baum Angst?

Geschichten über die mitfühlenden Geschöpfe aus Haus und Garten weiß fast jeder Pflanzenfreund zu erzählen. Da gibt es den Mann, der von seinem kränkelnden Oleander darauf hingewiesen wurde, zum Arzt zu gehen. Tatsächlich war eine Krebsoperation notwendig. Als der Mann wenige Monate später wieder am Schreibtisch neben seinem scheinbar verkümmerten Oleander saß, bemerkte er die ersten frischen Triebe an dessen Stamm.

Manchmal nutzt die ganze Sanftmut nichts. So drohte eine Hamburger Journalistin ihrem von der Heizungsluft genervten tropischen Schraubenbaum: »Wenn du nicht endlich wieder wächst, dann schneide ich dich ab.« Vier Wochen später bildete die Pflanze frische neue Blätter. Zur Belohnung erhielt sie einen neuen, besseren Standort.

Bereits klassisch ist das Experiment des schon erwähnten Lügendetektor-Experten Backster, der zwei Zimmerpflanzen in einem Raum aufstellte. Nacheinander kamen sechs Testpersonen hinzu. Auf fünf Zetteln stand nichts, auf dem sechsten stand das Wort »Mörder«. Fünf verließen den Raum wieder. Der Mörder blieb und riß eine der beiden Pflanzen aus ihrem Topf und zertrampelte sie.

Backster schloß die überlebende Pflanze an den Lügendetektor, der Erregungszustände in Kurven und Linien umsetzt. Wieder kamen die sechs Männer nacheinander in den Raum. Fünfmal zeichnete der Schreiber eine gerade, ruhige Linie – bis der Mörder kam. Da schlug die Nadel aus und zeichnete scharfe Zacken. Die Pflanze hatte auf den Übeltäter reagiert. Überrascht stellte Backster fest, daß ähnliche Ergebnisse erzielt werden, wenn in einem Raum neben den Pflanzen Krebse in kochendes Wasser geworfen oder Kartoffeln und Tomaten aufgeschnitten wurden. Reagieren Lebewesen auf die stummen Schreie ihrer Mitgeschöpfe?

Die Fachhochschule Weihenstephan hatte 1992 150 Freizeitgärtner zu einem Versuch animiert, bei dem es um die Frage ging, ob Pflanzen eine Seele haben und auf gefühlsmäßige Zuwendung reagieren. Um das herauszufinden, waren je sechs Tomatensetzlinge an die Probanden verteilt worden. Drei Stauden mußten die Gärtner mit viel Liebe behandeln, den Rest nur gießen und düngen. Täglich wurde die Größe der Pflanzen, die Zahl ihrer Triebe und späteren Früchte notiert. Zur Verblüffung des Versuchsleiters Professor Manfred Hoffmann zeigte sich, daß die Tomaten, die mit viel Zuwendung behandelt wurden, im Durchschnitt 22,2 Prozent mehr Früchte trugen. Pro Stock war das rund ein Pfund mehr als bei den anderen Pflanzen.

Klaus Meyer-Abich, Naturphilosoph am Wissenschaftszentrum in Essen, wundert sich nicht über das Ergebnis: »Schon seit Jahrtausenden glauben viele Menschen daran, daß Pflanzen Lebewesen sind und eine Seele haben.« Traurig ist er allerdings darüber, daß »man in der heutigen Zeit Liebe und Zuwendung nicht selbstlos gibt, sondern dabei auch auf den Ertrag schielt.«

Dem Geheimnis der Kommunikation zwischen Menschen, Tieren und Pflanzen ist Dr. Fritz Albert Popp vom *Institut für Strahlungsanalysen* am Kaiserslauterner Technologiezentrum auf der Spur. Er fand heraus, daß jedes Lebewesen von einer unsichtbaren Strahlung umgeben ist, den Biophotonen. Dieses äußerst schwache Licht wird von jeder lebenden Zelle ausgesandt, ähnlich dem Licht eines Laserstrahls, der die physikalischen Eigenschaften hat, Informationen zu transportieren, zum Beispiel dreidimensionale Bilder in einer Disco. Auch die Nachrichtentechnik nutzt inzwischen diese Möglichkeiten.

Damit hat Popp eine grundlegende Form der Naturkommunikation entdeckt: Die Biophotonen treten als Informationsträger aus der Form eines Lebewesens aus, um mit Lichtgeschwindigkeit andere Lebewesen zu erreichen. Ungewiß freilich sind noch die Inhalte dieser so übermittelten Nachrichten. Mit einem Restlichtverstärker kann der Quantenphysiker dieses Licht des Lebens auch sichtbar machen. Auf einem Monitor sieht man einen in völliger Dunkelheit leuchtenden Grashalm oder mikroskopisch kleine Wassertierchen. Popps naturwissenschaftliche Entdeckungen können dazu beitragen, unser Verhältnis zu allem organischen Leben zu überprüfen und damit zu einer grundsätzlichen Bewußtseinsveränderung zu gelangen.

Übungen für den Leser

Es ist relativ einfach, aus den erhaltenen Informationen ein Experiment nach eigenen Richtlinien aufzustellen. Wenn Sie einen Garten haben, bietet sich der Versuch mit den Tomaten während der Sommerzeit an. Bastler können über einen Reaktionsdetektor mit Pflanzen kommunizieren. Schließen Sie dessen Elektroden an eine Pflanze an, wobei Sie zwischen Blatt und der Auflage ein Gel mit einem einprozentigen Salzzusatz verwenden sollten. Dies trägt zur Verbesserung des Kontaktes bei. Für die Versuche eignen sich besonders Philodendren.

Sprechen Sie mit der Pflanze so wie mit einem Haustier. Anfangs werden Sie feststellen, daß sie eine Weile braucht, um sich an das Gerät zu gewöhnen. Die Herstellung eines persönlichen Kontaktes ist eine wichtige Voraussetzung, damit die Pflanze ausschließlich auf Sie reagiert. Fachleute nennen dies das *Laden* der Pflanze, das erst beendet ist, wenn auf dem angeschlossenen Monitor eine Basislinie erscheint.

Über die Versuche entscheiden Sie. Sollten Sie vorhaben, die Pflanze auf ihre Gedanken und Gefühle hin zu kontrollieren, treten Sie nie als *Übeltäter* auf, der ein Blatt abreißt oder es mit dem Feuerzeug ansengt. Überlassen Sie dies einer anderen Person, um das Vertrauensverhältnis nicht zu stören.

Wer über keine dieser technischen Möglichkeiten verfügt, kann mit einem einfacheren Experiment ähnliche Ergebnisse erzielen. Es wurde von Sheila Ostrander und Lynn Schroeder für das Buch *PSI-Training* (erschienen als Heyne-Taschenbuch Nr. 7253) entwickelt:

Sie brauchen dazu:

1. Vier Blumentöpfe oder Pflanzenkästen.

2. Samen: Gerste, Bohnen und Mais keimen rasch. Schauen Sie auch, was es in Ihrem Lebensmittelgeschäft an Dörrgemüse gibt. Samen, die zum Züchten eßbarer Keimlinge verkauft werden, eignen sich ausgezeichnet und dürften hohe Keimwerte haben. Im Grunde kann man aber jeden Frucht-, Blumen- oder Gemüsesamen verwenden.

3. Erde: mit oder ohne Dünger beziehungsweise Wachstumshilfen. Mischen Sie die Erde gründlich. Jeder Topf muß genau die gleiche Quantität und Qualität erhalten.

Denken Sie daran, daß die Pflanzen bei jedem Experiment genau gleich versorgt werden, die gleiche Menge Wasser, Licht und Wärme erhalten müssen. Der einzige Unterschied besteht darin, daß Sie bestimmten ausgewählten Pflanzen außerdem noch Ihre Gedanken zuwenden.

Stecken Sie nun in vier Töpfe je acht Samen, und zwar gleich tief. Bestimmen Sie durch Werfen einer Münze, welchen beiden Töpfen Sie Ihre Gedanken widmen wollen. Kennzeichnen Sie diese Töpfe mit einem Pluszeichen und die anderen zwei mit einer Null. Stellen Sie die Plustöpfe 1 bis 1,5 Meter von den Nulltöpfen entfernt auf. Legen Sie fest, wie lange Ihr Experiment dauern soll – am besten zwischen zwei und fünf Wochen, je nachdem, welches Wachstum Sie erreichen wollen und wie hoch die Wachstumsrate Ihrer Samen ist.

Verbringen Sie täglich zweimal mindestens 10–15 Minuten damit, eine emotionale Verbindung zu den Pluspflanzen herzustellen. Was Sie dabei sagen sollen? Das ist eine Sache des Temperaments. Manche Menschen beten für ihre Pflanzen, andere beschwören einen universellen Lebensgeist. Viele erzielen durch liebevolle und ermutigende Worte und Gedanken gute Ergebnisse. Sie sind ehrlich begeistert, wenn Sprößlinge erscheinen und jubeln über die täglichen Fortschritte. Wieder andere reden ihren Pflanzen nur gut zu, und einige wenige haben sogar versucht, ihnen hypnotische Befehle des Inhalts zu erteilen, daß sie wachsen und gedeihen sollen. Yoga-Schüler meditieren und lassen dabei ihre Gedanken um die Samen kreisen. Sprechen Sie mit Ihren Pflanzen stumm oder laut, aber was Sie auch tun, seien Sie positiv und vom Erfolg überzeugt, das heißt, stellen Sie sich möglichst lebhaft vor, wie Ihre Pflanzen sprießen und gedeihen, zu sattgrünen, kräftigen, vitalen Gebilden heranwachsen.

Um den Einfluß Ihrer Gedanken genau verfolgen zu können, messen Sie regelmäßig die Ergebnisse:

1. Notieren Sie, wann die Keimlinge sichtbar werden. Machen Sie am besten Fotos.

2. Messen Sie nach Ablauf des Experiments die Pflanzen in Millimetern: Kontrollieren Sie Üppigkeit und Aussehen; machen Sie zum Vergleich Aufnahmen von allen vier Töpfen.

3. Wenn Sie wollen, können Sie die Pflanzen behutsam ausgraben und unter Wasser von der Erde befreien. Messen Sie das Wurzelsystem und wiegen Sie die Pflanze und machen Sie noch einmal ein Vergleichsfoto.

10   Blicke in die Zukunft

Vom Hellsehen, Delphinen und einer Bibliothek in Indien

Der Blick in die Zukunft gehört zu den uralten Sehnsüch-
ten des Menschengeschlechts. Ägyptische Priester, griechi-
sche Pythien und römische Vestalinnen bieten ihre Dienste
an, und nicht nur Alexander der Große machte davon Ge-
brauch. Die Liste der Heerführer, Könige und Tyrannen ist
endlos, die sich mit einem Wissen um zukünftige Ereignisse
Vorteile verschaffen wollten. Das Geschäft mit dem Wahrsagen boomt auch in der Gegenwart, und zahlreiche Hellseher machen überdurchschnittlich gute Geschäfte.
Bevor wir etwas Licht in das visionäre Dunkel zu bringen versuchen, sollte die grundsätzliche Frage geklärt werden: Gibt es überhaupt eine Zukunft, die vorbestimmt ist?
Wenn wirklich jedes Ereignis, das uns im Leben widerfährt,
schon in einem großen *Buch des Schicksals* festgelegt ist,
was hätte dann unser Leben überhaupt für einen Sinn? Wir
wären doch nur Marionetten, an deren Fäden einer zieht,
der sich über uns lustig macht. Aber wenn die Zukunft
nicht festgelegt ist und es an uns selbst liegt, wie wir sie gestalten, wie kann dann das Hellsehen funktionieren?
Präkognition - das Fachwort für Hellsehen - gibt es tatsächlich, ebenso wie Hellhören und Hellriechen. Die amerikanischen Parapsychologen Louisa Ella und J. B. Rhine waren sogar davon überzeugt, daß Präkognition im Labor
nachzuweisen ist. In zahlreichen Versuchen haben sie und
spätere Kollegen bewiesen, daß ihre erzielten Testergebnis-

se bei sensitiven Personen über der mathematischen Wahrscheinlichkeit lagen.

Offenbar kann jeder Mensch hellsehen – der eine besser als der andere. In besonderen Bewußtseinszuständen – vorwiegend in unseren Träumen – ist es möglich, die Strukturen künftiger Ereignisse zu erkennen. Nur, wie unterscheide ich zwischen einem hellsichtigen Traum und dem traumhaften Aufarbeiten vergangener Ereignisse durch mein Unbewußtes?

Professionelle Hellseher sind meist gute Psychologen, die unseren gegenwärtigen Zustand erkennen und ihn auf zukünftige Ereignisse hochspekulieren. Sie sind dabei nicht in der Lage, in ihren Voraussagen zwischen einer echten Vision und reiner Phantasie zu unterscheiden. Außerdem warnen Psychologen nach einem Besuch beim Wahrsager vor dem sogenannten *Erfüllungszwang,* also der Angewohnheit unseres Unbewußten, erhaltene mündliche Informationen tatsächlich in die Wirklichkeit umzusetzen. Wenn also ein verantwortungsloser Hellseher für einen bestimmten Tag in der Zukunft einen Autounfall prophezeit, werden wir so unsicher und ängstlich, daß dieser womöglich tatsächlich eintritt.

In den sechziger Jahren begann die Flucht vieler westlicher Intellektueller in die mystische Zauberlandschaft Asiens. Allen voran erhofften sich die vier Beatles in den Ashrams – alten indischen religiösen Stätten – Seelenmassagen von den dort tätigen Weisheitslehrern, den Gurus. Inzwischen interessiert eine andere Variante: der Besuch in einer Palmblattbibliothek.

Indien – seit Jahrtausenden ein Land der Wunder und Mirakel – ist noch heute voller phantastischer Phänomene. Der Schriftsteller Holger Kersten machte sich für uns auf den Weg zu einer jahrtausendealten Bibliothek, in der auf

Palmblättern das Schicksal all jener Menschen verzeichnet sein soll, die irgendwann dorthin kommen, um sich von den *Nadi*-Lesern ihre Vergangenheit, ihre Gegenwart und ihre Zukunft beschreiben zu lassen.

Beschwerliche acht Stunden sind es mit dem Auto von Madras in das kleine Dorf Vaithiswarankoil, wo sich die Palmblattbibliothek in der Nähe des großen Tempels befindet. Von dort ist es nicht mehr weit zum Haus des Priesters, der als *Vashistar* die Palmblätter verwaltet.

Das Lesen der alten Dokumente ist eine heilige Handlung und wird mit einer Zeremonie eingeleitet: Mit Wasser, Feuer, Rauch und heiliger Asche muß die Atmosphäre und der Aspirant gereinigt werden.

Um unter den vielen tausend Blättern das richtige herauszufinden, brauchen die Helfer des Priesters den Abdruck des rechten Daumens. Die Palmblätter, so sagt der *Vashistar,* sind seit Jahrhunderten im Besitz der gleichen Familie und werden stets an die Söhne weitergegeben. Es heißt, daß die Lebensläufe vor etwa 5000 Jahren von den sieben heiligen *Rishis der Veden* aufgeschrieben wurden, die in der sogenannten *Akasha*-Chronik Vergangenheit, Gegenwart und Zukunft all jener Menschen lesen konnten, die jemals an diesen Ort kommen würden.

Wenn in einem Index-Band das richtige Blatt gefunden wurde, beginnt das Vorlesen. Der Besucher erfährt Einzelheiten seines bisherigen Lebens, genaue Angaben und die Namen von Vater und Mutter. Während diese Informationen leicht auf ihren Wahrheitsgehalt zu überprüfen sind, wird es bei der Zukunft schon schwieriger: Der *Vashistar* sagt, daß sogar die Umstände und der Zeitpunkt des Todes der Besucher genau festgeschrieben sind.

Holger Kersten erfährt, daß seine Bücher über religiöse Ideen bald in der ganzen Welt verbreitet und ein neues

Denken auslösen werden und daß er nach einer Krankheit schon mit 65 Jahren sterben wird. Niemand in der Palmblattbibliothek hat vorher gewußt, daß der Mann ein Schriftsteller ist.

Er hat zusammen mit Elmar R. Gruber das Buch »Das Jesus-Komplott« (erschienen im Verlag Langen Müller) geschrieben, in dem die Autoren nachweisen wollen, daß das Grabtuch von Turin – nicht wie von der Kirche behauptet – eine Fälschung ist, sondern daß Jesus – darin eingehüllt – seinen Kreuzigungstod überlebt habe und damit das Dogma der Erlösung in einem neuen Licht gesehen werden müsse.

Die Palmblattbibliothek im fernen Indien wirft viele Fragen auf. Wie konnten ihre Autoren vor 5000 Jahren wissen, welche Menschen mit welchen unterschiedlichen Schicksalen einst kommen würden, um sich die Blätter vorlesen zu lassen? Und steht unser Schicksal wirklich in einem großen Buch, unabänderlich und für alle Zeiten?

Die von Kersten besuchte Bibliothek ist eine von vielen Hunderten in Indien, von denen sich einige bereits zur Touristenattraktion entwickelt haben, mit all den unangenehmen Begleiterscheinungen wie überhöhten Preisen und unseriöser Massenabfertigung. Was einst als spirituelle Einkehr gedacht war, verkommt zur Geschäftemacherei. Wer kein Indien-Kenner ist, sollte daher sehr vorsichtig sein und sich lieber einer geführten Reise anvertrauen.

Was ist dran an all den europäischen prophetischen Veröffentlichungen der Vergangenheit? 1914 war es, als der bayerische Soldat Andreas Rill während des Ersten Weltkrieges vom Quartier in Colmar seltsame Feldpost nach Hause schickte. Mit einem alten »prophetischen Franzosen« hatte er sich unterhalten »und was der alles gesagt hat, das ist nicht zum glauben«. Der Krieg sei für Deutschland verloren und gehe ins fünfte Jahr. Nach der Revolution würde jeder sehr reich sein, ein Millionär. »So viel Geld gibt's, daß man's beim Fenster rauswirft.«

Die Geschichte bestätigt die vier Jahre zuvor getroffenen Aussagen in den Feldpostbriefen: Der Krieg dauert länger als gedacht, die Revolution fegt die Monarchie hinweg, und die Inflation mit ihren wertlosen Geldscheinen treibt Deutschland in den Ruin.

Doch der Franzose sah offenbar noch mehr, wie Rill in seinen Briefen aus dem Krieg schrieb: »Zirka 32 kommt ein Mann aus der niederen Stufe, und er macht alles gleich in Deutschland. Und zwar mit einer Strenge, daß es das Wasser aus allen Fugen treibt. Um diese Zeit verliert das Recht sein Recht, jeden Tag gibt es neue Gesetze, und viele werden dadurch gar sterben.«

Nach Rills Aufzeichnungen hatte der *prophetische Franzose* Hitler vorausgesehen und das von ihm ausgelöste Grauen. »Steht an der Jahreszahl 4 und 5, dann wird Deutschland von allen Seiten zusammengedrückt. Und der Mann verschwindet. Deutschland wird zerrissen, und ein neuer Mann tritt zutage, der das neue Deutschland leitet und aufrichtet.«

In diesen Zukunftsvisionen wird detailliert die spätere Befreiung Deutschlands 1945 von den Nationalsozialisten genau so beschrieben wie die Teilung des Landes und der erste demokratische Bundeskanzler Konrad Adenauer.

Weniger präzise sind die Voraussagen des 1503 in Frankreich geborenen Arztes Michel Nostradamus, die über das Jahr 2000 hinaus reichen. In seinen verschlüsselten Versen liest man wörtlich: »Es werden sich extreme Veränderungen finden, nämlich Umgestaltungen der Länder.« Damit meinte er offenbar die Umgestaltung der Sowjetunion. »Sie wird sich nicht länger als 73 Jahre und sieben Monate halten können«, orakelte der weise Mann im 16. Jahrhundert.

Nimmt man jetzt als Beginn der Sowjetunion das Jahr der Oktoberrevolution 1917 und zählt die 73 Jahre und sieben Monate hinzu, kommt man genau auf den Zeitpunkt im Jahre 1991, an dem sich das gigantische politische Gebilde tatsächlich auflöste. Eine verblüffende Aussage des Nostradamus, dessen Verse immer wieder neu und oft recht widersprüchlich gedeutet werden.

Das Jahr 2000 rückt näher, und speziell die Aussagen für die nächsten Jahre werden interessant. Nach den Überlegungen der Londoner Autoren V. J. Hewitt und Peter Lorie, die über ein neues Entschlüsselungssystem eine aktuelle Interpretation der Nostradamus-Vierzeiler gefunden haben wollen, können sogar exakte Daten wie Tag und Stunde vorausgesehen werden. So soll China zwischen dem 4. April und dem 8. August 1995 seinen orthodoxen Kommunismus allmählich abbauen. Am 6. August 1998 soll weltweit im Fernsehen der Film eines Amateurs gezeigt werden, der zufällig auf eine Gruppe von außerirdischen Lebewesen gestoßen ist, die irgendwo auf einer Straße spazierengingen. Sie flüchten zwar, aber ihre physische Erscheinung auf dem Bildschirm ändert die öffentliche Meinung über deren Existenz und führt zu einem neuen kulturellen Bewußtsein.

Gerard Croiset war wohl Europas größter Hellseher in diesem Jahrhundert. Der Holländer stellte seine Fähigkeiten vorwiegend in den Dienst der Öffentlichkeit. Von seiner Heimatstadt Utrecht aus arbeitete er mit Polizeistationen in der ganzen Welt zusammen. So wurde zum Beispiel am 4. April 1976 eine junge Frau aus Tokio vermißt. Ihr Verlobter bat Croiset um Hilfe. Ein Foto von ihr genügte ihm als Anhaltspunkt für die Suche. Die Kommunalpolizei in

Nijmwegen ging diesen Hinweisen nach, denn schon viele Male hatte Croiset ihnen die Arbeit erleichtert. Diesmal sollten sie laut Croiset in einem See suchen. Für den jungen Mann aus Tokio nahm die Aktion ein erschütterndes Ende. Seine Freundin wurde, wie Croiset vorausgesehen hatte, tatsächlich tot im See geborgen.

Der berühmte Hellseher war zum Beispiel nie in den USA – trotzdem löste er Kriminalfälle dort, über 5000 Kilometer entfernt. Seine große Passion jedoch war das Heilen. Er brachte vielen hundert Patienten Linderung und sogar vollkommene Genesung.

Seit er im Alter von 25 Jahren – nach einem Bankrott als Lebensmittelhändler – sein Talent entdeckte, wurden alle seine Fähigkeiten ständig von Wissenschaftlern der Universität Utrecht überwacht. Einer der möglichen Hinweise, warum er gerade im Aufspüren ertrunkener Kinder so erfolgreich gewesen war, sahen sie darin, daß er selbst als kleiner Junge einmal fast ertrunken wäre und erst in letzter Sekunde gerettet worden war.

Zu allen Zeiten wurde auch versucht, die Geheimnisse des Lebens aus der Hand zu ergründen. Die Art, wie ein Mensch seine Hände gebraucht, die Verschiedenheit der Außenhand sowie die Bedeutung der Linien, Formen und Berge der Innenhand entsprechen unserem inneren Wesen. Menschenkenntnis fängt beim Betrachten der Hände an. Aber kann man darin etwas über die Zukunft der Menschen sehen, etwa in der Beschaffenheit der berühmten Schicksalslinie?

In seinem Buch *Handdeutung* schreibt B. A. Mertz: »Das Schicksal kommt stets von innen – nie von außen. Alles was auf uns zukommt, kommt aus uns.« Er appelliert an »die Verantwortung für das eigene Ich« und nennt diese Linie auch die Linie der Reife in uns.

Natürlich gibt es noch viele Formen der Zukunftsschau: das germanische Runen-Orakel, das chinesische I-Ging oder die aus Indien stammenden Tarot-Karten. »Welche Karte du auch ziehst, es ist immer deine Karte. Du selbst bestimmst dein äußeres und inneres Geschehen«, sagt der Lebensberater Wolfgang Maiworm aus Lanzarote. Insofern können alle diese Methoden nur Hilfsmittel sein auf einem Weg, den jeder einzelne von uns selbst bestimmt. »Der Mensch ist der Meister seines Schicksals«, sagt Goethe. Und über dem Orakel von Delphi steht der wohl entscheidenste Satz: »Erkenne Dich selbst.«

Der Lichtgott Apollo soll sich dereinst in einen Delphin verwandelt und dieses berühmteste Heiligtum des klassischen Griechenland gegründet haben. Delphine besitzen von allen Lebewesen als einzige das Talent, zumindest die nähere Zukunft exakt vorauszuwissen. Untereinander verständigen sie sich durch einen Peilstrahl, mit dem sie ihr Gegenüber und dessen Gehirnstruktur erkennen. Mit diesem Ultraschall in Frequenzen zwischen fünf bis 150 000 Hertz (Menschen hören je nach Lebensalter nur Töne zwischen 200 und 20 000 Hertz) ist es ihnen möglich, uns Menschen zu durchtesten und zu wissen, in welchem geistigen und körperlichen Zustand wir sind. Diese Wesen verfügen nicht nur über zwei bis drei selbständig regulierbare Kreisläufe, sondern auch über ein 40 Prozent größeres Gehirn mit der gleichen Organisation wie unseres. Vielleicht sind sie damit die intelligentesten Bewohner dieser Erde.

Davon ist jedenfalls der Delphin-Forscher und Philosoph Professor Jürgen Heinz überzeugt: »Der Delphin hört die Welt, wir sehen die Welt. Durch die breiten Frequenzmöglichkeiten nimmt er andere Wirklichkeiten wahr als wir. Und er hat etwas, was wir nicht haben: die evolutionäre vierte Furche im Gehirn.«

Heinz ist deshalb überzeugt, daß Delphine jeweils einen halben Tag im voraus wissen, was geschieht, weil sie die gegenwärtige Struktur erkennen, auswerten und für die nächsten zwölf Stunden hochrechnen. Damit könne ein Delphin präzise Ereignisse der Zukunft wahrnehmen, eine Eigenschaft, die ihn uns überlegen machen würde.

Heinz: »Der Delphin – besonders der Orka-Wal – dürfte das intelligenteste und optimalste Lebewesen auf dieser Erde sein. Er ist hoch sozial, lügt nicht und erfüllt präzise eine Vorstellung asiatischer Philosophien: stets im Hier und Jetzt zu sein.«

Damit ist diese durch rabiaten Fischfang und Meeresverschmutzung in ihrer Existenz bedrohte Art ein Vorbild für den Menschen. Aber was ist mit all unseren Segnungen der Kultur, unserer Malerei, Musik und Literatur, die uns auch von Delphinen unterscheiden?

»Der Delphin ist längst über diese Phase der Handwerklichkeit hinaus. Er braucht weder zu malen noch Skulpturen zu erschaffen, weil er sich nämlich dreidimensional bewegen kann, in Höhen zwischen 200 und 1000 Metern«, sagt Heinz. »Wir Menschen sind zweidimensionale Flächenwesen, die sich nur in der Länge und in der Breite fortbewegen. Deswegen schaffen wir uns eine Kultur, um nicht zu verzweifeln.«

Wie Hellsehen funktioniert?

Um die obige Frage gleich zu beantworten: Wir wissen es nicht. Aber es gibt Vermutungen, Hypothesen und Modelle der modernen Physik, die uns einer Antwort nahebringen. Verstehen Sie dieses Buch als eine Fibel, die Ihnen Grundkenntnisse zum Verständnis phantastischer Phänomene vermitteln möchte. In unserer Zeit neigt vor allem das Fernsehen zu unzulässigen Verknappungen. Es ist einfach nicht möglich, zum Beispiel Goethes *Faust* in drei Sätzen, unser Grundgesetz in zwei Minuten und Einsteins Relativitätstheorie auf zwei Seiten zu erklären. Alles braucht seine Zeit. Und damit wären wir beim entscheidenden Punkt. Um sich dem Phänomen *Hellsehen* zu nähern, gilt es, sich mit dem Phänomen der *Zeit* zu beschäftigen. Niemand hat sie und viele sagen auch, daß es sie gar nicht gibt.

Die Zeit auf unserem Planeten wird nach astronomischen Erkenntnissen gemessen. Die Erde dreht sich in 24 Stunden einmal um sich selbst und in 365 Tagen einmal um die Sonne. Daraus folgen unsere Stunden und Tage. Schon auf dem Mond gibt es eine andere Zeiteinteilung, ganz zu schweigen von den anderen Planeten unseres Sonnensystems oder gar darüber hinaus.

Stephen W. Hawking, einer der genialsten Physiker der Gegenwart, beschreibt in seinem Bestseller *Eine kurze Geschichte der Zeit* die Zeit als die *Urkraft in unserem Universum.* Der Mann leidet seit 20 Jahren an einer unheilbaren Nervenkrankheit, ist an den Rollstuhl gefesselt und verständigt sich nur mit Hilfe von Computern und Sprachmodulen. Die kleinsten Handreichungen müssen andere für ihn verrichten, aber sein Geist durchdringt die unermeßlichen Weiten von Raum und Zeit, beschäftigt sich mit existentiellen Fragen, die von seinen Kollegen genauso diskutiert werden wie von Geisteswissenschaftlern.

Der Physiker David Bohm und der Gehirnforscher Karl Pribram sind davon überzeugt, daß unser Universum einem riesigen Hologramm gleicht, eine mehrdimensionale Form, in der alles, was existiert - vom Regentropfen bis zum Eichenbaum -, die Projektion einer Realitätsebene ist, die die unsere so weit übersteigt, daß sie sich buchstäblich außerhalb von Raum und Zeit befindet. Charakter und wissenschaftlicher Rang der beiden Männer sind so einwandfrei, daß wir ihre Theorie nicht einfach abtun können, die sie darüber hinaus durch Experimente – zum Beispiel Simulationen im Computer – nachprüfbar gemacht haben.

Das daraus entstandene holografische Weltbild postuliert, daß Universen unterschiedlichster Dichte und Schwingungen einander durchdringen und daß aus dieser Tatsache auch *Zeitsprünge* – wie die Präkognition – erklärt werden können. Solche Phänomene sehen vor, daß die *Vergangenheit* nicht endgültig verloren ist, sondern in einigen Formen, die der menschlichen Wahrnehmung zugänglich sind, noch immer existiert. So irritierend diese Vorstellung ist, sie verblaßt neben der Erkenntnis, daß die *Zukunft* im kosmischen Hologramm ebenfalls vorhanden ist. Jedenfalls gibt es zahllose Belege dafür, daß zumindest einige künftige Ereignisse ebenso leicht wahrzunehmen sind wie vergangene.

Wer einmal bei einem Hellseher war, wird erfahren haben, daß Zukunftsvisionen vorwiegend tragische Ereignisse betreffen und weniger freudige Vorkommnisse. Wir sind nämlich so gründlich darauf festgelegt, Erkenntnisse über die Zukunft für nicht möglich zu halten, daß wir unsere *natürlichen* hellseherischen Fähigkeiten im Hinterstübchen unseres Unbewußten verbannt haben. Wir kennen alle Berichte von lebensgefährlichen Situationen, in denen manchen Leuten schier übermenschliche Kräfte wachsen. Ähnlich ist es auch mit unserer außersinnlichen Wahrnehmungsfähigkeit, die offenbar so abgestumpft ist, daß nur kritische Situationen aus der Zukunft zu ihr durchdringen.

Die entscheidende Frage bleibt: Ist die Zukunft starr und ganz und gar vorbestimmt, oder läßt sie sich verändern? Es gibt genügend Berichte über Menschen, die mittels ihrer Präkognition Katastrophen vermeiden konnten, indem sie zum Beispiel nicht in Flugzeuge einstiegen, von deren Absturz sie vorher geträumt hatten. Hätte Präsident Kennedy überlebt, wenn er auf die Warnungen eines Angestellten des Weißen Hauses gehört hätte, der mehrmals deutliche Visionen vom Attentat in Dallas hatte?

David Loye, klinischer Psychologe der Universität von Princeton, ist überzeugt, daß die Fähigkeit, in die Zukunft zu sehen, ein holografisches Phänomen ist. Auch er geht davon aus, daß die Wirklichkeit einem Riesenhologramm gleicht, in dem Vergangenheit, Gegenwart und Zukunft bis zu einem gewissen Grad festgelegt sind. Wichtig ist jedoch zu wissen, daß es viele holografische Gebilde gibt, die in raum- und zeitlosen Gewässern treiben, einander umkreisen und durchdringen. Die Struktur jedes dieser holografischen Universen ist festgelegt. Wenn ein Mensch jedoch einen Blick in die Zukunft wirft, klinkt er sich nur in die Zukunft eines bestimmten Hologramms ein.

Es wird noch faszinierender: Loyes These sieht vor, daß die *Auswahl* eines bestimmten Universums gleichbedeutend mit der *Schaffung* der Zukunft ist. In der modernen Quantenphysik gibt es reichlich Anhaltspunkte dafür, daß unser Bewußtsein bei der Erschaffung des Hier und Jetzt eine wesentliche Rolle spielt. Wenn aber unser Geist jenseits der Grenzen von Raum und Zeit unterwegs sein kann, warum sollte er dann nicht auch unbekannte Landschaften der Zukunft betreten dürfen und an der Entstehung künftiger Ereignisse beteiligt sein? Eine phantastische Vorstellung, die uns Mut machen sollte, aber auch Verantwortung gibt: »Der Mensch ist der Meister seines Schicksals.« Goethes bekannter Satz erhält in unserer Zeit eine physikalische Wirklichkeit.

Unser Unterbewußtsein spricht nicht in grammatikalisch wohl formulierten Sätzen zu uns, sondern in Bildern und Gleichnissen. Vorwiegend erhalten wir seine Botschaften in anderen Bewußtseinszuständen, kurz vor dem Einschlafen etwa oder in unseren Träumen. Jeder Mensch träumt, allerdings erinnert sich nicht jeder an seine Träume, weil sie ihm manchmal nicht gefallen oder er mit den aufgestiegenen Bildern nichts anzufangen weiß. Carl Gustav Jung, der berühmte Schweizer Psychoanalytiker und Traum-Experte, sagte einmal: »Man träumt nicht, man wird geträumt. Wir erleiden den Traum. Wir sind das Objekt.«

So ist jeder Traum eine Botschaft für uns, die wir oft törichterweise nicht akzeptieren. Um dies zu ändern, führen Sie ein Traum-Tagebuch! Legen Sie einen Notiz- und Zeichenblock neben Ihr Bett und vielleicht auch ein kleines Diktiergerät. Wachen Sie nach dem Traum auf, halten Sie ihn schriftlich oder akustisch fest, auch mitten in der Nacht. Sie werden anhand dieser Aufzeichnungen morgens erstaunt feststellen, daß Sie sich nur an den Traum erinnern, weil sie ihn festgehalten haben. Sie brauchen keine Traumbücher, um hinter den Sinn der Botschaften zu kommen. Denken Sie einfach darüber nach. Lassen Sie die Bilder im Wachzustand noch einmal vorüberziehen. Und vergleichen Sie die Träume der Vergangenheit miteinander. Kommen bestimmte Sequenzen immer wieder?

Sie können Träume auch bewußt abrufen, indem Sie sagen: »Ich brauche heute nacht einen Traum, der mir hilft, dies oder jenes besser zu verstehen!«

Haben Sie keine Angst vor Ihren Träumen. Es sind nur Energieformen, ohne Bindung an das Leben im Wachzustand. Wenn Sie vom Tod eines lieben Menschen träumen,

86

heißt es noch lange nicht, daß er bald sterben wird. Es bedeutet vielleicht, daß Sie sich innerlich von ihm getrennt haben oder daß ein solcher Abschied bevorsteht. Patentlösungen gibt es nicht. Vertrauen Sie Ihrer Intuition.

Präkognitive Träume sind Visionen von Ereignissen in der Zukunft. Sie sind für viele Leute alltäglich. Sie handeln meist nur von trivialen Ereignissen, oft auch von kommenden Familienkrisen. Manche Träumer sehen auch Ereignisse von internationaler Tragweite voraus, wie Erdbeben oder Flugzeugabstürze.

Wichtig ist, daß Sie alles festhalten, was Sie träumen. Damit können Sie sich vielleicht später sogenannte *Déjà-vu-Erlebnisse* erklären, also das unheimliche Gefühl, einen bestimmten Augenblick an einem fernen Ort schon einmal erlebt zu haben. Sie haben ihn vielleicht vorausgeträumt.

Sie und Ihre Träume werden bald eine eigene Sprache entwickeln, eine besondere Form, mit der Sie miteinander kommunizieren. Denken Sie daran, daß Ihre Träume Informationen sind, die *allein* Ihnen gelten.

Die russische Parapsychologin Barbara Iwanowa ist überzeugt, daß sich Vorauswissen auch über folgende spezielle Technik erlernen läßt:

Entspannen Sie sich nach dem bei ähnlichen Übungen vorgesehenen Muster. Schließen Sie die Augen und achten Sie genau auf das Ein- und Ausatmen. Dann konzentrieren Sie sich nacheinander auf ein Wort, auf einen Gegenstand, auf geometrische Figuren oder ein Symbol. Visualisieren Sie diese Eindrücke und achten Sie auf jedes noch so unwichtige Detail. Dann versuchen Sie, diese Bilder einfach wegzufegen, so daß eine Leere in Ihrer Vorstellungswelt entsteht. Dies ist schwierig, aber es gelingt nach ein wenig Übung.

Dann konzentrieren Sie sich auf ein Geräusch, das nicht

wirklich um Sie ist: auf den Ruf des Kuckucks, das Rauschen des Regens, auf Musik. Lassen Sie diese *pseudohörbaren* Eindrücke auf sich wirken. Danach knipsen Sie das Geräusch einfach aus.

In diese nun geschaffene Leere - so Barbara Iwanowa - können jetzt Bilder einfließen, die einem *Sich-vorwärts-Erinnern* entsprechen. Sie ähneln irgendwelchen Phantasien, unterscheiden sich aber vom reinen Wunschdenken dadurch, daß sie sich willentlich nicht verändern lassen.

Barbara Iwanowa: »So kann man zwischen außersinnlichen Wahrnehmungen und eigenen Phantasien unterscheiden.« Vielleicht eine Methode, einen Blick durch jenen scheinbar geschlossenen Vorhang zu werfen, hinter dem sich das Abenteuer unserer Zukunft befindet?

11   Suche nach dem toten Dichter

Fernwahrnehmung kann jeder trainieren

Keith Harary und Darlene Moore vom *Institut für fort-geschrittene Psychologie* sind für dieses Experiment ei-gens aus San Francisco gekommen. Es geht um Fernwahr-nehmung, aber eigentlich ist dies nicht das richtige Wort. Vielleicht ist es ja auch eine Art Hellsehen oder Hellfühlen oder Gedankenübertragung. Für diese psychischen Fähig-keiten gibt es noch keine geeignete Terminologie, weil es wahrscheinlich von allem etwas ist.

Am Nachmittag machen wir Darlene und Keith mit Sabine Bredemeyer bekannt, einer jungen Frau, die sich solchen Phänomenen kritisch, aber doch recht offen nähert. Sie trinken Kaffee zusammen und verstehen sich prächtig. Ein solcher Kontakt ist für das Gelingen des Experiments wich-tig. Unsere Techniker bauen während dieser Zeit ihre Ka-meras in einem Fußballstadion auf, brechen aber wegen schlechter Wetterbedingungen wieder ab. Wir ändern unse-re Pläne und suchen ein Fernsehstudio aus, das etwa zehn Kilometer entfernt liegt und in dem gerade eine Weih-nachtssendung mit Heino produziert wird.

Am Abend beginnt das Experiment unter Live-Bedingun-gen. Keith und Darlene sind zuversichtlich, daß es klappt. Schließlich haben sie Hunderte von ähnlichen Versuchen bereits gemacht. Nur wenige Mitarbeiter im Studio kennen das Ziel, zu dem Sabine jetzt im Taxi gebracht wird. Dort soll sie sich umsehen und gewissermaßen mit den Augen von Keith *sehen* und mit seinen Ohren *hören.*

Solche ASW-Versuche (ASW = außersinnliche Wahrnehmung) gehören längst nicht mehr nur zum Standard parapsychologischer Forschungen. Die Armeen vieler Länder bilden besonders geeignete Männer und Frauen für militärische Zwecke aus.

So berichtete der *Spiegel,* daß bei der Suche nach versteckten Massenvernichtungswaffen im Irak Inspekteure der UNO-Sonderkommission auch *übersinnliche Hilfe* in Anspruch genommen haben. »Als herkömmliche Aufklärungsdaten nichts mehr hergaben«, habe US-Major Karen Jansen, Mitglied eines der internationalen Suchtrupps, die Firma »PSI-Tech« in der Nähe von Washington um Hilfe gebeten. Deren Präsident, der ehemalige Major Edward Dames, habe daraufhin mit seinem Sechs-Mann-Team zwei Depots für biologische Kampfstoffe geortet. Trainiert wurden die PSI-Experten im Rahmen eines der geheimen Pentagon-Programme, mit dem vor allem in den achtziger Jahren verhindert werden sollte, daß die Sowjets sich mit parapsychologischen Mitteln Vorteile im Rüstungswettlauf gegen die Vereinigten Staaten verschafften.

Inzwischen hat sich die PSI-Mannschaft selbständig gemacht. Unsere Reporterin Dagny Kerner fragte Ed Dames, was genau er damals im Gebiet von Bagdad gefunden hat?

»Wir wurden vom Leiter des Inspektionsteams für chemische und biologische Waffen der Vereinten Nationen gebeten, ganz bestimmte Anlagen in der Umgebung von Bagdad mit Fernwahrnehmung zu untersuchen«, erzählt er. »Die UNO suchte versteckte biologische Waffenlager. Wir haben gesehen, daß unterirdisch, unter einem Trainingslager für Terroristen, diese Behälter mit Nervengas gelagert

90

sind. Als Sensitive können wir wahrnehmen, was in den Behältern ist, weil wir den Geruch und Geschmack der Gase empfinden.«

Die von dem bekannten Sensitiven Ingo Swann trainierten ehemaligen Spezialagenten ziehen sich nach Erteilung eines Auftrags in ihre karg möblierten Büros zurück, sitzen vor Block, Bleistift und Computer und versuchen, die in ihrem Gehirn eintreffenden Informationen festzuhalten, wobei sie nach einem festgelegten Plan alle fünf Sinne aktivieren und sich dabei auch emotional öffnen.

»Jeder unserer Leute sitzt allein in seinem Zimmer und versucht, die rein intuitiv durch die rechte Gehirnhälfte erhaltenen Botschaften zu notieren oder aufzuzeichnen«, erklärt Dames. »Die Voraussetzungen für ihr langes Spezialtraining waren Intelligenz und vor allem Disziplin.«

Bei dem Ex-Major laufen sämtliche Informationen zusammmen. Er vergleicht die Parallelarbeiten seiner Sensitiven, hakt nach, konzentriert sie auf ganz bestimmte Punkte und erreicht damit – nach eigener Aussage – eine Trefferquote von 93 Prozent.

Aus dem Geheimdienst-Ausschuß des US-Kongresses bestätigt Norm Dicks den Einsatz speziell ausgebildeter Sensitiver: »Es gibt sogar welche, die wissen, was in der Zukunft passiert. Das ist in der Welt der Nachrichtendienste sehr wichtig.« Und er entschließt sich zu einem ungewöhnlichen Bekenntnis: »Einer von ihnen hat sogar von einem ganz bestimmten Gebiet der Sowjetunion, wo er nie gewesen war, detaillierte Zeichnungen geliefert. Später stellte sich heraus, daß sie richtig waren.«

Der für das amerikanische Verteidigungsministerium arbeitende Psychologe Professor Hyman untersuchte den Einsatz sensitiver Agenten und stellte fest, daß diese erfolgreich auch bei der Suche des von den *Roten Brigaden* in Italien entführten Generals Doziers eingesetzt waren, die amerikanischen Geiseln im Iran lokalisierten und russische U-Boote auf Tauchstation orteten.

Inzwischen haben sich zumindest die Frauen und Männer um Ed Dames friedlicheren Zwecken zugewandt. Sie arbeiten nach Auftrag und Erhalt eines Schecks über 10 000 Dollar, die allerdings erst bei Erfolg fällig werden. So haben sie bisher spezielle Strukturen auf der Mars-Oberfläche festgestellt und erfolgreich geologische und archäologische Expeditionen bei ihrer Suche unterstützt.

Dem Experten-Team um den französischen Champagner-Erben Jean-Claude Roederer – das auf die Suche nach dem über dem Mittelmeer verschollenen Dichter Antoine de Saint-Exupéry geht – lieferten sie nach Vermittlung der Redaktion *Phantastische Phänomene* detaillierte Zeichnungen einer Steilküste mit Leuchtturm und einer Flußmündung. Eine solche Struktur scheint es aber nur vor England zu geben. Inzwischen ist das teure Bergungsunternehmen – das auch die untergegangene *Titanic* gefunden hat – im Mittelmeer erfolglos geblieben.

Die Chancen stehen gut, daß bei Fortsetzung der Aktion auch die von den *Remote Viewern* angegebenen Orte angepeilt werden. Die amerikanischen Sensitiven hatten versucht, sich in die seelische Situation des Fliegers und Dichters an jenem 31. Juli 1944 hineinzuversetzen und dabei festgestellt, daß er unter totalem Streß und in einer psychischen wie physischen Ausnahmesituation Frankreich überquerte und die Steilküste von Dover anpeilte. Ob Treibstoffmangel oder Herzschlag des Piloten zum Absturz der Maschine führten, darauf wollten sich die Amerikaner nicht festlegen.

Inzwischen ist Sabine Bredemeyer in dem für das Live-Experiment vorgesehenen Studio angekommen. Sie begrüßt den Sänger Heino und geht langsam durch die Dekoration. Begleitet wird sie von einem Mann mit indirekter Handkamera, die aufnimmt, was sie gerade sieht.

Während die Zuschauer zu Hause die Aktion verfolgen können, sind die Monitore im Studio abgeschaltet. Keith Harary sitzt vor einem Zeichenblock, Darlene befragt ihn: »Kannst Du mir sagen, wo sich Sabine befindet?«

»Sie ist in einem Raum. Es ist ein sehr ungewöhnlicher Ort, in dem es auch ein paar Pflanzen gibt, eine Treppe führt zu einer Empore. Aber sie endet abrupt, man kann nicht hinaufsteigen«, sagt Keith und zeichnet die Umrisse der Fassade mit den Säulen, die merkwürdig gezackten Pflanzen. Die Kamera zeigt das aufgemalte Haus, die Säulen und die Treppe, die dort hinaufführt. Es ist in der Tat ein ungewöhnlicher Ort: die Idee eines Bühnenbildners aus Leinwand, Farbe und ein paar Holzplatten. Von den Weihnachtsbäumen hängt Lametta. Ein Kopfsteinpflaster ist auf den Studioboden gemalt. Keith Harary zeichnet es fast eins zu eins auf. »Es ist eine Straße, aber eigentlich auch nicht. Sie ist da, aber sie existiert nicht«, sagt er. »Von den Pflanzen hängt Metall herunter. Ich weiß nicht, was es ist.«

Verblüfft registrieren wir weitere Details seiner Beobachtung: Die Scheinwerfer an der Decke sieht er als sternenähnliche Gebilde, die Tische und Bänke für das Publikum erkennt er als festverschraubte, lange Bretter. Das Experiment ist gelungen, der Beifall verdient.

Wie Fernwahrnehmung funktioniert

Fernwahrnehmung ist eine Art psychischen Erlebens oder eine PSI-Fähigkeit, die zum alltäglichen Wahrnehmungsfeld vieler Menschen gehört, seit Jahrhunderten eher unpräzise als Zweites Gesicht, Hellsehen oder *das Paranormale* schlechthin beschrieben. Schon Herodot (um 500-434 v. Chr.) berichtet von einem streng durchgeführten Experiment, das auf Befehl von König Krösus von Lydien arrangiert worden war. Er sah sich durch die immer mächtiger werdenden Perser bedroht und erhoffte sich einen Rat durch die vielen Orakel in seinem Land. Um ihre Glaubwürdigkeit zu überprüfen, wies er die Boten an – die die heiligen Stätten besuchten – herauszufinden, was er am hundertsten Tag nach ihrer Abreise in seinem Palast gerade tue. Ähnlich wie die Priesterin des Orakels von Delphi arbeiteten alle: Nach dem Genuß von Lorbeerblättern und dem Wasser aus der Tempelquelle fielen sie in einen tranceartigen Zustand, in dem sie einem anwesenden Kollegen ihre Eindrücke diktierten.

Nachdem Krösus sämtliche Aussagen miteinander verglichen hatte, erklärte er Delphi zum *einzig wahren Orakel*. Am festgelegten Tag hatte er nämlich mit eigenen Händen eine Schildkröte und ein Lamm in Stücke geschnitten und in einem bronzefarbenen Topf mit bronzenem Deckel gekocht, genau, wie es die Priesterin beschrieb: »In meine Nase dringt der Geruch einer Schildkröte, die mit einem Lamm in einem Tiegel auf dem Feuer in einem bronzenen Topf mit bronzenem Deckel gekocht wird.«

König Krösus war von der Wahrheit dieser Aussagen dermaßen beeindruckt, daß er seinem Namen Ehre machte und zum Dank dem Orakel dreitausend Opfertiere und 117 große Barren Gold schickte, aus denen dann später ein Löwe gegossen wurde, der fortan Delphi symbolisch bewachte.

Interessant ist, daß moderne Fernsicht-Experimente nach dem gleichen Schema ablaufen, das schon Herodot beschrieb. Ein Seher – bei uns Keith Harary – teilt die intuitiv gewonnenen Eindrücke einem Interviewer mit, der bei der analytischen Auswertung des gelieferten Materials behilflich ist. Fernwahrnehmung ist weit mehr als nur eine visuelle Erfahrung. Am früheren *Stanford Research Institute* im kalifornischen Nelo-Park wurden in den siebziger Jahren über 50 Experimente durchgeführt, bei denen Hellseher entfernte Gebäude, Parks, Brücken und ähnliches mehr in San Francisco genau beschrieben und skizzierten. Der Beweis war erbracht, daß viele Menschen unter kontrollierten Bedingungen fähig waren, rein psychisch wahrgenommene entfernte Orte exakt zu beschreiben. Dabei waren Personen, die ihre PSI-Fähigkeiten noch nie auf die Probe gestellt hatten, genauso erfolgreich wie geübte Seher. Die erzielten Ergebnisse jedoch wurden von Versuch zu Versuch exakter. Die erhaltenen Informationen formen sich wie Bilder in einer Art geistigem Rauschen. Wenn ein erfahrener Seher beispielsweise mit der Polizei zusammenarbeitet, beschreibt er eher das Haus, in dem beispielsweise ein Entführter festgehalten wird, als daß er eine korrekte Adresse liefert. Nichts scheint für einen Sensitiven schwieriger zu sein als Namen, Zahlen, Buchstaben und ähnliche analytische Informationen zu erhalten.

Wichtig für das Gelingen ist auch, daß sich der Seher motiviert fühlt und seine psychischen Fähigkeiten nicht trivialisiert werden. Im Idealfall sollte jedes Experiment etwas Nützliches bringen. Keith Harary konnte feststellen, daß die innere Haltung aller Versuchsteilnehmer einen direkten Einfluß auf den Erfolg hat. Dagegen scheinen weder Entfernung noch elektromagnetische Abschirmung vom Zielort die Genauigkeit der Fernwahrnehmung zu beeinträchtigen. Die Vermutung liegt nahe, daß die Eindrücke eines Sehers teilweise auch *telepathisch* übermittelt werden.

Fester Bestandteil der entsprechenden Fachliteratur ist ein

Experiment zwischen der Amerikanerin Marilyn Schlitz und dem späteren wissenschaftlichen Berater der Sendereihe *Phantastische Phänomene,* Dr. Elmar R. Gruber, der am *Institut für Grenzbereiche der Psychologie und Psychohygiene* in Freiburg arbeitete. Während der Versuche befand sich Elmar in Rom, Marilyn in einem halbdunklen Raum in Detroit, wo sie sich entspannt auf den Zielort und auf Elmar konzentrierte. Sie sprach ihre Ideen und Eindrücke auf Band und skizzierte außerdem die wahrgenommenen Bilder.

Elmar Gruber traf bei jedem Versuch um 17 Uhr römischer Zeit (11 Uhr vormittags in Detroit) am Zielort ein und blieb dort eine Viertelstunde. Er ging spazieren, setzte sich hin, berührte Mauern und konzentrierte sich auf die besondere Atmosphäre des Augenblicks. Auch er sprach seine Eindrücke auf Band. Das Material wurde später von einer unabhängigen Jury ausgewertet. In sechs von zehn Versuchen beschrieb Marilyn die Zielorte so genau, daß fünf Juroren dem entsprechenden Bericht die höchste Punktequote erteilten. Die Auswertungen der Protokolle lassen erkennen, daß Marilyn durchaus noch fähig war, den Zielort zu beschreiben, nachdem Elmar ihn längst verlassen hatte. Er fungierte offenbar hauptsächlich als Signal, das ihr die Anpeilung des Sichtobjektes erleichterte.

Die Ergebnisse dieser Versuche lassen keinen Zweifel daran, daß größere Entfernungen die psychischen Fähigkeiten nicht beeinträchtigen. Im Auftrag der amerikanischen Regierung wurden im Sommer 1959 auf dem U-Boot *Nautilus* erfolgreich Telepathie-Versuche durchgeführt, ebenso zwischen Astronauten der *Apollo*-Missionen und einem Seher/Interviewer-Team auf der Erde.

9 Erst zu Hause auf den entwickelten Urlaubsfotos entdeckte die Fernsehzuschauerin Maria Ebenhöch das seltsam strahlende Objekt über Fort Myers am Golf von Mexiko. Nachfragen im Fotolabor ergaben, daß es sich dabei weder um einen Fehler bei der Entwicklung noch um eine Unstimmigkeit des Materials handelt. Also ein UFO: ein unidentifizierbares Objekt?

10 Der Amerikaner Robert O. Dean, der Deutsche Werner Utter und die Russin Marina Popovich (von links) sind fest davon überzeugt: UFOs sind keine Hirngespinste, sondern real existierende Objekte.

JA. / AIR LINES
DISTRICT OFFICE OF OPERATIONS
ANCHORAGE INTERNATIONAL AIRPORT
P.O. BOX 190048
ANCHORAGE, ALASKA 99519-0048
PHONE: (907) 243-3164

11 Ein Ausschnitt a
dem Bericht, den der japa:
sche Flugkapitän Ken
Terauchi nach einer Bege
nung mit UFOs über Alas
verfaßt und den Flugsich
rungsstellen zur Verfügu
gestellt hat.

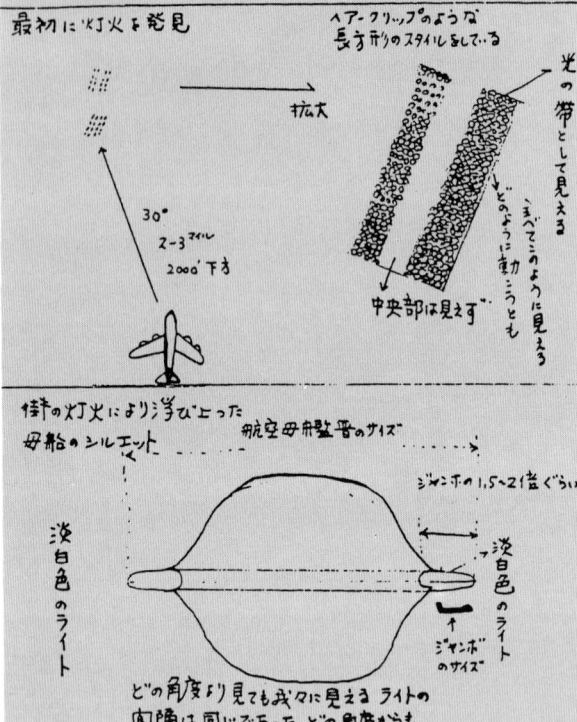

最初に灯火を発見

ヘアークリップのような
長方形のスタイルをしている

拡大

30°
2-3マイル
2000'下方

光の帯として見える

比べてこのように見える

どのように動こうとも

中央部は見えず

街の灯火により浮び上った
母船のシルエット

航空母船普のサイズ

ジャンボの1.5～2倍ぐらい

淡白色のライト

淡白色のライト

ジャンボのサイズ

どの角度より見ても我々に見えるライトの
間隔は同じであった。どの角度からも
左右のライトは見えた。

12 Der Autor Rai
Holbe im buddhistisch
Tempel von Borobodur c
der Insel Java. Die d
befindlichen Stupen si
nach Ansicht der amerika
schen Ancient Astrona
Society Nachbildungen p
historischer Flugmaschin
– frühzeitlicher UFOs?

13 An der Handfläche «
Bulgarin Marinella Br
kova haften volle Bierf
schen. Viele Zuscha
konnten den Magnet-Eff«
auch vor dem Bildschi
ausprobieren. Ist diese F
higkeit also gar nicht
selten?

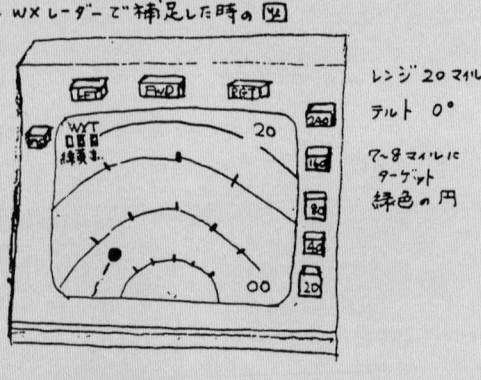

デジタルWXレーダーで補足した時の図

レンジ20マイル
テルト0°
7～8マイルに
ターゲット
緑色の円

14 Ein wandelnder I
steckkasten: der sechs Ja
alte Zoran Gavric aus Ha
burg. Messer, Gabel u
Löffel blieben haften, c
wohl der Junge keine »we
lichen Rundungen« v
weist, auf denen nach A
sicht der Kritiker das Met
besonders gut klebt. ▶

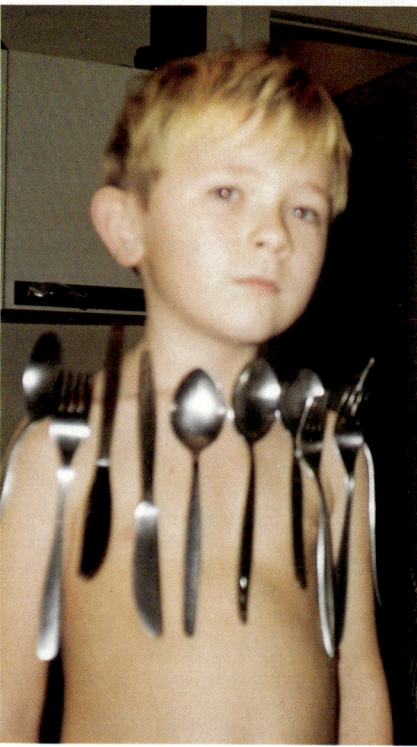

15 Keith Harary und Darlene Moore bei ihrem Fernwahrnehmungsexperiment im Fernsehstudio. Sie versuchen dabei, die Eindrücke einer weit entfernten dritten Person aufzunehmen und verbal und zeichnerisch umzusetzen.

16 Aus dem Schimmer über dem Kopf der sechs Jahre alten Verena Valentin schließt der Aura-Fotograf auf ein »Wesen mit großem geistigen Potential«.

17 Die weiße Wolke über dem Kopf und das starke Lila an der Schulter von Nicola Cutolo sollen die typischen Ausstrahlungen eines Heilers sein.

Das folgende Experiment sollte von mindestens drei Personen ausgerichtet werden, die offen und interessiert ein positives Ergebnis anstreben. Teilen Sie die Rollen auf: Seher, Interviewer, Versuchsperson.

Diese Aufteilung ist deshalb nötig, weil Seher und Interviewer gemeinsam zwar als Informationssammel-Team auftreten, der Seher als Informationsradar, der Interviewer als analytischer Steuermann jedoch getrennte Rollen spielen. Dieses Modell entspricht der Funktionsweise der beiden Gehirnhälften: Die rechte funktioniert nicht-analytisch und ist mit der Erkennung räumlicher Muster gekoppelt, die linke dagegen spiegelt sich in verbalen und analytischen Tätigkeiten wider. Nur sehr erfahrene Seher vermögen beide Aufgaben zu bewältigen.

Schreiben Sie vorher zusammen etwa 20 mögliche Zielorte (vielleicht sogar mehr) auf Karten: mehrere Kirchen, Brunnen, Brücken, Parkanlagen, öffentliche Gebäude und ähnliches. Erfahrungsgemäß scheint es dem Seher leichter zu fallen, das Ziel zu beschreiben, wenn es ihm unbekannt ist.

Vereinbaren Sie nun mit der Versuchsperson eine bestimmte Zeit, in der Sie am Zielort eintreffen. Mindestaufenthaltsdauer 20 Minuten. Erst vor der Haustüre zieht die Versuchsperson eine Karte und begibt sich unverzüglich an den notierten Ort, auf den sie sich schon während der Fahrt zu konzentrieren beginnt.

Währenddessen entspannen sich Seher und Interviewer und versuchen sich im Gespräch das Gefühl zu vermitteln, daß es völlig normal ist, sich seiner psychischen Fähigkeiten bewußt zu werden und daß schon viele Menschen mit großem Erfolg unter ähnlichen Bedingungen an Fernsichtversuchen teilgenommen haben.

Der Interviewer erklärt dem Seher, daß Erinnerung und Vorstellung ein »Rauschen im PSI-Kanal« erzeugen und legt ihm nahe, daß er, soweit möglich, das *Rohmaterial* der Bilder beschreiben soll, ohne es zu analysieren. Die ersten Eindrücke soll er spontan durchlassen.

Bewährt hat sich, dem Seher *Pingpong*-Ballhälften auf die Augen zu stülpen und ihn mit einer roten Lampe zu bestrahlen. Diese sogenannte *Ganzfeld-Methode* kann jedoch auch eine Erweiterung des ersten einfacheren Experiments sein.

Ist die Versuchsperson zur vereinbarten Zeit vor Ort angekommen, soll sie sich dort aufmerksam umsehen. Parallel dazu sagt der Interviewer zum Seher: »Schließe die Augen und beschreibe das geistige Bild, das in Dir aufkommt, wenn Du Deine Aufmerksamkeit auf unsere Versuchsperson richtest.«

Der Interviewer drängt den Seher nicht. Sollte jedoch eine eher analytische Interpretation kommen – wie: »Ich sehe ein Haus aus Glas, es könnte Kaufhaus Soundso sein« –, dann wird der Interviewer ganz sacht dem Seher sagen: »Du brauchst nicht zu sagen, was es ist, nur was Du siehst. Was empfindest Du, wenn Du Dich umschaust?« Spricht der Seher von Tastsinnwahrnehmungen, Geräuschen oder Gerüchen, so dürfte dies ein Zeichen dafür sein, daß die Versuchsperson den Zielort psychisch und physisch erreicht hat.

Hilfreich kann auch die Aufforderung des Interviewers an den Seher sein, sich doch einfach mal in die Luft zu erheben und den Zielort von oben zu sehen. Dies verändert die Perspektive meist augenblicklich.

Wichtig ist, daß der Interviewer seinen Partner langsam führt und aufmerksam folgt. Er trägt die Verantwortung dafür, daß der Versuchsbericht nachprüfbare Informationen enthält. Nachdem die Versuchsperson zurückgekehrt ist, begeben sich alle drei an den Zielort, um das Protokoll gemeinsam zu verifizieren. Dies gibt dem Seher Gelegenheit, auch seine Gefühle zu überprüfen, die er während des Experiments hatte.

Fernwahrnehmung bedeutet ja die Aktivierung aller Sinne, also auch die Übertragung von positiven und negativen Emotionen. Es ist deshalb wichtig, neben den rational aufgenommenen Bildern auch die seelischen Eindrücke aller Beteiligten zu überprüfen. Die Resultate sind oft recht verblüffend.

12   Von anziehenden Körpern

Magnetmenschen aus Bulgarien und anderswo

Marinella Brankova, Antonaetta Atanasova und Viktoria Petrova waren ganz normale bulgarische Frauen, bis sie an sich ein seltsames Talent entdeckten: Sie haben *anziehende Körper*. Nun ist dies gewiß nichts Außergewöhnliches. Nur die Anziehungskraft der drei Damen beschränkt sich nicht auf den rein zwischenmenschlichen Bereich, sie betrifft auch Gegenstände aus Metall, Glas und Kunststoff. Löffel, Bügeleisen und Flaschen bleiben an ihren Körpern haften, als seien sie von einem starken Magneten angezogen.

Im Frühjahr 1990 erfuhren die jungen Frauen, daß sie nicht die einzigen Bulgarinnen mit dieser seltsamen Gabe sind. Der Fernsehjournalist Ivan Andreev veranstaltete nämlich in der Hauptstadt Sofia einen Kongreß, zu dem alle *Magnetmenschen* des Landes eingeladen waren: 300 Männer und Frauen, auf deren nackter Haut ganze Besteckkästen, Zangen, Sägen und Hämmer hafteten, als seien sie mit Alleskleber dort befestigt worden. Sieger in diesem landesweiten Wettbewerb wurde ein Mann, an dessen Brust 14 metallene Gegenstände unterschiedlicher Größe über eine Stunde lang haften blieben.

Grund für uns, die bulgarischen *Magnetmädchen* als *Phantastisches Phänomen* ins Studio einzuladen. Ein Team des bulgarischen Fernsehens begleitet sie auf dieser Reise. Marinella, Antonaetta und Viktoria haben ein ganzes Arsenal an Requisiten mitgebracht: volle Bier- und Weinflaschen, Bügeleisen, Besteckkästen, aber auch diverse Gegenstände aus Plastik und Holz. Die Bulgarinnen sind enttäuscht, daß ihnen und ihren Fähigkeiten nicht eine ganze Sendung eingeräumt wird.

Vor der Kamera lege ich Viktoria drei von mir ausgesuchte Kugelschreiber in die offene, vertikal gehaltene Handfläche. Sie bleiben haften. Dann bitte ich sie, sich so zu konzentrieren, daß sich der mittlere Stift löst und herunterfällt. Es gelingt. Antonaettas Dekolleté wird inzwischen mit dem Inhalt eines Besteckkastens drapiert, während sich Marinella eine Bierflasche in die rechte offene Handfläche legt, an der noch drei andere volle Flaschen mit Schnüren befestigt sind. Ein erstaunliches Gewicht, an dem ich auch noch ziehen darf.

Selbstverständlich hat unser wissenschaftlicher Berater, Dr. Elmar R. Gruber, vor dem Versuch sämtliche verwendeten Gegenstände sowie die Hautfläche der Frauen nach Klebstoffen abgesucht. Für die Hausfrau Erika Zur Stirnberg aus Bochum sind die Magnetmenschen nichts Außergewöhnliches. Als sie aus einer Fernsehsendung von diesem Phänomen erfahren hatte, probierte sie es gleich selbst aus. Und siehe da: Auch sie war unheimlich anziehend. Vor der Kamera legt sie sich einen Hammer, ein Bügeleisen, Bratpfannen und jede Menge Löffel auf Brust und Rücken. Sie haften dort, auch wenn sie übereinander gestapelt sind. Fast unter geht im atemlosen Staunen, daß Erika Zur Stirnberg schwer erkrankt war, als sie mit diesen Experimenten begann und daß sie allmählich wieder gesund wurde, je länger sie mit ihrer ungewöhnlichen Anziehungskraft experimentierte.

Natürlich reagierten auch auf dieses Experiment professionelle Zauberkünstler mit dem Argument, den *Trick* ohne weiteres nachahmen zu können. Zum Beweis stellte einer von ihnen seinen kleinen Sohn vor die Fernsehkamera eines Magazins: Auch an diesem Jungen haftete das Besteck. Ist hier nicht mit mechanischen Mitteln getrickst worden, darf die Frage nach einer speziellen Begabung des Kindes ruhig erlaubt sein. Schließlich zeigte auch der sechs Jahre alte Zoran Gavric aus Hamburg dieses Talent, nachdem ihm sein Vater Milutin Löffel, Gabel und Messer sowohl auf seinen entblößten Nacken wie auch auf Brust und Rücken legte, wo sie dann haften blieben.

Bei dem Treffen der 300 Magnetmenschen in Sofia wurden weder Tricks noch Magneten entdeckt. Auch die drei Bulgarinnen wurden vor ihrem Auftritt in der Sendung *Phantastische Phänomene* kontrolliert. Sie wurden im übrigen stellvertretend für ein Phänomen eingeladen, das es in dieser Form auch in Rußland gibt. So berichtete Harry Edgington, der Moskau-Korrespondent der *Daily Mail,* von einem Mann namens Yuri Tkachenko, der sich in Sotschi am Schwarzen Meer vor den Fernsehkameras und Hunderten von Augenzeugen Metallplatten mit einem Gewicht zwischen 20 bis 30 Kilogramm an die Brust heftete, die dort fast zehn Sekunden haften blieben. Professor Giori Gura von der sowjetischen Akademie der Wissenschaften: »Was Tkachenko kann, widerspricht allem, was wir bisher über Bioelektrizität wissen.« Auch Nikolai Suvorov aus Smetanino zieht schwere Gegenstände aus Glas, Plastik und Metall an, berichtete die in London erscheinende Wochenzeitung *Soviet Weekly.* Der Medizinprofessor Dr. Valeri Lepilov untersuchte vier Mitglieder der Familie Tenkaev in Saratov, an deren nackten Oberkörpern bis zu 26 Kilogramm schweres Eisen haften bleibt.

Nahe der polnischen Grenze, im weißrussischen Grodno, lebt Inga Gaiduchenko, die ihre Eltern beim Fernsehen überraschte, indem sie ihnen ihre rechte Handfläche zeigte, unter der ein Buch klebte, das erst mühsam abgerissen werden mußte. Nach einer klinischen Untersuchung im Krankenhaus der Stadt erklärten die Ärzte die Zwölfjährige für völlig normal, überwiesen sie aber ob ihrer magnetischen Kräfte an eine Spezialklinik in Minsk. Dort – und später noch in Moskau – wurde sie von dem Neurologen Professor Wladimir Kalkun untersucht. Jedesmal wiederholte sich das Phänomen vor den Augen der sprachlosen Mediziner und Hochschulprofessoren.

Wie anders sind Magnetmenschen?

Das Phänomen taucht zum ersten Mal im 19. Jahrhundert in der Fachliteratur auf. Ärzte, Psychiater und Parapsychologen untersuchen Menschen, deren Finger während des Klavierspielens an den Tasten haften blieben, die schwere Kochtöpfe unbewußt von der Herdplatte zogen und an deren Körpern Schmuckstücke haften blieben. Auch hier war es eine Zwölfjährige, Philippine Singer aus der Rheinpfalz, deren Hände unbewußt Münzen, Uhren, Ringe und Schlüssel anzogen und deren unheimliches Talent 1852 von zwei Ärzten in Frankenthal untersucht wurde. Durch Berührung der Hände konnte Philippine ihre Fähigkeiten auch kurzfristig auf andere Personen übertragen. Die *Deutsche Medizinische Wochenschrift* berichtet 1923 von vergleichbaren Erscheinungen bei einer Patientin mit Zitterlähmungen.
Ungeprüft freilich sind die Berichte von Kindern und Jugendlichen, die nach der Ausstrahlung der TV-Sendung mit den Magnetmädchen ähnliche Experimente mit Erfolg zu Hause durchgeführt haben wollen. Aufhorchen lassen freilich die Erfahrungen der Hausfrau Erika Zur Stirnberg, die

während einer akuten Krankheit die geheimnisvolle Anziehungskraft an sich selbst bemerkte und seitdem fast völlig genesen ist. Mehr als ein Zufall?

Übungen für den Leser

Leichte Metallgegenstände wie Münzen, flache Schlüssel und Teelöffel bleiben schon allein wegen der permanenten Hautfeuchtigkeit leicht am Oberkörper kleben. Mit ein paar gezielten Verrenkungen ist es sicher auch möglich, ein kleines Bügeleisen so zu drapieren, daß es für kurze Zeit nicht hinunterfällt. Zum Magnetmenschen wird man erst, wenn auch schweres Besteck sowie andere Gegenstände aus Metall und anderem Material über eine Minute lang am Körper haften. Dr. Valeri Lepilov von der Universität in Saratov, der die vier Mitglieder der Familie von Leonid Tenaev untersuchte, beschreibt deren mentale Vorbereitungen für das Experiment:
»Sie entspannen sich total über das Atmen. Sie atmen ruhig ein und aus, bis sie zu einer totalen Ruhe gekommen sind. Dann stellen sie sich vor, wie ihre Körper eine enorme Hitze erzeugen. Es ist, als ob glühendes Magma durch ihre Adern läuft. Sie visionieren vor ihrem eigenen Auge, was später passieren wird. Sie stellen sich vor, wie Metallstücke wie von einem echten Magneten von ihnen angezogen werden, wie sie haften bleiben und wie man sie später Stück für Stück wie von einem riesigen Magneten wieder ablösen muß. Sie stellen sich ganz einfach vor, sie seien ein einziger, gigantischer Magnet. Und es klappt.«

13 Bitte recht freundlich!

Zu Gast bei einem Aura-Fotografen

Der Münchner Johannes Fißlinger zieht wie ein Wander-Fotograf der Jahrhundertwende zu New-Age-Kongressen und Esoterik-Messen, wo ein geneigtes Publikum endlich einmal das sehen und bestaunen möchte, von dem Mystiker ganzer Jahrhunderte reden: die Aura, jenes dem normal Sterblichen bisher unsichtbar gebliebene Energiefeld des Menschen. Zwar soll es zu allen Zeiten Aura-Seher gegeben haben, die an der sich ständig verändernden Ausstrahlung sowohl auf die momentane physische wie auch psychische Existenz des Menschen schließen konnten. Doch so richtig sichtbar ist sie uns noch nie geworden, sieht man einmal ab von dem zarten Schimmer über den Köpfen renommierter Heiliger auf frommen Ölgemälden.

Johannes Fißlinger baut seine Aura-Kamera auch bei uns im Studio auf. Genauer gesagt ist es eine ganze Anlage, zu der auch ein Sensor gehört, der das elektro-magnetische Energiefeld der rechten Hand abtastet. Die gemessenen Werte bedeuten unterschiedliche Vibrationsarten, die in verschiedene Farben umgesetzt werden. Die Informationen werden dann in die Kamera übertragen und in entsprechende Farbschwingungen umgesetzt. Die so entstandene Farbzusammensetzung entspricht einer genauen Wiedergabe des individuellen Energiefeldes eines Menschen zum Zeitpunkt der Aufnahme. Das optische System produziert dann ein Polaroid-Foto, auf dem gewissermaßen der momentane

Seelenzustand zusammen mit dem portraitierten Menschen sichtbar gemacht wird. Ob die Aufnahme damit wirklich die Aura eines Menschen zeigt, ist umstritten.

Im Fernseh-Studio hat Johannes Fißlinger drei unterschiedliche Kunden: die Schauspielerin Andrea Spazek - Star der Serie *Lindenstraße* -, die sechs Jahre alte Verena Valentin und den etwa 50 Jahre alten italienischen Heiler Dr. Nicola Cutolo. Nach jeweils zehn Sekunden ist das Foto fertig. Sowohl Intensität wie auch Zusammensetzung der einzelnen Farben sind bei den drei Menschen total unterschiedlich. Fißlinger deutet bei der Schauspielerin einen Hang zur Introvertiertheit, den sie zu überspielen hat, sieht in dem Kind ein verschlossenes Wesen mit großem geistigen Potential und erkennt in der weißen Wolke um den Kopf des Italieners die typischen Heilerfarben, die sich als starkes Lila auch an einer Schulter manifestieren.

Die Aussagen sind nicht besonders originell, konnten aber in der Kürze der Zeit auch nicht anders ausfallen. Um die sich jeweils - nach seinem momentanen Seelenzustand - verändernde Ausstrahlung eines Menschen zu fotografieren, braucht es eine ganze Serie solcher Aufnahmen, die auch in einem bestimmten zeitlichen Abstand gemacht werden müssen. So stellte Fißlinger bei einer jungen Frau ein rötlich-gelbes Schimmern über dem Kopf fest, nachdem sie sieben Stunden mit dem Auto gefahren und ziemlich gestreßt war. Sie entspannte sich schnell, meditierte und behandelte sich mit einem ätherischen Öl, das sie auf ihren Körper auftrug. Bei der wenige Minuten danach gemachten Aufnahme sah man deutlich eine stark gelbliche Energie über Kopf und Hals, sowie im Hintergrund ein starkes Rot, die Farbe der Vitalität.

Mit Sicherheit ist es auch ein ästhetisches Erlebnis, seine Aura im Wechselspiel sich verändernder Seelenzustände auf

106

diesen Fotos zu beobachten. Inwieweit eine solche Apparatur – zur Zeit noch – als diagnostisches Mittel für Ärzte und Heilpraktiker hilfreich sein kann, ist objektiv noch nicht geklärt. Fißlinger: »Die Existenz eines *feinstofflichen* Energiefeldes um den menschlichen Körper wird seit langem vermutet, jedoch vom orthodox-wissenschaftlichen Dogma nicht anerkannt.« Dennoch, so meint der Aura-Forscher, lassen sich viele Phänomene nur unter Berücksichtigung einer solchen Energie erklären. Johannes Fißlinger arbeitet gerade an einer Methode, mit einer Videokamera die sich ständig verändernden Seelenzustände von Menschen, Tieren und Pflanzen zu dokumentieren und damit auch sicher zu analysieren.

Über die Ausstrahlung von Lebewesen

Der Mensch besteht aus Körper, Geist und Seele. Und der Auslöser von Krankheiten liegt fast immer außerhalb des Körpers; die Harmonie des Menschen ist dann nämlich durcheinandergeraten. So sehen es jedenfalls die meisten Naturheilärzte und Heilpraktiker.
Der deutsche Physiker Dr. Fritz Albert Popp (siehe auch andere Kapitel dieses Buches) hat herausgefunden, daß die Zellen aller Lebewesen Biophotonen ausstrahlen, für uns unsichtbare elektromagnetische Schwingungen.
Der russische Elektroingenieur Semjon Davidiwitsch Kirlian hat dieses Biophotonenfeld sogar fotografiert. Mit Hilfe der von ihm entwickelten Kirlian-Fotografie arbeiten viele Heilpraktiker, um Disharmonien ihrer Patienten aufzuspüren. So werden zum Beispiel Zehen und Fingerkuppen der Patienten in einem Hochfrequenzfeld aufgenommen. Der kundige Arzt kann aus dem – auf den Bildern sichtbaren –

Strahlenkranz auf den momentanen seelischen Zustand seiner Patienten schließen und damit organische Krankheiten schon in ihrer Entstehungsphase feststellen und ihren Ausbruch verhindern.

Möglichkeiten einer sanften Behandlung bietet zum Beispiel die Akupunktur. Aus China kommt bekanntlich die Erkenntnis, daß jeder Teil des menschlichen Körpers mit jedem anderen Teil über sogenannte Meridiane in Verbindung steht. An ihren Kreuzungspunkten angebrachte Nadeln stimulieren das Gehirn und leiten einen Heilungseffekt ein. Eine Kombination von Akupunktur und Farbtherapie ist die von dem Heilpraktiker Peter Mandel eingeführte *Farbpunktur,* für die er spezielle medizinische Geräte entwickelte. So wird das Licht von seiner Quelle durch einen Glasfaserschlauch zu einer kleinen Pyramide geleitet, aus deren Spitze das farbige Licht auf den Akupunkturpunkt einwirkt.

Mit der Kirlian-Fotografie konnte man dieses Wissen aus der chinesischen Heilkunde tatsächlich bestätigen. Es wurde eine Verbindung in der Hand und in den Fingerkuppen mit entsprechenden Akupunkturbahnen gefunden. Verschiedene Forscher – so Allen Detrick und I. Dumitreschu – haben durch die Elektrofotografie ein organisiertes Energiefeld um lebende Organismen feststellen können. Als sie zum Beispiel ein Buchenblatt in zwei Hälften teilten, stellten sie erstaunt fest, daß nicht nur um das vorhandene Blatt, sondern auch um den abgetrennten Teil eine Abstrahlung sichtbar wurde. Selbst wenn der physische Teil des Blattes also nicht mehr vorhanden ist, existiert offensichtlich weiterhin ein bislang unbekanntes Energiefeld um lebende Organismen, das die gleiche Form hat wie das längst abgetrennte Stück.

Wichtig ist: Sowohl bei der sogenannten Aura – wie auch

bei der Kirlian-Fotografie – spiegelt sich die Persönlichkeit des Menschen (und anderer Lebewesen) in ihrem emotionalen, mentalen und spirituellen Bereich. Veränderungen dieses Verhaltens durch Therapien, Meditationen oder andere tiefgreifende Erkenntnisse – die möglicherweise zu einer emotional reiferen Persönlichkeit führen – lassen sich durch die aufgezeigten Möglichkeiten dokumentieren und damit sichtbar machen.

Übungen für den Leser

Der Glaube an die Aura ist alt und in vielen Kulturen verbreitet. Sie wird auch *Ätherleib, Astralleib, Aureole* oder *feinstofflicher Körper* genannt und zeigt sich in den verschiedensten Farben, die jeweils eine besondere Bedeutung haben. In seinem Buch *PSI im Alltag* (erschienen im Econ-Verlag) ist sich der Autor Peter Andreas ganz sicher, daß auch weniger mediale Menschen Aura-Sehen lernen können.

Die folgende Übung kann sowohl von einer Gruppe als auch von zwei Personen ausgeführt werden. Voraussetzung ist auch hier die totale Entspannung, die Sie durch eine konzentrierte Atem-Übung erreichen. Achten Sie darauf, daß besonders Gesichts- und Augenmuskulatur ausgeglichen und entspannt sind.

Dunkeln Sie den Raum ab und sorgen Sie dafür, daß ein weißer Hintergrund vorhanden ist. Eine Dia-Leinwand wäre ideal.

Gültige Ergebnisse müßten in einem vollkommen dunklen Raum erzielt werden, der beispielsweise auch keine fluoreszierenden Farbanstriche oder Gewebe enthalten dürfte. Die Versuchsperson sollte auf jeden Fall möglichst nur Baumwolle tragen. Keine Gewebe, die sich leicht elektrostatisch aufladen! Keine Kunstfaser!

Ihr Partner oder eine Person aus der Gruppe stellt sich vor die Leinwand. Blicken Sie nun nicht auf sein Gesicht, sondern auf die Außenlinien seiner Körperkonturen – dort eben, wo Sie eine Aura vermuten würden.

Wenn Ihre Augen ermüden, schließen Sie sie vorübergehend. Die Aura kündigt sich gewöhnlich als ein flackernder weißer Schimmer um Kopf und Körperformen an. Die Ermüdung Ihrer Augen läßt den Schimmer manchmal verschwinden. Schließen Sie dann die Augen vorübergehend. Bleiben Sie entspannt dabei!

Es ist natürlich möglich, daß manche Menschen sich nur einbilden, sie sähen eine Aura. Wer gleich auf Anhieb etwas sieht, sollte sich daraufhin prüfen! Aurasehen erfordert Übung, manchmal über viele Wochen, bevor sich der Erfolg einstellt – es sei denn, Sie sind medial besonders begabt. Wenn Sie skeptisch sind, werden Sie an Einbildung glauben, auch wenn Sie eine Aura sehen. Diese Schranke verschwindet nach der zweiten oder dritten Aurasicht aber wahrscheinlich von selbst. Besonders dann, wenn Sie die Aura gleichzeitig farbig zu sehen beginnen – erst sehr zart, später immer deutlicher. »Wirbel« oder Wolken in der Aura haben selbstverständlich ihre Bedeutung. Das richtige Interpretieren erfordert jedoch große Erfahrung. Hier muß auf die zahlreiche weiterführende Literatur verwiesen werden. (Siehe auch die Bibliografie am Ende dieses Buches!)

14   Ein Magier der Gesundheit

Nicola Cutolo beeinflußt nicht nur Kompaßnadeln

Dr. Nicola Cutolo aus dem süditalienischen Bari schreitet durch eine Sicherheitsschleuse. Danach tastet ihn ein Polizist mit einem Metalldetektor ab. Er stellt fest: keine versteckten Magnete. Für Cutolo ist diese Prozedur nicht neu. Denn kaum einer will ihm glauben, daß er das folgende Experiment ausschließlich mit der Kraft seines Willens ausführt, ohne irgendwelche Tricks und Hokuspokus. Auch Heinz-Jürgen Schmidt, der Kapitän des Kreuzfahrtschiffes »MS Berlin«, ist skeptisch. Nie ist er einem Menschen begegnet, der eine Kompaßnadel in ihrer Richtung verändert, ohne dabei auf irgendeine Weise zu manipulieren. Für die Fernsehzuschauer erklärt Schmidt die Funktionsweise des Kreiselkompaß: Das auf der Rose aufgezeichnete »N« weist stets nach Norden, zum magnetischen Nordpol; egal, welchen Standort das Gerät auch einnimmt.

Nicola Cutolo zieht die Jacke aus, krempelt die Hemdsärmel hoch. Seine Hände berühren die Schläfen, während er den Kompaß auf fast magische Weise fixiert. Atemlose Stille im Publikum. Sekunden werden zu Minuten. Plötzlich beginnt sich die bisher starr ausgerichtete Kompaßrose zu drehen, langsam verändert sie ihren Standpunkt um fast zehn Grad. Cutolo atmet tief aus. Daraufhin schwenkt das aufgemalte »N« in seine ursprüngliche Position zurück. Tosender Beifall im Studio. Hat Cutolo mit der Kraft seiner Gedanken ein starres physikalisches Gesetz für Sekunden außer Kraft gesetzt und damit in das Magnetfeld der Erde eingegriffen? Ist dieses erfolgreich durchgeführte Experiment ein Beweis für die außergewöhnlichen Fähigkeiten des Mannes, der einer der erfolgreichsten Heiler Italiens ist?

Ein paar Wochen später wiederholt Cutolo das Experiment auf der Bühne des großen Saales der Basler Mustermesse. Kameras übertragen das Bild auf großformatige Monitore: Cutolo verändert die Nadel des vor ihm stehenden Kompaß um fast 100 Grad. Danach bittet der Präsident der Basler PSI-Tage, Professor Alex Schneider, Menschen mit chronischen Schmerzen auf die Bühne. Cutolo soll ihre Leiden lindern. Er legt seine Hände auf, bewegt die Gliedmaßen der Heilungssuchenden, konzentriert sich auf ihr Problem. Es dauert keine fünf Minuten, da bestätigen sie alle dem verblüfften Professor Schneider: Wir haben keine Schmerzen mehr.

Nicola Cutolo ist kein *Wunderheiler*, aber sicherlich ein Mensch mit heilenden Fähigkeiten. So wie andere Heiler auch, die in diesen grauen Novembertagen zum *Weltkongreß für geistiges Heilen* nach Basel gekommen sind. 2000 Besucher strömen in die Vorträge und Podiumsdiskussionen, eilen in Workshops und Seminare, viele wohl auch in der Hoffnung, selbst wieder *heil* zu werden.

Geistheilung, jahrhundertelang in allen Kulturen gepflegt, ist wieder gefragt. Enttäuscht von der Massenabfertigung in manchen Arztpraxen und Krankenhäusern wenden sich Patienten jenen Menschen zu, die allein durch ihre fürsorgliche Ausstrahlung und ihr Mitgefühl positive Wirkungen erzielen.

In Basel ist Nicola Cutolo ein Star. Per Telefon demonstriert er die Methode der Fernheilung. Und als er schließlich allein auf der Bühne steht und mit suggestiver Stimme und ausgestreckten Armen das *heilende Licht des Kosmos* an das Publikum weitergibt, mögen mißtrauische Ärzte ihre Vorurteile für solche Rituale bestätigt sehen. Erstaunlich nur ist immer wieder das Ergebnis. Verblüfft registrieren auch skeptische Besucher eine Verbesserung ihres allgemeinen Befindens.

Nicola Cutolo ist ein *Phantastisches Phänomen*. Deshalb recherchieren wir einige Tage in seiner Heimatstadt Bari. Im Süden Italiens ist ein solcher Mann nicht nur Heiler, er deutet auch die Zukunft, findet verschollene Personen und bannt den *bösen Fluch*. So ist ihm wohl der Chef des edlen Restaurants »Marc Aurel« ewig dankbar, daß er die gähnende Leere aus seinem Lokal vertrieb und es dank magischer Kräfte zum beliebtesten In-Treff der Stadt machte. Seitdem zahlen Cutolo und seine Freunde keine einzige Lira, wenn sie sich dort einmal zum opulenten Mahl niederlassen. Dergleichen zählt zur Mentalität dieses Landstriches und mag sicher nicht auf andere Gegenden übertragbar sein.

Erstaunlich aber sind Cutolos Erfolge als Heiler, die er in einem Krankenhaus – und damit unter Aufsicht niedergelassener Ärzte – hat. Professor Elio de Pergola gehört zu den immer zahlreicher werdenden europäischen Medizinern, die alternative Heilweisen studieren und Heilphänomene anerkennen, die durch den Einfluß von Laien zustande kommen.

Gemeinsam mit Nicola Cutolo baute de Pergola zwei Forschungsserien auf. Zunächst sollte festgestellt werden, ob es Geistheilung – in Italien *Pranotherapie* genannt – überhaupt gibt. Im zweiten Abschnitt sollte versucht werden, die Mechanismen zu studieren, wenn sich das Phänomen als echt erweisen sollte.

Vier Monate arbeitete daraufhin Cutolo ohne Bezahlung in

dem Krankenhaus. Er widmete sich nur jenen Patienten, die zusätzlich zu der Behandlung durch ihre Ärzte auch die Hilfe eines Geistheilers in Anspruch nehmen wollten. Professor de Pergola: »Das Ergebnis war verblüffend, denn wir haben feststellen müssen, daß wirklich etwas Wahres am paranormalen Heilen ist. So haben wir einen positiven Einfluß auf Schmerzen festgestellt. Cutolos Hände berührten die Patienten nicht, trotzdem verschwanden die Schmerzen. Wir hatten einen Blinddarmfall, bei dem nicht nur der Schmerz, sondern auch das Fieber verflog.«

»Haben Sie eine Theorie, wie so etwas möglich ist?«

»Zunächst muß ich sagen«, antwortete der Professor, »daß nicht allein Schmerzen verschwanden, sondern auch andere krankhafte Erscheinungen reduziert wurden. Viele Krankheiten, die nicht auf seelische Ursachen zurückzuführen sind, haben sich gebessert oder sind verschwunden.«

Bei der Tumortherapie hätten sich bösartige Geschwulste zwar weiterentwickelt, doch alle negativen Begleiterscheinungen – nicht nur die Schmerzen – seien verschwunden. So hätten die Patienten die chemotherapeutische Behandlung besser vertragen.

»Wir haben bei jedem Krankheitsfall positive Ergebnisse durch Geistheilung erzielen können«, sagte Professor de Pergola.

Hat er dafür eine wissenschaftlich vertretbare Erklärung?

»Ich bin davon überzeugt«, antwortete der Arzt, »daß jeder Mensch Fähigkeiten zur geistigen Heilung besitzt. In allen Lebewesen scheinen Energien zu existieren, die wir noch nicht kennen. Wir müssen diese besonderen Energien erforschen, und zwar mit der wissenschaftlichen Einstellung, nur das als wahr zu akzeptieren, was als wahr festgestellt werden kann. Andererseits halte ich es nicht für eine wissenschaftliche Einstellung, diese Phänomene abzustreiten, ohne überhaupt irgendein Phänomen untersucht zu haben. Wir können nicht behaupten, daß ein Phänomen *nicht existiert,* so lange wir nicht demonstriert haben, daß es *nicht existiert!*«

Professor de Pergola hat seine Einstellung viel Ärger gebracht. Ärzte-Kollegen forderten gar seine Ablösung als Chefarzt, weil er Kurpfuscher unterstütze. Erst nach langen juristischen Auseinandersetzungen hat ein Gericht in Bari de Pergolas Handlungen legitimiert. Seitdem arbeitet auch Cutolo auf Wunsch einzelner Patienten im Krankenhaus mit.

Wie funktioniert Geistheilung?

Neuesten Umfragen zufolge würden sich zwei Drittel aller erwachsenen Westeuropäer auf Geistheilung einlassen, wenn sie schwer erkrankten: ob bei Krebs oder Kinderlähmung, Aids oder Alzheimer. Sensationsmeldungen über Wunderkuren schüren Hoffnungen, wo die Schulmedizin auf Grenzen stößt. Und genau da beginnt das Problem: Wie unterscheiden wir bemühte und seriöse Heiler von dem Heer profitgieriger Scharlatane?

Kurt Allgeier, der sich als Autor ausführlich mit diesem Phänomen beschäftigt hat, gibt einige Hinweise: Ein echter Heiler

- weiß, daß nicht er es ist, der heilt, sondern der Patient selbst. Er gibt lediglich den Anstoß;
- ist in seinem Wesen herzlich, warm und unaufdringlich;
- arbeitet nicht *gegen* Ärzte und Schulmedizin und ist um gutes Einvernehmen bemüht;
- behandelt kostenlos gegen ein freiwilliges Entgelt. Kommen Elemente wie Gewinn- und Machthunger ins Spiel, sollte man das Weite suchen;

– besitzt die Gabe der intuitiven Diagnose, das heißt, er erkennt eine Krankheit, ohne Informationen vom Patienten zu bekommen.

Geistheilung wird in Großbritannien vom öffentlichen Gesundheitsdienst bezahlt, in der Schweiz, Deutschland und den USA ist sie verboten. »Nach wie vor«, bedauert der Londoner Psychiater Dr. Daniel Benor, »weigern sich die meisten medizinischen Fachzeitschriften, Studien über geistiges Heilen zu veröffentlichen. Ungeachtet ihrer Qualität. Deshalb sind die meisten Ärzte damit nicht vertraut.«

Doch diese Studien gibt es, durchgeführt von wißbegierigen Medizinern, Biologen, Chemikern, Physikern und Psychologen, an deren Qualifikation niemand zweifeln wird.

Nicht nur diese Untersuchungen, sondern auch die Berichte dankbarer Patienten, die von Heilern Linderung, entscheidende Besserungen bis vollkommene Genesung ihrer Leiden erfahren haben, sind Legion und anhand zahlreicher Krankenakten auch dokumentiert.

Es gibt mehrere Theorien, wie Geistheilung funktionieren könnte. Am häufigsten wird von wohlmeinenden Kritikern der *Placebo*-Effekt genannt (vom lateinischen »placebo«: »es wird mir guttun«), das heißt die heilsame Wirkung des starken Glaubens an Heilung, verstärkt durch Suggestion. Ein solcher Effekt ist bei jeder Art des Heilens nicht auszuschließen. Auch die Wirkung schulmedizinischer Maßnahmen und Medikamente hängt wesentlich von Einstellung und Erwartung der Patienten ab. Dies beweist auch eine Studie des Kieler Psychologieprofessors Dieter Frey.

Auszuschließen ist die Placebo-Wirkung bei Fernheilungen, von denen der Behandelte oft nichts weiß.

Besonders an Wallfahrtsorten wie Lourdes, Fatima und Tschenstochau berufen sich spontan geheilte Kranke auf die Allmacht Gottes und seiner Gnade. Die amerikanische

Ärztezeitschrift *Medical Tribune* berichtete von einem Großversuch, bei dem Fernsehzuschauer aufgefordert worden waren, für etwa 300 Patienten mit dem gleichen Herzfehler zu beten. Eine etwa gleich große Zahl von Patienten verzichtete freiwillig auf den religiösen Beistand. Ergebnis: Den Kranken, für die gebetet worden war, ging es nach einem Vierteljahr deutlich besser. Dafür gibt es keine schlüssige Erklärung, doch scheinen Menschen durch Gebete, Meditation oder einfach nur positives Denken ein Kraftfeld aufzubauen, das auf organisches Leben einwirkt. In diesem Zusammenhang sei wieder auf Sheldrakes Theorie der morphogenetischen Felder hingewiesen, in denen ein genügendes *Informationspotential* für entsprechende Resonanz sorgt. Einfacher ausgedrückt: Je mehr gute Gedanken *auf der Welt* sind, desto größer ihre Wirkung *in der Welt*.

Nicht unerwähnt bleiben soll auch das spiritistische Erklärungsmodell für geistiges Heilen, nach dem *jenseitige Geister* verstorbener Ärzte den Heilern in Trancezuständen medizinische Erkenntnisse übermitteln, etwa den Psychochirurgen in Brasilien und auf den Philippinen.

Schließlich wollen viele Heiler gar nicht so bezeichnet werden. Was aufgelegte Hände, ein Edelstein oder ein Gebet bestenfalls erreichen können, sei *Hilfe zur Selbsthilfe*. Sie beseitigen lediglich Störungen des biologischen Gleichgewichtes, die einen Kranken bisher daran hinderten, aus eigener Kraft zu genesen.

»Dein Glaube hat dich geheilt«, sagte der Wunderheiler im fernen Palästina zu einem Blinden, der schlagartig wieder sehen konnte. Wäre ein zeitgenössischer westlicher Mediziner dabei gewesen, er hätte den Heiler, einen gewissen Jesus von Nazareth, wegen Verstoßes gegen das Heilpraktikergesetz anzeigen können.

Physiker und Biologen neigen eher der Theorie zu, daß der

menschliche Körper – wie jeder andere Organismus – von einem gewöhnlich unsichtbaren *Energiekörper,* einem *Biophotonenfeld,* durchdrungen sei. Dieses Feld begleite ihn nicht nur wie einen Schatten, es enthalte auch sämtliche Lebensfunktionen, steuere das Wachstum und sei sowohl für krankhafte Veränderungen wie spätere Genesungen verantwortlich. Der *Energiekörper* sei es eigentlich, den Heiler gezielt beeinflussen: nach seiner Vorlage gesunde dann mittelbar auch der physische Körper.

Ist damit der Mythos vom Geistheiler endgültig genommen? Werden sich künftig Biologen und Mediziner dieses *Energiekörpers* als dem eigentlichen, wichtigen Objekt annehmen und Methoden weiterentwickeln, die heute noch vielerorts belächelt werden?

Für die *Phantastischen Phänomene* organisiert der Journalist und Chemiker Dr. Imre Kerner einen Besuch des Heilers Nicola Cutolo im Labor des *Biophotonen*-Spezialisten Professor Fritz Albert Popp in Kaiserslautern. Getestet werden soll, ob Cutolo die Fähigkeit besitzt, aus seinen Händen willentlich Licht, also *Biophotonen,* abzugeben. Längst hatte Popp an seinem Biophotonen-Meßgerät festgestellt, daß aus jeder menschlichen Hand ständig *Biophotonen* – ein ultraschwaches Licht – austreten. Jeder seiner Mitarbeiter hatte schon versucht, die Intensität dieser Strahlung willentlich zu verändern. Niemand hatte es geschafft.

Nicola Cutolo unterzog sich geduldig dem Versuch. Er mußte sich noch nicht einmal anstrengen, um eine Veränderung an den Meßgeräten zu bewirken. Der Unterschied zwischen dem ständig normal aus der Hand austretenden Biophotonenstrom und dem willentlich bei den Heilbehandlungen abgegebenen Licht war – auch nach Wiederholung des Experimentes – deutlich sichtbar. Zur Kontrolle war am Biophotonenmeßgerät zusätzlich ein Restlichtver-

118

stärker angeschlossen worden. Aus den heilenden Händen war das *Licht des Lebens* geflossen.

Westliche Industrienationen mit ihren kontinuierlich steigenden Kosten im Gesundheitswesen werden es sich auf lange Sicht nicht leisten können, auf die Möglichkeiten des sanften Heilens zu verzichten, zumal die oft geschmähte *Aura* keine Erfindung spiritueller Phantasten, sondern als *Biophotonenfeld* in den Labors der modernen Physik wieder aufgetaucht ist.

Professor Popp hat ein Gerät konstruiert, in das man einen Menschen hineinschiebt und in kurzer Zeit am Körper die ausgetretenen *Biophotonen* mißt. Mit dieser ganzheitlichen Methode könnten nicht nur bestehende Krankheiten diagnostiziert, sondern auch gerade beginnende gesundheitliche Probleme rasch erkannt werden. Zum Bau dieses Apparates braucht Popp viel Geld. Aber für mögliche Hersteller gilt wohl noch immer ein Grundsatz von vorgestern, daß nicht sein kann, was nicht sein darf.

Übungen für den Leser

Gehen Sie davon aus, daß – nach den eben geschilderten Erkenntnissen – auch Sie über das *Licht des Lebens* verfügen, das in Labors nachgewiesene *Biophotonenfeld*. Probieren Sie das Experiment an einer Pflanze oder einem Haustier aus. Atmen Sie dabei tief ein und aus und konzentrieren Sie sich auf Ihren Atem. Stellen Sie sich vor, daß aus Ihren Händen weißes, warmes Licht fließt. Verstärken Sie den Strom dieses Lichtes, indem Sie sich als eine Art Transformator sehen für das heilende Licht des Kosmos. Halten Sie Ihre Hände nun still über eine kranke Pflanze oder ein Tier. Bleiben Sie dabei aufmerksam und konzentriert. Natürlich können Sie diesen Versuch auch bei einem Menschen machen, der Schmerzen hat, eine leichte Erkältung oder unter nervöser Erschöpfung leidet.

Denken Sie aber daran, daß Ihre Hilfe nur ein zusätzlicher Beistand sein kann und bei schweren Erkrankungen keineswegs die Konsultation eines Arztes ersetzt. Besonders Kinder und alte Menschen nehmen oft dankbar Ihr Mitgefühl und Ihre durch Ihr Handauflegen gezeigte Liebe an.

Natürlich können Sie Ihre heilenden Kräfte auch bei sich selbst anwenden. In psychosomatischen Kliniken lernen Patienten, durch bestimmte bildhafte Vorstellungen *(Imaginationen)* ihr körpereigenes Abwehrsystem zu stärken. Die Aids-Diskussion hat schlagartig wieder bewußt gemacht, daß es im menschlichen Körper gleichsam eine Institution gibt, die entscheidend die Entstehung und den Verlauf von Krankeiten beeinflußt – das Immunsystem, eine Art körpereigene Feuerwehr, die sich auf alle Fremdkörper stürzt, um sie zu bekämpfen. Und genau so sollten Sie sich das auch vorstellen.

Spüren Sie zum Beispiel einen Schnupfen nahen, dann suchen Sie sich einen ruhigen Ort, in dem Sie die schon mehrmals beschriebenen Atemübungen machen, bis Sie völlig ruhig und entspannt sind. Lassen Sie jetzt in Ihrer Phantasie eine Alarmglocke in Ihrem Körper läuten. Sie spüren förmlich die Hunderte von kleinen Feuerwehrleuten überall in Ihren Organen. Sie sind in Bereitschaft. Befehlen Sie ihnen nun, in ihre kleinen roten Autos zu steigen und mit Blaulicht und Sirene durch Ihre Adern und Venen zu jenem Ort zu brausen, an dem sich die Schnupfen-Viren gerade einnisten. Verfolgen Sie den Aufmarsch der gewaltigen Streitmacht in Ihrem Körper. Sind die Wagen am Einsatzort angekommen – in unserem Fall in der Gegend um die Nase –, beginnt der Angriff. Aus Tausenden von Rohren gehen Ihre Feuerwehr-Abwehrkräfte die Viren an, zerstreuen und vernichten sie. Beobachten Sie diesen Einsatz und bedanken Sie sich bei den tapferen weißen Blutkörperchen. Dann schicken Sie Ihre körpereigene Feuerwehr wieder in die Depots zurück. Sie fühlen sich nun angenehm frei, und wenn Sie am nächsten Morgen aufwachen, ist der Schnupfen weg.

Was so phantastisch klingt, hat als *Psycho-Neuro-Immunologie* auch einen Namen und wird in Deutschland in Seminaren für Krebs- und Aids-Patienten praktiziert. Sie hilft Menschen, ihre Selbstheilungskräfte anzuregen, indem Kranke – und zur Vorbeugung auch Gesunde – in Visualisierungsübungen eine Reise durch ihren Körper antreten, in ihrer Phantasie die Zellen des Immunsystems besuchen und stärken. Beispiel: »Du siehst große Nester von Immunzellen wachsen, sie haben prächtige Farben und wunderschöne Formen. Sie strömen durch die Blutbahnen in den Körper und verteilen sich dort. Laß die Immunzellen für Dich arbeiten, um Dir Gesundheit und Wohlergehen zu erhalten. Du bist erfüllt von vibrierender Energie und strahlender Kraft.«

Heilung geht also vom Hirn aus, die Informationsvermittlung erfolgt über Botenstoffe, von denen etwa 80 bekannt sind: schmerzstillende Endorphine, beruhigende und angstauslösende Signalstoffe. Viele Experten sehen in diesen Molekülen die biochemische Basis für Gefühle. Geist und Bewußtsein steuern diese Botenstoffe auf ihrem Weg zu den Abwehrzellen im Organismus.

15   Wenn Kressesamen plötzlich sprießt

Viele sanfte Wege führen zur Gesundheit

Der Engländer Geoffrey Boltwood ist sichtlich genervt. Verzweifelt schaut er auf die Samenkörner in seiner linken Hand. Er ballt die rechte Faust, fixiert die kleinen Körnchen mit starrem Blick. Erst als Heiler-Kollege Nicola Cutolo dazukommt und sich ebenfalls auf den Samen konzentriert, zeigt sich ein Erfolg: Wie vorwitzige Maden ringeln sich ein paar Sprossen aus den kleinen Körnern, beginnt der Samen zu keimen. Die Zuschauer beim *Weltkongreß für geistiges Heilen* applaudieren. Boltwood bleibt irritiert ob der unerwarteten Schwierigkeiten während des Experiments. Dann wird er fündig: Statt der bestellten Kressesamen hat die Kongreßleitung schnöden Radieschensamen besorgt, der schwerfälliger reagiert.

Der englische Heiler demonstriert seine ungewöhnlichen Kräfte, indem er Kressesamen in seiner Hand – so wie mit einem Zeitraffer gefilmt – zum Keimen bringt. Das Experiment gelingt nicht nur bei gesundem Saatgut, sondern auch bei von Giften geschädigten Samen. Den wissenschaftlichen Beweis lieferte Boltwood an der Universität London, wo im naturwissenschaftlichen Institut in wiederholten Labortests verschiedene Pflanzensamen zunächst mit Kupfersulfat- und Natriumchloridlösungen vergiftet wurden. Anschließend mußte Boltwood versuchen, sie durch Handauflegen möglichst rasch zum Leben zu erwecken.

Kressesamen beispielsweise keimen auf feuchtem Löschpapier gewöhnlich nach zwei bis vier Tagen. Die mit den giftigen Lösungen behandelten Körner erholen sich zwar, verlangsamen aber ihre Keimung erheblich. Trotzdem versuchte Boltwood, sie in nur zwei Minuten zu heilen. Anwesende Zeugen, darunter Biologen und Biochemiker, trauten ihren Augen nicht: Manche Körner trieben bis zu einem Zentimeter lange Wurzeln. Nach weiteren 120 Sekunden Behandlung bildeten sich bereits Stengel und ein winziges weißes Blatt.

Um betrügerische Manipulationen auszuschließen, hatte sich Boltwood vorher mit destilliertem Wasser die Hände waschen müssen. Der Physiologie-Dozent Dr. Tony Scofied – einer der Versuchsleiter – stellt dies nur der Ordnung halber klar. Er kennt ohnehin keine Chemikalie, die den Wachstumsprozeß derart beschleunigen könnte.

Die Besucher der Basler Veranstaltung – vorwiegend Deutsche, Schweizer und Österreicher – registrierten verblüfft, daß sie offenbar in einem *Niemandsland der Geistheilkunde* leben. Sowohl in England als auch in Mittel- und Südamerika, in Rußland und im asiatischen Raum ist das *Heilen mit den Kräften der Seele* verbreiteter als auf dem – rational ausgerichteten – mitteleuropäischen Kontinent. Doch der Abbau politischer Grenzen führt mehr und mehr auch zu einem ideologischen Fall von Barrieren. War es zu Breschnews Zeiten allenfalls noch die Geistheilerin Dschuna, die ungehindert praktizieren durfte, sind es jetzt Tausende von Heilern in Ost-Europa, die mit recht unterschiedlichen Methoden arbeiten.

Ihre Basis ist die Akzeptanz jener geheimnisvollen Wechselbeziehung zwischen Seele, Geist und Körper. So stellte in Basel der russische Parapsychologe Dr. Edward Naumov die Arbeiten von Dr. Gagik Nazloyan vor, der ein *Institut für Maskentherapien* in Moskau leitet. In Einzel- und

Gruppensitzungen fordert er seine Patienten auf, sich zu portraitieren. Auch künstlerisch wenig talentierten Kranken gelingt es dabei, die wesentlichen Merkmale ihrer körperlichen und seelischen Gebrechen subtil »in ihre Gesichtszüge einfließen zu lassen«. Von manchen seiner Patienten fertigt Dr. Nazloyan eine Skulptur. Während sie ihm Modell sitzen und beobachten, wie ihre Physiognomie (also der Gesichtsausdruck) entsteht, wird Schritt für Schritt »der Kontakt zum verlorengegangenen Spiegelbild wieder hergestellt, das zur Normalisierung des inneren wie des äußeren Dialogs mit der sie umgebenden Welt führt.«

Da die Plastiken aus leicht formbarem Material bestehen, verändert der Arzt die Gesichtszüge seiner Patienten von Sitzung zu Sitzung, getreu dem Bild, das er sich von ihnen macht. In diesem Dialog bleibt die von Karl Marx in einem anderen Zusammenhang gestellte Frage ungeklärt, ob denn nun das Sein das Bewußtsein bestimmt oder umgekehrt?

Die von Dr. Gagik Nazloyan entwickelte Therapie wird inzwischen in Psychologie-Kliniken in Lausanne, Paris und Seoul mit Erfolg praktiziert.

Noch immer ist die Kluft zwischen der naturwissenschaftlich ausgerichteten Lehrmedizin und der traditionell orientierten Naturheilkunde – zu der auch die Geistheiler gehören – nur an wenigen Stellen überbrückt. Noch immer wird einfach verdrängt, was als fundamentale Einsicht gelten müßte: »Wer heilt hat recht.« Paracelsus (1493–1541) hat es gesagt, einer der großen europäischen Heiler, verfolgt und gedemütigt wie viele seiner Nachfahren.

In Basel betritt Großmeister Zhi-Chang Li aus Peking die Bühne. Er praktiziert die altchinesische Weisheitslehre *Qi-Gong,* ein ganzheitliches Heilsystem, das auch im neuen *Reich der Mitte* inzwischen mit Begeisterung wiederentdeckt wird.

Bisher galt im Westen die Akupunktur als Inbegriff der chinesischen Medizin, mit deren Anerkennung auch die Lehre von den Meridianen im Körper akzeptiert wurde. Durch dieses subjektive Kanalsystem – so Meister Li – fließe jene besondere Lebensenergie *Qi*. Im Osten wie im Westen ist das Interesse an der Selbstheilungsmethode *Qi-Gong* sprunghaft angestiegen. Tatsächlich wartet die *Qi*-Forschung im medizinischen Bereich mit Ergebnissen auf, die auch von westlichen Wissenschaftlern nicht länger übergangen werden können.

Während man zwar feststellen kann, daß bei Kranken – die *Qi-Gong* praktizieren – sich der Zustand oft dramatisch verbessert, ist das *Qi* selbst schwer zu verstehen. »Die Qi-Forschung – von Physikern, Mathematikern und Ärzten gemeinsam betrieben – wird zu einer Revolution der Wissenschaft führen, die tiefgreifender sein dürfte als der durch die Relativitätstheorie hervorgerufene Quantensprung«, verspricht jedenfalls Großmeister Li in Basel, von dessen Kollegen Yan Xin gesagt wird, daß er die Fähigkeit habe, die Farbe des Wassers zu verändern. Erstaunliche Talente des sogenannten *Eisenhemd-Qi-Gong* waren schon im Fernsehen zu sehen: Männer, die sich von Traktoren überfahren ließen und denen auf der nackten Brust Betonplatten mit Eisenhämmern zertrümmert wurden.

»Es ist der Sieg des Geistes über die Materie«, sagt Li. »Die geistigen Heiler auf der Welt – ob sie als indianischer Schamane, afrikanischer Medizinmann oder indischer Guru arbeiten – kennen diese große spirituelle Kraft, die in uns allen ist.«

Wie alle großen Lehren erfordert auch das *Qi-Gong* vom Lernenden Geduld und Disziplin. Die folgende Übung ist ein Hinweis auf die Wirksamkeit der chinesischen Lehre.

Das folgende Experiment funktionierte nicht nur zur Verblüffung von Millionen Fernsehzuschauern. Zhi-Chang Li versteht es als Hinweis darauf, wie unser Vorstellungsvermögen auf körperliche Reaktionen Einfluß nimmt.

Setzen Sie sich bequem auf einen Stuhl. Die Füße haften auf dem Boden, die Hände liegen auf Ihren Oberschenkeln. Atmen Sie tief ein und aus, und spüren Sie den Rhythmus Ihres Atems wie Ebbe und Flut in Ihrem Körper. Mit jedem Atemzug werden Sie ruhiger und entspannter. Pressen Sie jetzt die Hände an den Handwurzeln zusammen, daß die Finger einen offenen Kelch bilden. Dann falten Sie die Hände wie zum Gebet. Vergewissern Sie sich, daß alle Ihre Finger beim Aneinanderlegen die *gleiche Länge* haben.

Als Frau legen Sie jetzt die linke Hand auf Ihren linken Oberschenkel und strecken die rechte, geöffnete Hand etwa zehn Zentimeter über dem Kopf in die Höhe. Als Mann legen Sie die rechte Hand auf Ihr rechtes Bein und recken die linke Hand ebenfalls nach oben. Bleiben Sie bei alldem entspannt, und stellen Sie sich jetzt fünf Minuten lang vor, wie Ihre emporgestreckte Hand dem *kosmischen Licht* entgegenwächst. Visualisieren Sie, wie Ihre Finger immer länger und länger werden. Ihre Hand wächst und wächst. Bleiben Sie dabei geduldig. Nach Ablauf der genannten Zeit legen Sie Ihre Hände an den Handwurzeln zusammen und falten sie wieder. Überprüfen Sie dabei die Länge Ihrer Finger. Sie werden verblüfft feststellen, daß die Finger der emporgehaltenen Hand länger geworden sind.

Ein *Phantastisches Phänomen*. Doch keine Angst: In der nächsten halben Stunde wird sich Ihre Hand wieder zur normalen Größe zurückbilden.

16 Muskeltest als Lügendetektor

Kinesiologie und ihre verblüffende Wirkung

Der Mann hat Jahre im Fitneß-Studio zugebracht. Stolz streckt er die muskelbepackten Arme aus, eine moderne Version von Michelangelos David. Dann kommt die kleine Anna, acht Jahre alt und zierlich. Sie versucht, den linken Arm des Athleten herunterzudrücken. Natürlich bleibt der Mann stark. Dann legt man ihm in seine rechte Hand einen Zuckerwürfel. Wieder versucht Anna, den linken Arm nach unten zu drücken. Diesmal kann der Mann nicht widerstehen. Verblüfft registriert er die plötzliche Schwäche, die sich auch einstellt, wenn er nach Zigaretten greift.

Der Heilpraktiker Walter Pütz und seine Frau, die Ärztin Dr. Christa Keding-Pütz, demonstrieren den Muskel-Test auch an zufällig ausgewählten Gästen im Studio. Sie strekken beide Arme aus.

»Wie heißen Sie?« fragt Pütz einen Mann. »Franz!« Der Arm bleibt fest. »Sagen Sie jetzt mal: ›Ich heiße Willy!‹« Der Mann tut es, und der Arm läßt sich mühelos nach unten drücken. Das Publikum ist begeistert. Noch während der Sendung probieren sie das Spiel mit dem *körpereigenen Lügendetektor*. Doch was wie ein Partyspaß wirkt, gehört inzwischen zu den Diagnosepraktiken mancher Praxen von Naturheil-Ärzten: *Angewandte Kinesiologie*. Der Heilpraktiker Hartmut Jöge checkt seine Patienten mit einem unhörbaren Katalog durch, den er im Kopf hat. Registriert er bei der entsprechenden Frage ein – oft kaum merkliches –

Nachlassen der Muskelkraft, ist seine Suche nach Blockaden im Körper erfolgreich.

Das hier beschriebene Verfahren ist ebenso einfach wie wirksam: Ursula K. nimmt nach der Sendung einen Apfel in die rechte Hand. Der linke Arm bleibt fest, auch als ihr Freund Michael versucht, ihn herunterzudrücken. Dann probieren sie es mit einer Packung Zigaretten. Ursula versucht krampfhaft, den Arm in der Horizontalen zu halten. Es gelingt ihr nicht. Ein paar Zuschauer versuchen es mit Brötchen und Vollkornbrot, mit Kopfschmerztabletten und einer Mini-Flasche Korn. Die Armmuskeln bleiben fest, wenn der Körper positiv reagiert, sie werden schwach, wenn es sich um ein dem Körper nicht zuträgliches Mittel handelt.

Kinesiologie läßt sich über den Nahrungsmittel-Test hinaus auch auf andere Tätigkeiten ausweiten. So reagieren die Armmuskeln geschwächt, wenn Menschen sich eine Einkaufstüte aus Plastik auf den Kopf legen, eine ihnen unangenehme Musik hören, in grelles Licht schauen oder an ein für sie schreckliches Erlebnis denken. Die Anwendungsmöglichkeiten dieses Muskeltests sind also nicht auf die Heilberufe beschränkt. Sportler und Musiker, Architekten und Bildhauer testen damit neue Trainingsmethoden, Kompositionen, Pläne und Entwürfe auf Ästhetik und Durchführbarkeit. So schrieb der Musikprofessor John Buttrick vom *Massachussetts Institute of Technology,* daß ihm die Prinzipien der Kinesiologie »eine Beherrschung der physischen Reserven des Aufführungsstresses und des künstlerischen Ausdrucksmittels geben«.

Eine Anwendungsmöglichkeit für Kinesiologie im Alltag bietet der Bereich Ernährung. Gesundheitsbewußte Amerikaner legen im Supermarkt nichts mehr in den Einkaufswagen, was sie nicht vorher im Muskeltest-Verfahren auf

128

Wirksamkeit und Verträglichkeit überprüft haben: Zucker-
haltige Limonaden, Weißbrot und fetter Schinken wandern
danach ebenso ins Regal zurück wie gespritztes Obst und
Gemüse, Mayonnaise und tiefgefrorene Pommes frites.
Die *Behaviorale Kinesiologie* ist ein von dem amerikanischen Psychiater Dr. John Diamond 1979 zum ersten Mal
beschriebenes naturheilkundliches Verfahren, das von Laien
wie von Fachleuten gleichermaßen erfolgreich angewendet
werden kann. Es zeigt auf, daß man an der Funktion von
Muskeln erkennt, welchen Einfluß gewöhnliche Dinge wie
Nahrung, Kleidung, Musik oder die augenblickliche Stimmung auf Körper und Geist ausüben. Diamond hat an Tausenden von Testpersonen unter Laborbedingungen die Kinesiologie ausprobiert. Ihre Wirkung kann von jedem Menschen mit ein wenig Vorbereitung getestet werden. Der
Körper antwortet auf Fragen zur Ernährung, körperlichen
Betätigung bis hin zur Kosmetik und Lebenseinstellung.
Schließlich ist der eigene Körper das einzige Wesen auf der
Welt, das die absolute Wahrheit sagt. Man sollte auf ihn
hören ...

Wie funktioniert Kinesiologie?

Nach Dr. Diamond ist das Endziel der Kinesiologie »das
Erreichen völliger Gesundheit, die Erhöhung des Energie-
niveaus, die Begeisterung und die Kraft, die aus wahrem
Wohlbefinden resultieren«. Es gelte nicht, »Krankheiten zu
verhindern, sondern die Gesundheit zu verbessern«. Wie
viele Heiler ist auch Diamond davon überzeugt, »daß es
vor dem Beginn einer Krankheit ein Problem auf der Ener-
gieebene gibt und daß eine Schwächung der Körperenergie
zu einem Ungleichgewicht in bestimmten Körperteilen
führt«.

Schlank und agil zu sein ist kein Schicksal, sondern Folge einer Lebensphilosophie, die sowohl den äußeren wie den inneren Menschen betrifft. Kinesiologie ist deshalb Teil eines Ganzkörper-Fitneß-Programms.

Was passiert, wenn beim Muskeltest der Arm zeitweise geschwächt ist, weil die Hand ein Stück Zucker hält? Offensichtlich blockiert das allwissende Unterbewußtsein sekundenkurz die Energieversorgung im Körper. Derselbe Effekt – so Diamond – würde bei jedem anderen Körpermuskel auftreten. Für die Kinesiologie-Versuche verwende man aber speziell den *Delta*-Muskel, da dieser besonders leicht zu testen sei.

»Es ist ein Aha-Erlebnis«, sagt Diamond, »und nur durch diese Art von Erfahrung kann man zum plötzlichen Erkennen von Wahrheiten gelangen.«

Mit der *Angewandten Kinesiologie* besitzen Heilpraktiker und Naturheilärzte ein körpereigenes Feedbacksystem. Bei jeder Behandlung antwortet der Körper sofort: »Ja, genau das brauche ich.« Oder: »Nein, das ist nicht gut für mich.«

Viele Körper und Geist schwächende Faktoren resultieren aus dem Lebensstil und der Umwelt des Menschen: Giftstoffe in der Luft, im Boden und im Wasser, chemisch behandelte Nahrungsmittel, Elektro-Smog aus Radio- und Fernsehapparaten, Lärm und die synthetischen Kleiderstoffe. Aber auch Angewohnheiten wie schlechte Körperhaltung, desolate zwischenmenschliche Beziehungen und die Unfähigkeit, mit Streß umzugehen, tragen zur Disharmonierung bei und führen zur Schwächung der Lebensenergie und damit zu organischen wie seelischen Leiden.

Der Urvater aller Ärzte, Hippokrates (ca. 460–370 v. Chr.), nannte die Lebensenergie *vis medicatrix naturae*, die Heilkraft der Natur. Sie ist die Quelle vollkommener Gesund-

130

heit und Lebensfreude und damit der höchste Ausdruck von Harmonie.

Heilkundige vermuten als Ausgangspunkt der Lebensenergie die Thymusdrüse, die sich in der Mitte der Brust, genau hinter dem oberen Teil des Brustbeines befindet. Dr. Diamond: »Der Thymus kontrolliert den Energiestrom im Körper, überwacht und reguliert ständig unsere Lebensenergie. Wenn die Drüse nicht richtig arbeitet und Unausgeglichenheit entsteht, wird letztendlich ein bestimmtes Organ geschädigt. Damit entwickelt sich eine organische Krankheit.«

Über die Thymusdrüse lagen bis in die fünfziger Jahre nur wenige medizinische Kenntnisse vor. Inzwischen scheint gesichert, daß sie das erste Organ sein kann, das von guten und schlechten Gefühlen beeinflußt wird. Dr. Diamond sieht den Thymus daher als ein Bindeglied zwischen Geist und Körper und widmet ihm bei seinen kinesiologischen Untersuchungen besondere Aufmerksamkeit.

Übungen für den Leser

Der folgende Test ist – in leicht abgewandelter Form – vom *Freiburger Institut für Angewandte Kinesiologie* herausgegeben und stützt sich auf Empfehlungen von Dr. John Diamond:

Sie brauchen dazu eine Testperson. Bitten Sie jemanden aus der Familie oder aus Ihrem Freundeskreis. Er wird danach sicher genauso überrascht sein wie Sie.

1. Die Testperson steht aufrecht, der rechte Arm hängt entspannt an der Seite herunter, der linke Arm wird mit gestrecktem Ellbogen parallel zum Boden gehalten.

2. Stellen Sie sich vor die Testperson und legen Sie Ihre lin-

ke Hand zur Stabilisierung auf die rechte Schulter der Testperson. Legen Sie die rechte Hand auf den ausgestreckten linken Arm, genau oberhalb des Handgelenks.

3. Sagen Sie der Testperson, daß Sie versuchen werden, den Arm herunterzudrücken, während sie mit aller Kraft Widerstand leisten soll.

4. Drücken Sie den Arm ziemlich rasch und fest, jedoch nicht ruckartig herunter. Es kommt darauf an, gerade so fest zu drücken, um das Sperren des Armes der Testperson feststellen zu können, nicht so stark, daß der Muskel ermüdet. Es kommt nicht darauf an, wer stärker ist, sondern ob der Muskel innerhalb der ersten fünf Zentimeter des Restradius das Schultergelenk gegen den Druck verschließen kann. Es ist dann etwa ähnlich einem Scharnier, das einrastet. Der Druck beim Testen darf nur circa drei Sekunden lang ausgeübt werden. Bei längerem Drücken wird jeder Muskel müde, und Sie bekommen ein falsches Testergebnis.

Fast immer kann die Testperson dem Druck widerstehen, und der Arm bleibt ausgestreckt.

Legen Sie jetzt Ihrem Gegenüber nacheinander ein Stück Zucker, eine Zigarette, eine Flasche Bier oder ein Stück Weißbrot in die rechte Hand. Das Ergebnis des Tests wird Sie überraschen. Nur selten gelingt es, dem Druck zu widerstehen; der Arm läßt sich fast immer ganz herunterdrükken.

Ähnlich reagiert der Arm, wenn Sie der Testperson eine Plastiktüte auf den Kopf legen, sie mit dem falschen Vornamen ansprechen oder sie negativ besetzte Worte wie zum Beispiel *Krieg, Streit, Haß* denken lassen.

Wie ist das möglich? Obwohl Sie auf die Testperson den gleichen Druck ausüben wie zuvor, ist deren Arm plötzlich schwach geworden. Irgendwie haben der Zucker, die Zigaretten, das Plastik und negatives Denken den Armmuskel zeitweilig geschwächt.

Umgekehrt funktioniert es, wenn Sie Ihrer Testperson einen Apfel, Vollkornbrot oder eine Flasche Milch in die Hand geben und sie an positiv besetzte Worte wie *Rose, Liebe* oder *Schönheit* denken lassen. Der Arm läßt sich nicht niederdrücken.

17   Kommen sie aus dem Weltraum?

Das große Verwirrspiel um die UFOs

Bad Berleburg, eine deutsche Kleinstadt am Rothaarge-
birge. Nur ein paar Kilometer vom NATO-Stützpunkt
Erndte-Brück entfernt, liegt am Wald das Haus des Elek-
troakustikers Herbert Strobel. Wie die meisten Menschen
hatten er, seine Frau und die beiden Söhne Patrick und Les-
lie keine Erfahrung mit sogenannten UFOs, unbekannten
Flugobjekten. Das sollte sich jedoch ändern: An einem
Spätnachmittag im Winter 1990 – Strobel war gerade beim
Schneeräumen – sah er über dem Wald ein seltsames, drei-
eckiges Gebilde, das absolut geräuschlos über den Bäumen
schwebte. »Es hatte so etwas wie Positionslichter an den
drei Ecken und ein umlaufendes Licht in der Mitte«, erinnert er sich.
Auch Patrick beobachtete fasziniert das seltsame Objekt,
das etwa fünf Minuten lang am grau-dämmernden Himmel
verharrte und plötzlich mit unglaublicher Geschwindigkeit
verschwand.
Herbert Strobel meldete den Vorfall dem diensthabenden
Offizier in Erndte-Brück. Er wollte wissen, was er soeben
gesehen hatte. Er erhielt keine Auskunft. Dafür fragte
ihn der Mann am anderen Ende »wahre Löcher in den
Bauch«.
Für die *Phantastischen Phänomene* rekonstruierten wir den
Vorfall. Nach der Sendung bekommt Strobel Besuch. Der
Mann in Zivil stellt sich als belgischer Offizier vor und bit-

134

tet um Details dieser Beobachtung für ein militärisches Protokoll. Vorsichtshalber notiert sich Strobel das Autokennzeichen des Besuchers. Als er sich bei diversen Dienststellen telefonisch nach ihm erkundigt, kann man ihm nicht helfen. Der Mann sei unbekannt, das Nummernschild nicht registriert.

Es ist nicht weit von Bad Berleburg nach Belgien, das in den Wintermonaten 1990 eine wahre UFO-Hysterie erlebte. In allen Landesteilen wurden die lokalen Polizeistationen mit Meldungen über geheimnisvoll sich fortbewegende Lichter, raumschiffähnliche Gebilde und scheibenförmige Objekte bombardiert. Polizeibeamte verfolgten mit ihrem Streifenwagen ein UFO, das sich dicht über dem Boden bewegte. Und Hunderte von Besuchern eines Fußballspiels interessierten sich nicht mehr für *Fouls* und *Elfmeter,* als sich ein helles Objekt minutenlang über dem Spielfeld zeigte.

Auch die Erklärung eines Discothekenbesitzers, er habe mit einem Laserstrahl UFOs in die Wolken projiziert, brachte nicht die Lösung des Rätsels. Dazu waren einfach zu viele verschiedene Beobachtungen an den unterschiedlichsten Orten gemacht worden.

Am 30. März spitzt sich die Lage zu. Auf Radarschirmen werden unbekannte Flugobjekte registriert. Abfangjäger der belgischen Luftwaffe steigen in den Abendhimmel. Es gelingt ihnen nicht, sich den Objekten zu nähern, doch verfolgen sie deren Flugbewegungen auf ihren Radarschirmen. Aufzeichnungen dieser seltsamen Begegnung zeigen unter anderem einen Lichtpunkt, der sich in 3000 Metern Höhe mit einer Geschwindigkeit von 1000 Kilometern bewegt. Dann passiert das Unglaubliche: In nur vier Sekunden stürzt das UFO auf 1500 Meter ab und beschleunigt gleichzeitig auf 2000 Stundenkilometer. Die Aktion vollzieht sich völlig geräuschlos, der erwartete Überschallknall bleibt aus.

Experten der belgischen Luftwaffe halten ein solches Manöver bei allen bekannten Flugmaschinen für völlig unmöglich.

Colonel de Brouwer äußert sich zu dem Vorfall: »Für uns gelten nur Fakten und Beweise, daher müssen wir sehr vorsichtig sein. Die Existenz von sogenannten UFOs kann und möchte ich nach diesen Ereignissen nicht ausschließen.«

Professor Auguste Meesen von der Katholischen Universität in Brüssel stellte an jenem 30. März 1990 weitere Phänomene am belgischen Himmel fest. So ist er im Besitz von Radarbildern des Brüsseler Flughafens, die ein unbekanntes Objekt im Zickzack-Flug zeigen, das die Route einer anfliegenden Passagiermaschine mehrmals kreuzt. Meesen analysierte auch die Aufnahmen eines Amateurfilmers. Das darauf befindliche Objekt ähnelt dem, das Herbert Strobel gesehen hat: ein Dreieck, das von drei Lichtern begrenzt wird. In der Zeitlupe wird deutlich, daß die drei Lichtquellen verschieden hell sind, und in der Mitte des Objekts ein schwaches Licht pulsiert.

An der Brüsseler Militärakademie wurde das Farbbild unter der Leitung von Professor Acheroi untersucht. In den hochspezialisierten Geräten wurde es in seine Grundfarben rot, grün und blau zerlegt. In jeder Version zeigt sich die dreieckige Form des Flugkörpers. Einige sichtbar gewordene Lichtstreifen stellen jedoch keine Verbindung mit den vier deutlichen Lichtquellen dar. In einer weiteren Studie wurde ein heller Schein, der das Dreieck umgibt, festgestellt. Offenbar handelt es sich hier um ein Energiefeld. Acheroi ist auch überrascht, daß »die festgestellten Lichtstrahlen vorwiegend aus dem Langwellenbereich kommen, was äußerst selten ist«.

Auch die detaillierte Studie der einzelnen Bilder kann das Rätsel um den geheimnisvollen Flugkörper nicht lösen.

Professor Acheroi: »Es handelt sich bei diesem Objekt auf keinen Fall um ein Flugzeug. Wir haben es hier mit einem unbekannten Phänomen zu tun.«

Ende der vierziger Jahre tauchten zum ersten Mal Meldungen über UFO-Sichtungen in der Presse auf. Wegen ihrer seltsamen Form nannte man die Objekte *Fliegende Untertassen*. Seitdem gibt es unzählige Berichte über UFO-Beobachtungen in der ganzen Welt. Werden Privatpersonen danach oft belächelt oder gar als Spinner bezeichnet, sollten wenigstens Schilderungen von Menschen, zu deren Aufgaben die präzise Beobachtung ihrer Umwelt gehört, nicht einfach als Phantasien abgetan werden.

So sah der Fluglotse Marc Mitten auf dem Luxemburger Airport im September 1986 »fünf grüne Bälle in rasender Geschwindigkeit von Ost nach West über den Horizont fliegen«. Der amerikanische Oberst Miller war zur gleichen Zeit mit einer *F-15* auf einem Übungsflug über der Eifel und bekam von seiner Einsatzzentrale den Befehl, die auch vom Boden aus gesichteten Objekte zu verfolgen. Eine Sprecherin der US-Airbase Bitburg: »Die Objekte wurden nicht nur von einigen unserer Piloten gesehen, sondern auch von unserem Radar erfaßt.«

Der Düsseldorfer LTU-Kapitän Heldmeier machte zusammen mit seiner Crew eine merkwürdige Beobachtung während eines Fluges über jugoslawisch-österreichischem Grenzgebiet: »Wir waren gerade mit unserer ›Tri-Star‹ über den Karawanken, als wir diese dunklen Scheiben vor uns sahen. Sie waren von einem grünlichen Schimmer umgeben, der auf der Vorderseite stärker zu glühen schien als hinten. Die Objekte waren auf Gegenkurs zu uns, allerdings höher als wir, und flogen etwa zwei- bis dreifache Schallgeschwindigkeit.«

Sowohl der Flugkapitän als auch sein Co-Pilot und der

Flugingenieur haben diese merkwürdigen Flugkörper beobachtet. Keiner von ihnen erinnert sich, jemals etwas Ähnliches gesehen zu haben.

Zum ersten Mal äußerte sich auch Werner Utter in den *Phantastischen Phänomenen* zu seltsamen Begegnungen, die er als Flugkapitän vom Cockpit aus beobachtete. Utter war Chefpilot der *Lufthansa* und lange Jahre Mitglied im Vorstand der Gesellschaft, bildete Piloten aus und war insgesamt 29000 Stunden lang in der Luft. Ein absolut zuverlässiger Mann.

Die erste Begegnung hatte Utter während eines Nachtfluges mit einer *Boeing 707* von Beirut nach Bagdad. Er hatte das Flugzeug gerade über dem Mittelmeer in einer sanften Rechtskurve hochgezogen, als er im fahlen Mondschein ein helles Licht bemerkte, das sich ihm immer schneller näherte und dabei stärker und stärker wurde.

Utter: »Es blähte sich zu einem weiß-blauen Ball auf, der uns mit großer Geschwindigkeit entgegenraste. Würde es in wenigen Sekunden mit uns zusammenstoßen und uns in die Wüste schleudern?«

Der Kapitän schaltete die Bordscheinwerfer ein. Doch das Objekt blieb davon unbeeindruckt. Es schwebte etwa eine Minute neben der Boeing zwischen dem zweiten Motor und dem Cockpit auf gleicher Höhe, »flimmerte mit einem strahlenförmigen, warmen Licht, um dann abrupt schräg nach oben ins Nichts zu verschwinden.«

Am 21. November 1978 flog Werner Utter einen *Jumbo-Jet* mit 102 Tonnen Fracht nach Nordamerika. Sie waren schon einige Stunden unterwegs, als sich der Kapitän in der kleinen Bordküche einen Kaffee machte. Da wurde er vom Co-Piloten ins Cockpit gerufen. Ein *TWA*-Pilot hatte sie per Funk von einer Lichterscheinung unterrichtet, die möglicherweise ein UFO sein könnte.

Utter trug in dieser Zeit stets ein Diktiergerät mit sich, so daß die folgende Beobachtung verbal dokumentiert werden konnte: »Es ist 9.55 Uhr GMT. Ich sehe in Richtung 120 Grad eine Lichterscheinung, die helle rote und violette Strahlen aussendet. Sie wirkt wie eine riesige Spinne. Jetzt wieder rot, weiß, rot, weiß, ein ganz eigenartiges Gebilde.«

Im Gespräch erinnert sich Utter: »Bei all diesen Begegnungen hatten wir überhaupt keine Angst. Im Gegenteil: Ich hatte ein warmes, angenehmes Gefühl. Wenn die da drüben gesagt hätten, ich solle rüberkommen, ich hätte es getan.«

Am Himmelfahrtstag 1980 hatte Utter seine letzte Begegnung der geheimnisvollen Art. Der Nordatlantik lag schon eine halbe Stunde hinter ihm und seinem Flugzeug, als er sich bei der Flugsicherung in London abmeldete und in den Bereich der kontinentalen Flugsicherung einflog. Plötzlich schrie der Flugingenieur: »Achtung! Was ist das?« Kapitän Utter schaute aus dem Cockpit und »erstarrte fast vor Schreck«. Ein großer, zigarrenförmiger Körper schoß geradewegs auf ihre Maschine zu, verfehlte sie nur knapp. Utter meldete den Vorfall sofort an die nächste Radarstation auf dem Festland. Obwohl der Kontrolleur den gesamten Luftraum absuchte, konnte er nur die gemeldeten Flugzeuge entdecken.

Werner Utter lebt inzwischen im Ruhestand, züchtet Kiwis und Bienen und bezeichnet sich als »Suchenden«. Die unerklärlichen Vorgänge am Himmel, die er mit eigenen Augen gesehen hat, haben ihn nachdenklich werden lassen.

»Ich suche eine Erklärung für das Leben auf der Erde«, sagt er. »Ich möchte wissen, was es für einen Sinn hat, daß der Mensch geboren, unter Schwierigkeiten erwachsen wird, daß er altert und ins Grab sinkt.«

Werner Utter hat in Abertausenden von Stunden die Erde aus der Luft gesehen, hat wunderbare Sonnenaufgänge erlebt und das unendliche Meer der Sterne. *Overview-Effekt* nennen Wissenschaftler jenen Vorgang, den auch alle Astronauten und Kosmonauten im Weltall erleben, wenn sie unsere Erde gleichsam aus der Mondperspektive sehen: Sie erfahren den blauen Planeten als Ganzheit. Die Erfahrung der Raumfahrer beschäftigt heute Natur- und Geisteswissenschaftler, und sie ziehen dabei Schlüsse, die in naher Zukunft entscheidend sein können für eine grundlegende Neuorientierung der Ziele des Menschen auf der Erde und im All.

Am 17. November 1986 startete eine *Boeing 747* der *Japan Airlines* zu ihrem Flug von Paris über Alaska nach Tokio. Kapitän des Fluges ist Kenju Terauchi, der 19 Jahre Cockpit-Erfahrung hat. Ein Flug, an den sich die Besatzungsmitglieder bis an ihr Lebensende erinnern werden. Das seltsame Geschehen über der Einsamkeit von Alaska ist durch den Original-Funksprechverkehr zwischen der Maschine und der zivilen, aber auch der militärischen Flugüberwachung dokumentiert. Auch liegen Radarbilder vor und das Bordbuch von Kapitän Terauchi, in das er diese außergewöhnliche Begegnung eingetragen hat:

»Falls vor langer Zeit ein Jäger ein Fernsehgerät gesehen hätte, wie hätte er es den anderen beschrieben? Mein Erlebnis war ähnlich. Wir flogen über das eisige Hochland. Es war Vollmond, und wir hatten eine gute Sicht.«

Und dann geschieht das scheinbar Unmögliche: Flug *JAL 1628* trifft auf zwei kleine und ein riesiges »Raumschiff«. Der Vorfall dauert etwa 50 Minuten, und zu keiner Zeit fühlte sich die Besatzung bedroht.

»Doch es tauchten viele Fragen auf, die ein Mensch nicht beantworten kann. Es war 4.25 Uhr Alaska-Zeit. Mitte

November ist es hier rund um die Uhr dunkel. Als wir eine Linkskurve machten, begann das seltsame Phänomen. Da waren nicht identifizierbare Lichter vor uns. Sie bewegten sich in der gleichen Richtung und im gleichen Tempo wie wir.«

Der Co-Pilot fragte die Kontrollstation, ob sich in der Nähe der Maschine noch anderer Flugverkehr bewege. Die Antwort: negativ. Der Kontrolleur bat die Besatzung, die Maschinen zu identifizieren. Doch die Japaner mußten passen.

»Die Lichter bewegten sich wie kleine Bären, die miteinander spielen. Aber nicht wie Flugzeuge. Sie waren weit genug entfernt, so daß wir uns nicht in Gefahr fühlten. Dann kam mir der Gedanke, daß diese Dinger vielleicht sogenannte UFOs sind, und ich wollte ein Foto machen. Leider hatte ich nur einen 100-ASA-Film in der Kamera. Der automatische Sucher versuchte die Schärfe einzustellen, aber ohne Erfolg. Plötzlich stoppten die Raumschiffe und leuchteten uns an. Das Licht fühlte sich warm an. Dann wurde es schwächer, und wir konnten die Konturen der Schiffe sehen. Die Form war rechteckig. Sie flogen ein bißchen höher als wir. Wir fühlten uns nicht bedroht. Um ehrlich zu sein: Wir waren ziemlich atemlos.«

Die Besatzung blickte angestrengt aus dem Fenster zu den sich langsam drehenden Rechtecken. Plötzlich verschwanden die Lichter, und der Co-Pilot nahm wieder Kontakt zu Anchorage auf. Doch der diensthabende Offizier konnte nur immer wieder bestätigen, daß dort oben kein anderes Flugzeug operiere. Vorsichtshalber setzte er sich mit den Kollegen der militärischen Luftüberwachung in Verbindung. Doch auch dort wußte man von keinen anderen Flugbewegungen.

An dieser Stelle schreibt Terauchi in seinem Bordbuch:

»Plötzlich tauchte hinter uns die gigantische Silhouette eines Raumschiffes auf. Wir bekamen es mit der Angst zu tun und baten um Erlaubnis, unseren Kurs zu ändern. Es schien eine Ewigkeit zu dauern, bis die Antwort kam. Wir drehten nach links und glaubten, das Raumschiff sei verschwunden. Doch als wir aus dem Fenster sahen, war es immer noch da. Dann baten wir um die Erlaubnis, unsere Flughöhe zu ändern, und begannen sofort den Sinkflug. Wir sahen nach hinten. Das Schiff flog immer noch in Formation mit uns. Wir fürchteten uns und dachten über den Grund der seltsamen Begegnung nach.«

Inzwischen waren alle militärischen und zivilen Radarstationen der Gegend mit den nicht identifizierbaren Objekten beschäftigt. Die militärische Flugabwehr schlug den Japanern vor, einen Abfangjäger hinaufzuschicken, um zu intervenieren. Aus gutem Grund lehnte die *JAL*-Besatzung ab. Sie wußten, daß es hier in der Vergangenheit eine Tragödie gegeben hatte, als ein amerikanisches Flugzeug in einem ähnlichen Fall eingesetzt worden war.

Das Frachtflugzeug der *JAL* flog nun schon 40 Minuten in Formation mit einem unbekannten Flugobjekt, das nach Aussagen der Crew die Größe eines Flugzeugträgers hatte. Zu diesem Zeitpunkt bat die Bodenstation in Anchorage eine in der Nähe fliegende Maschine der Gesellschaft *United* um Assistenz.

Auszug aus dem Funksprechverkehr: »Sir, wir haben eine Boeing 747 der *Japan Airlines* 110 Meilen vor Ihnen. Ich werde Sie jetzt näher an das Flugzeug lotsen. Benachrichtigen Sie uns bitte, wenn Sie etwas in der Nähe der Maschine sehen.«

Die Antwort der *United*-Besatzung: »Okay, fein. Wir werden für Sie nachsehen.«

Terauchis Bordbucheintragung zu diesem Moment:

»Das Flugzeug der *United Airlines* kam in unsere Nähe. In diesem Moment verschwand das Raumschiff plötzlich. Und da war nichts mehr zu sehen. Bis auf das Mondlicht. Unser seltsames Erlebnis hatte 50 Minuten gedauert ... Selbst die neuesten Flugzeuge mit ihrer hochentwickelten Technik sind keine Garantie für Sicherheit gegenüber einer Kreatur mit unbekannter wissenschaftlicher Technologie ... Meine Kollegen sind verheiratet, haben Kinder und sind noch jung. Ich bin froh, daß nichts passiert ist.«

Um 6.25 Uhr landete Flug 1628 auf dem Flughafen von Anchorage. Der Chef der Luftaufsichtsbehörde rief einen Krisenstab zusammen. Die Fluglotsen erklärten: »Wir wußten nicht, mit welcher Situation wir es zu tun hatten. Es lag keine unmittelbare Gefahr vor, und es war auch kein Verstoß gegen das Gesetz gemacht worden. Es war einfach eine seltsame Sache.«

Kapitän Kenju Terauchi wird von seinen Kollegen als stabiler, kompetenter und professioneller Pilot geschätzt. Seine Mannschaft hatte die gleichen Beobachtungen gemacht wie er. Die Luftaufsichtsbehörde untersuchte die Crew auf Alkohol und Drogen. Dabei stellte sich heraus, daß alle Mitglieder in einem gesundheitlich optimalen Zustand waren. Nach stundenlangen Beratungen wurde der Krisenstab wieder aufgelöst. Der *JAL*-Jumbo konnte seinen Flug nach Tokio unbehelligt fortsetzen ...

Was sind eigentlich UFOs?

Drei Buchstaben verwirren die Welt: UFO – *Unidentified Flying Object,* unbekanntes fliegendes Objekt. Ihre Zahl geht in die Millionen. Die meisten werden dann doch als Wetterballons, Nachrichtensatelliten, hochfliegende Flugzeuge oder Wolkenspiegelungen identifiziert. Die Sternwarte Wien hatte Piloten der *Lufthansa* und der *Swissair* mit Fragebogen ausgestattet, in denen sie alle seltsamen Erscheinungen während ihrer Flüge eintragen sollten. 1976 wurden danach zwölf, ein Jahr später 20 Phänomene beobachtet, von denen später der größte Teil als »normale Vorkommnisse in der Stratosphäre« erklärt werden konnte. Rätselhaft dagegen blieb eine von LH-Kapitän Terjung über der Ostküste der USA gesichtete rötliche Lichterscheinung, die immer größer wurde, bis sie plötzlich verschwand. Oder ein ähnliches Phänomen am 24. Dezember 1977 über Panama, das grün und blau schimmerte und sich später zerteilte.

Vom *Smithsonian Institute* in Cambridge (USA) gibt es einen Sammelbericht von Piloten, die insgesamt 4200 Himmelserscheinungen beobachtet hatten, von denen etwa 50 unbekannter Herkunft waren. Der Lehrstuhlinhaber des *Instituts für Astrophysik* an der Universität von Chicago, Professor Allan Hynek, hatte darüber Untersuchungen nach Art und Herkunft der Objekte anstellen lassen. Das Ergebnis blieb negativ.

Eindeutig steht fest: Es gibt UFOs! Unbeantwortet bleiben freilich viele Fragen: Sind es außerirdische Raumfahrzeuge oder sogar Wesen aus der Zukunft, die durch ein Raum-Zeit-Loch die Erde besuchen? Sind es Projektionen des kollektiven Unbewußten der Menschheit, wie es Psychoanalytiker Carl Gustav Jung vermutete? Die Literatur zum Thema ist unüberschaubar geworden. Da gibt es Sektierer, die »mit Brudermenschheiten in Kontakt« sein wollen, und Menschen die behaupten, von UFO-Besatzungen entführt und manipuliert worden zu sein.

Trotz dieser brennenden Fragen gibt es auf der Erde keine *wissenschaftlich* orientierte UFO-Forschung, sondern ledig-

18   *Ein gelungenes Experiment: Nicola Cutolo aus Bari schafft es, durch Konzentration
den Standort einer Kompaßrose zu verändern.*

19 Ein ungewöhnliches Experiment: Schachgroß-meister Viktor Kortschnoi, Börsenmakler Dr. Wolfgang Eisenbeiss und Komponist Robert Rollans (von links) wagen die Partie mit einem Toten.

20 Der 1951 in Ungarn verstorbene Schachgroßmei-ster Geza Maroczy (hier mit seiner Frau) eröffnete die Partie mit seinem lebenden Kollegen Viktor Kortschnoi »etwas altmodisch«.

21 Seit Menschen leben, versuchen sie den Kontakt mit Verstorbenen. Die beiden Engländerinnen Dorothy Hall (rechts) und Elisabeth Vickers wollen eine Verbindung zu verstorbenen Angehörigen von Studio-Gästen hergestellt haben.

22 Kontaktnahme zu einer anderen Welt: Auf ihrem Kongreß in Büdingen versuchen Mitglieder der Forschungsgemeinschaft für Transkommunikation eine technische Brücke zu Verstorbenen aufzubauen.

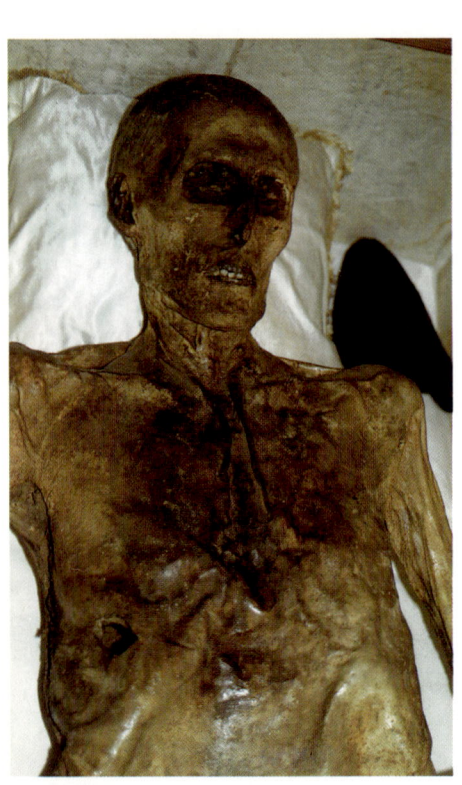

23 Der Ritter von Kahlbutz in der Dorfkirche von Kampehl ist seit 300 Jahren tot. Warum verwest er nicht?

24 Alte verlassene Häuser sind ein beliebter Platz für allerlei Spuk. In diesem Gebäude in der Nähe des Pfarrhofes von Wang quietscht des nachts bisweilen eine wie von Geisterhand gezogene Lore.

lich selbsternannte UFO-Experten. Vermehrt sehen sich jedoch weltweit Ärzte, Psychologen oder Psychiater Menschen mit körperlichen Verletzungen und den Folgen traumatischer Erlebnisse konfrontiert, die unbekannten Objekten begegnet waren. Einer der seriösen – in Deutschland tätigen – UFO-Forscher ist der Diplom-Physiker Illobrand von Ludwiger, der seit Jahren in der Luft- und Raumfahrtindustrie arbeitet und einer privaten Vereinigung von Wissenschaftlern *(MUFON-CES)* vorsteht, die sich zur Untersuchung unidentifizierbarer Flugobjekte zusammengefunden haben.

»Wir analysieren die Berichte von Augenzeugen«, sagt von Ludwiger. »Es gibt jetzt mehr als 100 000 UFO-Berichte, die in der EDV-Sammlung an der *Colorado-Universität* zusammengestellt wurden. Und um diese 100 000 Berichte geht es.« Die Frauen und Männer um Ludwiger sind Akademiker, die von der wissenschaftlichen oder wissenschaftstheoretischen Seite methodisch an die Sache herangehen.

»Wir müssen ja versuchen, unser Weltbild zu erweitern«, erklärt von Ludwiger, »wenn es diese Phänomene wirklich geben sollte.«

Kommen UFOs aus den Tiefen des Weltalls, um diesem kleinen blauen Planeten, der lebendigen Insel in der Schwärze eines sonst kalten Universums, einen Besuch abzustatten? Der amerikanische Astronom Professor Dr. James W. Deardorff von der *Oregon State University* geht davon aus, daß es »allein in unserer Milchstraße von außerirdischen Zivilisationen und Rassen geradezu wimmelt, von den Verhältnissen in Nachbar-Galaxien und dem Rest des Universums ganz zu schweigen.«

Die Anzahl der bewohnten Planeten in unserer Milchstraße beträgt nach einer mathematischen Gleichung des Astronomen Frank Drake etwa zehn Millionen, wobei er um eine Toleranzgrenze von zwei Millionen bittet. Die Außerirdischen selbst würden uns vermutlich um einige wenige tausend bis zu Hunderten von Millionen Jahren technologisch voraus sein. Natürlich geht man davon aus, daß es auch Planeten mit niedrigerer Entwicklungsstufe gibt als auf der Erde. Deardorff ist davon überzeugt, daß Zivilisationen existieren, die zur Kolonisation lebensfreundlicher Planeten in der Galaxis aufgebrochen sind.

Sie könnten in gigantischen Raumschiffen von der Größe eines Mars-Mondes durch das Universum reisen und von dort mit kleineren Objekten – UFOs? – zur Beobachtung einzelner Planeten aufbrechen.

Laut Deardorffs Schätzung könnte eine solche Rasse in der Größenordnung von einem Prozent der Lichtgeschwindigkeit unterwegs sein und nach einer Konsolidierungszeit von einigen tausend Jahren auf jedem neubesiedelten Planeten ihre Reise fortsetzen.

Selbst unter der Voraussetzung, daß die einzige Motivation einer Rasse es wäre, aus irgendwelchen Gründen ihrem Heimatplaneten zu entfliehen, könnten – nach Deardorff – 0,1 Prozent extraterrestrischer Zivilisationen angenommen werden, die bisher diesen Weg beschritten haben.

Somit kann die Chance, daß unsere *Ecke* der Galaxis der Aufmerksamkeit hochentwickelter außerirdischer Zivilisationen bisher entgangen ist, als sehr gering bezeichnet werden, immer vorausgesetzt, sie existieren überhaupt.

Gleichzeitig gesteht Deardorff natürlich ein, daß bislang keine *brauchbaren Beweise* für eine Präsenz außerirdischer Intelligenz auf diesem Planeten oder zumindest ihrer Botschaft über Radioteleskope entdeckt oder aufgespürt werden konnten.

Daraus folgern manche Wissenschaftler immer noch, der

Mensch sei als denkendes Wesen einzigartig in der Galaxis. Nur er sei dazu fähig, über seine eigene Existenz zu reflektieren und technologisch dazu in der Lage, das Sonnensystem und die Räume jenseits davon zu erforschen.

Die Erde – *Gaia*, unser Mutterplanet – ist etwa fünf Milliarden Jahre alt. Ist in solcher, nach kosmischen Begriffen relativ kurzer Zeit das Leben hier wirklich *von selbst* entstanden, indem die dazu nötigen Aminosäuren sich organisierten und zur richtigen Zeit den richtigen Weg zur Evolution einschlugen, so daß ein zur Wiederholung fähiges Aggregat von Enzymen entstehen konnte? Daraus – so Deardorff – leitet man ab, daß Leben auf der Erde und der Mensch selbst durch einen statistischen *Zufall* entstanden ist, der gar nicht stattgefunden haben dürfte und folglich nur *einzigartig* sein kann. Eine solche Möglichkeit muß ausgeschlossen werden. Oder kann man sich vorstellen, daß man aus einer Ausgabe des *Faust* von Goethe sämtliche Buchstaben ausschneidet, sie in eine Schachtel gibt und darauf wartet, daß sie sich vielleicht eines Tages zu einer der größten Dichtungen der Menschheit formieren? Niemand wird im Ernst daran festhalten.

Schon eher greift die Theorie des britischen Astronomen Sir Fred Hoyle, der glaubt, daß sich das Leben aus den Tiefen des Universums ausbreitet wie Samenkörner, die der Wind verweht.

Träger dieser Lebenskeime können Meteoriten sein, schmutzige kosmische Schneebälle wie *Halley,* in denen niedrige Lebensformen wie Bakterien eingefroren sind und sich beim Aufprall auf einem Planeten mit lebensfreundlicher Ökosphäre dann entfalten.

Deardorff: »Das erste Leben auf diesem Planeten ist bereits wenige hundert Millionen Jahre nach der Festigung der Erdoberfläche entstanden. Da es damit nicht einige tausend

Millionen Jahre abwartet, gibt es keine Anzeichen dafür, daß der Lebensbeginn in bezug auf die Lebenszeit eines planetaren Systems ein seltenes Ereignis sei.«

Daneben schließen Deardorff und viele seiner astronomischen Kollegen die Möglichkeit nicht aus, daß die niedrigen Lebensformen durch hochentwickelte technische Intelligenz *verbessert* worden sein könnten.

Damit wären wir schon bei der von der *Ancient Astronaut Society* favorisierten Theorie, daß außerirdische Weltraumreisende vor etwa zehntausend Jahren die Erde besuchten und aus den damals vorgefundenen Ur-Menschen den jetzigen *Homo sapiens* klonten, eine frühe Gen-Manipulation zum Wohle der künftigen Menschheit. Warum also könnten die UFO-Besatzungen nicht die Nachfahren jener fernen Kosmonauten-Götter sein, die sich, neugierig und von wissenschaftlichem Forschungsdrang beseelt, nach ihrem einstigen Werk erkundigen?

Daß auch die NASA sich für außerirdische Zivilisationen interessiert, beweist das zum 500. Jahrestag der Entdeckung Amerikas durch Columbus gestartete *Seti-Projekt* (Search for Extraterrestrial Intelligence). Mit der 305 Meter messenden Riesenschüssel des Arecibo-Teleskops im Dschungel von Puerto Rico soll systematisch der Himmel nach Funksignalen einer intelligenten, technisch besser begabten Kultur abgehorcht werden. Die Grundannahme der *Seti*-Forscher lautet: Erreicht eine außerirdische Zivilisation einen bestimmten Stand der Technik, wird sie beinahe zwingend für ihre eigene Kommunikation Radiowellen nutzen und sich durch diese elektromagnetischen Signale verraten.

Entwickelt hat das ausgefeilte Programm der blinde Astronom Kent Cullers. »Wir wissen zwar nicht, wie ein intelligentes Signal aussieht«, erläutert er, »aber wir können nach

148

Signalen suchen, die eindeutig nicht von den bekannten natürlichen Radioquellen im All kommen.«

Sein Kollege, der Astrophysiker Frank Drake, ist überzeugt, »daß jede Minute Funkwellen auf die Erde treffen, die von anderen intelligenten Zivilisationen ausgestrahlt werden«.

Wohlversehen mit einem Etat von 100 Millionen Dollar dürfen die NASA-Wissenschaftler in der *Seti*-Zentrale bis zur Jahrtausendwende das Firmament nach Lebenszeichen absuchen. »Wir horchen auf Stimmen in den unendlichen Ozeanen des Kosmos«, schwärmt Frank Drake.

Möglicherweise muß er gar nicht mehr so lange suchen. Vielleicht sind *die Anderen* ja schon hier?

18   Die Anderen

Unheimliche Begegnungen der dritten und vierten Art

Dies sind die Erlebnisse von zwei Männern und einer Frau, die bisher noch nie veröffentlicht wurden, weil sie so unwahrscheinlich klingen, als seien sie einem Science-fiction-Roman entnommen oder von einem Drehbuch-Autor erfunden worden. Vor dem Hintergrund zahlreicher ähnlicher Schilderungen aus aller Welt gewinnen sie jedoch eine bedrückende Authentizität. (Auf Wunsch der betroffenen Personen haben wir ihre Namen verändert. Protokolle ihrer Aussagen stehen für wissenschaftliche Auswertungen zur Verfügung.)

Es war in einer Nacht im Herbst 1991, als die Frührentnerin Martha Schmitz in ihrer im ersten Stock gelegenen Mietwohnung in Berlin-Zehlendorf träumte, »in ein kreisrundes Raumschiff gezogen zu werden, in dem sich einige humanoide Lebewesen befanden, die mit ihr und auch untereinander kommunizierten«. Die Frau empfand nichts Ungewöhnliches an dieser Situation und hatte auch überhaupt keine Angst. Sie erzählte diesen ungewöhnlichen Traum am nächsten Tag ihrem Sohn. Beim zufälligen Blick aus dem Fenster sahen beide dann auf dem Rasen des Hinterhofes einen Kreis, etwa vier Meter im Durchmesser. Sonderbar ist, daß dieser Abdruck auch nach mehrmaligem Mähen des Grases erhalten blieb und noch Mitte Dezember 1992 deutlich zu sehen war. Landespuren eines UFOs?

150

Klaus-Dieter Kaufmann erinnert sich an ein Erlebnis, das er als Vierzehnjähriger Anfang der sechziger Jahre in seiner Heimatstadt Frankfurt hatte. Es war im Frühherbst, und Klaus-Dieter kam gerade aus dem Kino, als er auf einem Fußgängerweg im Gallus-Viertel – zwischen dem Sportplatz und dem Gelände der Ackermannschule – einen auffallend hellen Himmelskörper bemerkte, der »metallartig irisierend schillerte«. Durch den umgekehrten Sucher einer Kamera – der Junge nutzte den leichten Vergrößerungseffekt – konnte er ein »saturnartiges, kugeliges Gebilde« erkennen, das aus »mehreren Einzelringen« bestand. Während er das Objekt beobachtete, entwickelten sich plötzlich rechts von ihm auf dem dunklen Sportplatz weiße Nebelschwaden, aus denen stark gebündelte Lichtkegel traten. Gleichzeitig näherten sich mehrere Gestalten dem Jungen.

Kaufmann: »Ihr Aussehen war identisch: relativ klein, enganliegende, taucherähnliche Anzüge mit silbrigen Kästen auf Brust und Rücken. Ihre relativ langen Füße ähnelten Schwimmflossen, vorne geteilt und im Spann merkwürdig nach oben gewölbt.«

Klaus-Dieter Kaufmann dachte damals an eine »amphibische Übung von Froschmännern«, schließlich fließt dort der Main in etwa einem Kilometer Entfernung vorbei. »Vielleicht eine Spezialtruppe – klein von Wuchs, aber muskulös, besonders an Oberarmen und Schenkeln. Die Hälse waren auffallend lang, die Köpfe eher klein, ohne deutlich ausgeprägtes Kinn, aber mit oben ausladendem Hinterkopf.«

Der Junge spürt, daß irgend etwas nicht stimmt. Ein panikartiges Gefühl kommt in ihm auf. Gibt es vielleicht einen Zusammenhang zwischen dem Objekt da am Himmel und den merkwürdigen Gestalten? Im nächsten Augenblick fühlt er sich umklammert, während er von einem gleißend hellen Scheinwerfer geblendet wird. Die schützend vor die Augen gehobene Hand ist wirkungslos; die Lichtquelle strahlt mit unverminderter Intensität.

»Das Licht schien meinen Bewußtseinszustand zu verändern«, erinnert sich Kaufmann. »Eines der Wesen forderte mich – telepathisch – auf, zu ihm zu kommen. Dieser Befehl schien zugleich mein eigener Wille zu sein. Ich fühlte mich in einer Art tiefer Liebe zu ihm ergriffen. Handeln, Denken und Empfinden waren auf ihn fokussiert.«

Klaus-Dieter Kaufmann ist noch heute die damalige Situation total bewußt. »Aber der Zaun ist im Weg«, denkt er. Dann wird er aufgefordert, einfach zurückzutreten. Im nächsten Moment fühlt sich der Junge angehoben. »Ich schwebte, ich flog«, erzählt er. »Kraft meiner Gedanken flog ich, sah die Umgebung unter mir weggleiten. Eine hell leuchtende Kugel näherte sich, wurde größer. War es der Mond? Seine Oberfläche wirkte überraschend regelmäßig, wie von einem Netz überzogen.«

Wie real war das Erlebnis damals? Hatte Klaus-Dieter so etwas wie einen Wachtraum, einen jener seltsam luziden Vorgänge im Gehirn? Oder spielte sich sein Erlebnis auf irgendeiner unbekannten Bewußtseinsebene tatsächlich so ab?

Klaus-Dieter findet sich jedenfalls an »einem Platz an der Peripherie eines hellerleuchteten kuppelförmigen Raumes wieder«. Das Licht hat eine blaßgelbe Färbung. An der Wand gegenüber sieht er mehrere graugrüne Gestalten, die sich an je zwei senkrecht angebrachten Haltegriffen anklammern, mit dem Gesicht zur Wand, die Füße aufgesetzt, die Arme mehr oder weniger gestreckt. Wie pumpend bewegen sie sich in dieser Stellung auf und ab. Hinter ihnen gähnt ein Abgrund; im Boden des Raumes scheint sich ein kreisrunder Durchlaß ins Freie zu befinden. »Können sie nicht abstürzen?« denkt der Junge. Und die telepathisch empfangene Antwort lautet: »Nein, es kann nichts passieren.«

Halb liegend, halb sitzend nimmt Klaus-Dieter andere Gestalten um sich herum wahr, deren Anblick ihn erschreckt.

»Jemand nestelte an meinem Hosengürtel herum«, erinnert er sich, »und zog die Hose ein Stück herunter. Dicht vor mir war eine Gestalt, deren übergroße Augen mich fixierten. Er hatte weiße Augäpfel mit kleinen dunklen Pupillen und faßte mir mit langen, dünnen und hornigen Fingern in den Mund. Kräftig zog er an meinen Zähnen.«

Klaus-Dieter Kaufmann hat sein traumatisches Erlebnis, lange bevor Steven Spielberg seinen Film von den *unheimlichen Begegnungen der dritten Art* dreht oder sein Weltraummonster *E.T.* über die Leinwand spazieren läßt. Zu dieser Zeit sind auch die Forschungsergebnisse der amerikanischen Psychiaterin Dr. Rima Laibow noch nicht veröffentlicht, die von 1988 bis 1991 etwa 120 Patienten behandelt hat, die von UFOs entführt worden sein wollen. Unter hypnotischer Regression (d. h. Rückführung) berichteten sie fast gleichlautend von Szenarien, bei denen fast immer auch medizinische Manipulationen vorgenommen wurden. Das von Klaus-Dieter Kaufmann geschilderte Erlebnis hat daher fast schon Modellcharakter.

Er erinnert sich auch, Zeuge einer Erörterung der Wesen untereinander geworden zu sein, wobei er deutlich »sowohl weibliche wie auch männliche Stimmen« unterschieden haben will. Da dabei auch vom *Töten* die Rede gewesen sein soll, habe er »Angst empfunden und still in sich hineingeweint«.

»Immer noch liegend, nahm ich rechts neben mir den leicht geneigten Kopf eines der Wesen wahr«, berichtet Kaufmann. »Er war kahl und von runzeliger Haut. Weder Ohren noch Nase oder Mund waren erkennbar. Aber er hatte sehr große mandel-, fast rautenförmige Augen, die braunschwarz glänzten. Von ihm schien keine Gefahr auszugehen. Eher wirkte er neugierig, wohlwollend besorgt. Die Spannung fiel von mir ab. Ich vernahm auch, daß ich zu meinen Eltern zurückkehren konnte.«

Der Flug zurück vollzieht sich auf die gleiche Weise. Kühle Luft umfächelt ihn, dann sieht er unter sich das Haus, in dem er wohnt. Er möchte eigentlich auf dem Fenstersims landen, gleichsam als Beweis für seine ungewöhnliche Reise. Doch er vernimmt, daß dies nicht geht. So findet er sich am Zaun zum Sportplatz wieder. Rechts hinter ihm hört er schwere Atemzüge, »wie durch einen Schnorchel«. Seine freie Hand berührt eine Taille, »etwas wie einen sehr breiten Gürtel aus kühler Schlangenhaut«. Eine unwiderstehliche Kraft windet seine Hand von diesem Körper weg. Dann liegt er wie betäubt am Boden, ein dumpfes Gefühl im Kopf. Ist er ohnmächtig geworden?

In der rechten Hand hält Klaus-Dieter noch immer seine Kamera. Er ist zu matt, um die sich langsam entfernenden Gestalten zu fotografieren, die sich »plötzlich auflösen«.

Zu Hause trifft er seine Geschwister schlafend in ihren Betten an. Seine Armbanduhr zeigt erst 20.30 Uhr, nach der Küchenuhr ist es aber schon Mitternacht. Er schaut aus dem Fenster und sieht wieder dieses seltsame Objekt mit den Ringen, aus dessen Innerem sich ein weißer Lichtstrahl entwickelt. Nachdem er einige Sekunden später verschwunden ist, nimmt die Lichtintensität des Objektes ab, verblaßt regelrecht, »bis es dunkelorange aufleuchtet und wie eine Lampe erlischt«.

Am nächsten Morgen bemerkt Klaus-Dieter an der Lendenwirbelsäule eine leicht schmerzende Schwellung mit einer einstichartigen kleinen Wunde. Drei Tage leidet er unter Kopfschmerzen und Konzentrationsschwäche. Als er von der Schule kommt, entdeckt er jenseits des Zaunes einen Polizisten, der intensiv den Boden absucht.

Einige Tage später erscheint angeblich in der *Frankfurter Neuen Presse* eine Meldung über einen Zeugen, der abends am Rande der *Quäkerwiesen* einen Mann beobachtet habe, der mit emporgestreckten Armen in den Himmel geflogen sei. Kaufmann hat diesen Artikel auch nach mehrmaligem Nachfragen aus dem Archiv der Zeitung nicht erhalten können.

Vor einigen Jahren wurde im Stadtkrankenhaus von Offenbach bei Kaufmann ein Eingriff an der Lendenwirbelsäule (Myellographie) vorgenommen. Der untersuchende Arzt stellte dabei eine »bereits durchgeführte frühere Operation« fest und fragte nach dem Datum. Der Patient konnte nichts dergleichen bestätigen, erkannte aber auf dem Röntgenbild an der betreffenden Stelle deutlich einen früheren Operationskanal.

Klaus-Dieter Kaufmann bemüht sich jetzt um eine hypnotische Rückführung, um eventuelle Einzelheiten seiner abenteuerlichen Begegnung zu erfahren. Dr. Rima Laibow berichtet von etwa 40 000 ähnlichen Fällen in den vergangenen 25 Jahren, die bisher publiziert wurden. Solche Kontaktberichte finden sich übrigens auch in den Überlieferungen und der Literatur früherer Jahrhunderte.

»Die Bereitschaft von Ärzten, über solche Fälle zu berichten, ist auch heute noch sehr niedrig«, sagt Dr. Laibow. »Alle sind vorsichtig, weil diese Aussagen der normalen Lebensanschauung widersprechen. Wir stehen vor einem mysteriösen Rätsel, das aber auch physisch nachweisbare Spuren umfaßt: Verletzungen oder Wunden, die eine bemerkenswerte Ähnlichkeit von Patient zu Patient haben.«

Schon 1981 veröffentlichte der amerikanische Journalist Budd Hopkins 19 gut dokumentierte Fälle von Entführungen durch UFO-Besatzungen. Die Betroffenen berichteten – ohne Kenntnis voneinander – übereinstimmend, was sie erlebt hatten. Auch für Dr. Rima Laibow gibt es die *typische Entführungsgeschichte:* »Die betreffende Person fährt Auto oder liegt im Bett. Plötzlich ist sie voller Angst oder unfähig, sich zu rühren und wird zum Beispiel aus dem Bett durch das Fenster hinweggetragen, hin zu einem UFO. Interessanterweise immer durch ein Fenster, nicht durch die Wand hindurch. Oft wird der Entführte von einem kleinen, unbekannten Wesen begleitet. An einem Punkt, wo vom Eintritt in das UFO berichtet wird, fangen die Berichterstatter üblicherweise an, mit der Fortsetzung zu zögern. Das ist sehr interessant und typisch.«

Dr. Laibow schließt nicht aus, daß diese Menschen von den UFO-Besatzungen zum Schweigen verpflichtet werden – eine Art *partieller Amnesie* – da sich die Aussagen unter Hypnose nicht verändern.

Vor diesem Hintergrund scheint der Postbeamte Achim Strube aus Krefeld noch Glück gehabt zu haben. Als er von einem fröhlichen Kollegentreffen nach Hause unterwegs war, fand er sich plötzlich mit seinem Auto auf einem Feldweg wieder. Noch heute kann er sich nicht erklären, warum er damals einfach von der Schnellstraße abgebogen war. Der Motor des Wagens lief, als Strube in etwa 50 Metern Entfernung eine silbrig glänzende Scheibe bemerkte, an deren Unterseite drei Lichter rotierten. Vor dem Objekt bemerkte der Mann eine menschenähnliche Gestalt in einem silberfarbenen Anzug. »Du brauchst keine Angst zu haben«, hörte er, doch Strube ist sich heute noch nicht sicher, ob er diese Information nicht vielleicht *telepathisch* empfangen hat, da er keine Mundbewegungen im Gesicht dieses Wesens feststellen konnte. Ängstlich verriegelte er den Wagen. »Ich komme nicht näher«, reagierte die Gestalt. Und dann vernahm er zwei Worte, die er noch nie in seinem Leben gehört hatte und die ihm seitdem nicht aus dem Gedächtnis gewichen sind: *Zeta Reticuli.* In diesem Moment war der Spuk vorbei, hatten sich Objekt und Wesen »wie in Luft aufgelöst«.

Strube bekam einen Weinkrampf, und als er zu Hause eintraf, konnte seine Frau ihm noch den Schrecken vom Gesicht ablesen. Es dauerte elf Jahre, bis er seine Geschichte öffentlich erzählen konnte ...

Wer sind sie und was wollen sie?

Zum ersten Mal tauchte dieses mysteriöse Naturphänomen im Sommer 1981 in den Feldern von *Cheesefoot Head* im englischen Hampshire auf: Über Nacht entstanden bizarre Muster von erstaunlicher Symmetrie und Schönheit in Getreidefeldern. Seltsamerweise waren die einzelnen Pflanzen nie beschädigt. Aus anfänglicher Neugier hat sich hier schon bald eine ernsthafte Forschung entwickelt. Mit jeder Beobachtung aus der Luft, mit jeder Messung und Untersuchung tauchten neue, seltsame Einzelheiten auf. Besonders die Piktogramme, die in den Sommermonaten 1991 und 1992 in der Nähe prähistorischer Kultstätten registriert wurden, wiesen auf eine bisher nicht entschlüsselte Bildersprache hin. Mirakulös zeigte sich das *Grasdorf-Piktogramm,* das im Juli 1991 in einem Weizenfeld in der Nähe von Hildesheim entdeckt wurde und das sich aus sieben Symbolen und 13 Kreisen zusammensetzte, deren größter mit einem Kreuz gezeichnet war.

Natürlich wurden diese Zeichen mehrmals von geschickten

Menschen imitiert, und eine Zeitschrift veranstaltete gar einen Wettbewerb um die schönsten Kornkreise. Auffallend ist jedoch, daß es die *nachgeahmten* Gebilde kaum mit der Ästhetik und Symbolkraft der *echten* Zeichen aufnehmen können, zumal beim Rekonstruieren Halme geknickt und damit die Pflanzen beschädigt wurden.

Wie aber kommen nun die Botschaften ins Korn? Sind es erdenergetische Kraftfelder, die Reaktion des geschundenen Planeten, morphische Resonanzen unseres kollektiven Unbewußten oder ökologische Warnungen einer höheren Intelligenz? Sind das *die Anderen,* die uns vor einer globalen Katastrophe warnen wollen? Für den Kornkreis-Experten Tony Dodd ist es keine Frage, daß die Piktogramme von UFOs erzeugt werden. »Es gab vorher immer eine Zunahme von UFO-Erscheinungen, bevor wir dann morgens die Kornkreise sahen«, sagt er und bestätigt damit Aussagen von Bewohnern der umliegenden Dörfer, die »seltsame Formen aus Licht« gesehen haben wollen.

Steve Alexander, ein junger Engländer, wollte an einem Juli-Nachmittag 1990 das Piktogramm von *Alton Barns* mit seiner Videokamera filmen, als er und seine Frau eine kleine, helle Scheibe bemerkten, die in geringer Höhe über die Felder glitt. »Das Objekt kam in unsere Richtung, drehte und tauchte in das Kornfeld ein«, berichtet er. »Es flog sehr tief und glitzerte. Schließlich blieb es ungefähr drei Minuten über einem Feld stehen.«

Auf dem Video ist zu sehen, wie das Objekt einen Traktor umkreist und dann am Horizont verschwindet. Vor der Kamera bestätigt der Traktorfahrer: »Es war so groß wie ein Wasserball und glitzerte, als sei es aus Stanniol.«

Colin Andrews, ein erfahrener Elektroingenieur und Gründungsmitglied der *Circles Phenomenon Research Group* schickte die Aufnahmen zur Untersuchung in ein japanisches Speziallabor: »Nach den dort angefertigten Analysen hatte das Objekt einen Durchmesser von 20 Zentimetern und reflektierte stark das Sonnenlicht. Es bewegte sich über den Pflanzen, berührte Weizenhalme, drückte sie zur Seite und schien großes Interesse an den Kornkreisen zu zeigen, die man im Nachbarfeld entdeckt hatte.«

Solche Objekte sind aus der UFO-Forschung als kleine, unbemannte Sonden bekannt: Telemeterscheiben. In einem Archivfilm von 1973 umkreist eines dieser Dinger eine *Concorde*. Auch die Astronauten der *Apollo-12-Mission* haben beim Überfliegen der Mondoberfläche ein ähnlich geartetes Objekt aufgenommen.

Im Studio der *Phantastischen Phänomene* erzählt die frühere Test-Pilotin und ehemalige *Heldin der Sowjetunion,* Dr. Marina Popovich, von 4000 Schilderungen geheimnisvoller Himmelsobjekte, die sie nach ihrem Aufruf von ehemaligen Fliegerkameraden erhalten hat. Aus Militärkreisen bekam sie auch die Information, daß der Geheimdienst *KGB* im Besitz von fünf Materialproben unbekannter Flugobjekte ist, die über dem Gebiet der früheren Sowjetunion abgestürzt waren und deren Untersuchung ergab, daß sie mit keiner bekannten irdischen Technologie gefertigt wurden.

Marina Popovich bestätigt eine Meldung der Nachrichtenagentur TASS, daß im Stadtpark von Woronesch im Oktober 1989 ein UFO gelandet sei und »großgewachsene Außerirdische« sich Kindern und Erwachsenen gezeigt hätten.

In der gleichen Sendung stellen wir den Amerikaner Robert O. Dean vor, der jahrelang mit Sonderaufträgen für den *CIA* beauftragt war und von UFO-Nachforschungen der NATO berichtet. Die *SHAPE*-Studie - sie existiert nur in 15 Exemplaren - berichtet angeblich von vier UFO-

Abstürzen in Europa, unter anderem 1952 im Gebiet von Spitzbergen.

Insgesamt seien nach Ende des Zweiten Weltkrieges etwa 30 außerirdische Raumschiffe auf der Erde havariert, wobei 1947 in Roswell (New Mexico) auch vier tote Außerirdische geborgen worden sein sollen.

Dean will auch von einer Zahlung der NASA an den Filmregisseur Steven Spielberg wissen, damit er seinen Film von den *unheimlichen Begegnungen* nach *echten Fällen* dreht, um so ein positives Klima für die Existenz *der Anderen* zu schaffen und deren mögliche offizielle Kontaktaufnahme vorzubereiten. Im Moment – so Dean – seien die Besucher zu einem solchen Schritt noch nicht bereit.

In den *Phantastischen Phänomenen* zeigen wir den deutschen Fernsehzuschauern zum ersten Mal Ausschnitte aus der ausführlichen US-Dokumentation *UFO Cover Up,* in der Michael Seligman in einer Live-Sendung sowohl amerikanische wie auch russische Experten, Augenzeugen und von UFOs entführte Menschen vorstellte. Zu den Höhepunkten gehörten die Aussagen zweier Geheimdienst-Agenten, die unter den Namen *Falcon* und *Condor* mit unkenntlich gemachten Gesichtern und verzerrten Stimmen schier Unglaubliches aussagten.

So berichteten die – der Redaktion mit ihrer wahren Identität bekannten – Männer von einer Gruppe *Majestic 12,* in der weltweit Aussagen über UFOs geprüft werden und die auch selbst regelmäßigen Kontakt zu Außerirdischen hat. Es sind sicher die unglaublichsten Beiträge zu diesem Thema.

Falcon behauptet, er habe seine Informationen über die extraterrestrischen Besucher aus Beschreibungen von Augenzeugen, sowie aus Filmen und Fotografien. Eines dieser Dokumente zeige das Gespräch eines Luftwaffenoberst mit einem Außerirdischen, der sich nach dem tödlichen Ab-

160

sturz seiner Kollegen in Roswell freiwillig stellte, um sich interviewen und untersuchen zu lassen.

Falcon: »Es hat ein Jahr gedauert, ehe die Leute vom militärischen Nachrichtendienst in der Lage waren, sich mit ihm zu verständigen. Doch dann hat er ihnen erzählt, wie seine Leute die Erde erforschen. Sein Wissen war nicht ganz vollständig, weil er eigentlich Mechaniker war ... Sie kommen vom dritten Planeten der Sternengruppe Zeta Reticuli, ein binäres System mit zwei Sonnen.«

Die Sterne Zeta 1 und 2 Reticuli sind 37 Lichtjahre von der Erde entfernt und interessieren Exobiologen seit langem als mögliche Träger von Planetensystemen. In dem ausführlich untersuchten Fall des Ehepaares Barney und Betty Hill, die angaben, 1961 von UFO-Insassen entführt worden zu sein, wird zum ersten Mal auf eine Sternenkarte hingewiesen, die Betty Hill in Hypnose zeichnete und auf der sich die Sterne Zeta 1 und 2 Reticuli als *kosmische Heimat* der Außerirdischen befinden. Hatte der Postbeamte Achim Strube von diesem Ereignis gewußt, bevor er die Worte »Zeta Reticuli« während seiner merkwürdigen Begegnung hörte?

Agent Falcon berichtet auch von Bildern und Videobändern, die er von Außerirdischen gesehen haben will und nach denen er diese als »Wesen von 90 bis 110 Zentimetern Größe« beschreibt, mit »extrem großen, insektenartigen Augen. Sie haben paarweise Lider, weil sie von einem Planeten mit einem Doppelsternsystem mit extremen Lichtverhältnissen stammen.«

»Wo wir Mund und Nase haben«, so Falcon weiter, »sind bei ihnen nur zwei Öffnungen. Sie haben keine Zähne, sondern eine harte, gummiähnliche Schicht im Mund. Ihr Inneres ist einfach: Sie haben ein Organ, das das enthält, was wir als Herz und Lungen bezeichnen würden ... ihr Gehirn ist komplexer als unseres ... ihr Gehör ist besser ... sie haben Hände ohne Daumen, ihre Füße sind klein und netzartig … sie verwandeln ihre gesamte Nahrung in Flüssigkeit … sie essen offensichtlich nur Gemüse und Obst.«

In seiner Aussage behauptet Falcon, die Außerirdischen hätten eine Lebenserwartung von etwa 400 Jahren und einen Intelligenzquotienten von über 200. (Der durchschnittliche Intelligenzquotient eines Menschen beträgt 90 bis 110.) »Sie haben auch eine Religion«, fügt Falcon hinzu, »aber es ist eine Art Universalreligion. Sie glauben an das Universum als das *höchste Wesen*. Sie mögen Musik, vor allem alttibetanische Musik.«

Wie kommt es, daß in den zahlreichen Berichten über die Sichtung von unbekannten Flugobjekten und der Begegnung mit ihren Insassen so viele, total unterschiedliche Beschreibungen abgegeben werden?

Falcon: »Wir wissen, daß es mindestens eine weitere außerirdische Rasse gibt, die unseren Planeten besucht. Einer der Leute von *MJ 12* hat mir gesagt, daß sie glauben, daß in den vergangenen 25 Jahren neun verschiedene Spezies die Erde besucht haben.« Der englische Autor Timothy Good will erfahren haben, daß die amerikanische *National Security Agency* eine Fernmeldeaufklärung zur Überwachung von neun verschiedenen Gruppen Außerirdischer betreibt.

Falcon bestätigt, daß die *NASA* ein Kommunikationssystem mit den Außerirdischen entwickelt hat. »Sie senden ein Signal an einen bestimmten Ort auf der Erde, das im Computer übersetzt wird«, sagt er. »Es sind die Landekoordinaten, und so kennen wir die Stellen der *bekannten* Landungen.«

Spektakuläre Informationen gibt auch Agenten-Kollege *Condor*: »Soweit wir wissen, hat die amerikanische Regierung mit den Außerirdischen ein Abkommen geschlossen,

162

daß wir nichts über ihre Existenz verlauten lassen, wenn sie sich nicht in unsere Gesellschaft einmischen, und daß wir ihnen erlauben, von einem bestimmten Gebiet in den Vereinigten Staaten aus zu operieren. Es liegt im Staat Nevada, in einem Gebiet, das *Area 51* oder *Dreamland* heißt.«

Tatsächlich gibt es in der Wüste von Nevada einen geheimen Luftwaffenstützpunkt, in dem Testflüge mit äußerst ungewöhnlichen Flugzeugen durchgeführt werden. So berichtet das *Wall Street Journal* Mitte Dezember 1992 von einem Spionage- und Aufklärungsflugzeug, über das die USA seit drei Jahren verfügen und das – nahezu unsichtbar – auf achtfache Schallgeschwindigkeit beschleunigt. Das dreieckige Flugzeug trägt den Tarnnamen *Aurora* und kann jeden Ort der Erde in maximal drei Stunden erreichen.

Bedienen sich amerikanische Konstrukteure außerirdischer Technologien, indem sie auf konventionelle Energiesysteme verzichten und statt dessen bisher unbekannte Gravitationskräfte einsetzen? Nach unbestätigten Berichten soll die Basis mindestens drei erbeutete UFOs besessen haben, die rekonstruiert worden seien.

Was bleibt, sind große Rätsel. Warum gerät fast jeder Mensch in ein gesellschaftliches Abseits, wenn er von UFO-Sichtungen oder sonderbaren Begegnungen spricht? Offenbar gehört dies zur Strategie der Außerirdischen, zu einer Art *konstruierter Desinformationspolitik*. Doch warum so zurückhaltend, Ihr Brüder und Schwestern aus dem Kosmos?

Ein Gedankenaustausch mit Euch hätte für unsere Erde unübersehbare Folgen. Wir könnten vielleicht endlich unsere ökologischen und ökonomischen Probleme lösen und von Eurer Weisheit profitieren, Kriege zu vermeiden.

Sind wir wirklich die Insassen eines *galaktischen Zoos*, die Ihr beobachtet wie Meerschweinchen oder Ratten in Versuchslabors? Oder gibt es – wie der Astronom Carl Sagan vermutet – einen *Codex Galaxia,* um jüngere planetarische Gesellschaften anzuleiten und zu beschützen? Haben hochentwickelte Zivilisationen mit einer langen Geschichte gelernt, wie man sich anderen Kulturen gegenüber wohlwollend verhält und heranwachsende Gesellschaften behandelt?

Der Astronom Harrison meint, daß ein *biogalaktisches Gesetz* existieren müsse, wonach intelligente, aber destruktiv-aggressive Lebensformen dazu tendieren, sich im Sonnensystem ihrer Geburt selbst auszulöschen und nicht zur Kolonisation des Weltalls aufbrechen können. Er schließt daraus, daß diese Entwicklung einen Direktkontakt mit einem solchen Planeten – unserer Menschheit? – verbiete, da sie noch planetengebunden sei und weder ermutigt noch unterstützt werden dürfe, ihren Standort vorzeitig zu verlassen.

Anders gesagt: Eine aggressive Zivilisation – und bei kritischer Selbstbetrachtung müssen wir uns zum momentanen Zeitpunkt noch als eine solche bezeichnen – soll von der Aufnahme in einen *galaktischen Club* so lange ausgeschlossen bleiben, bis ihre ethisch-moralische Lebensführung sie dazu befähige.

Abbildungen von UFOs findet man auf alten Höhlenmalereien ebenso wie in Aufzeichnungen des ägyptischen Pharao Tuthmosis III. im 15. Jahrhundert vor Christus, der einen aus dem Himmel kommenden Feuerkreis beobachtet hat und damit vermutlich als erster zivilisierter Mensch ein UFO sah.

In seinem lesenswerten Buch *Die Anderen* (erschienen im Herbig-Verlag, München) beschreibt Dr. Johannes Fiebag UFO-Sichtungen und »Begegnungen mit jener fremden Intelligenz, die uns seit Anbeginn unserer Geschichte begleitet. Man hat ihr viele Namen gegeben: Früher waren es Götter und Engel, Teufel und Dämonen, Feen und Elfen. Heute sind es die *Außerirdischen,* die *Fremden,* die *Besucher,* die *Wächter.* Ich nenne sie einfach *die Anderen.*«

Fiebag versucht nachzuweisen, daß *die Anderen* sich dem jeweils herrschenden Bewußtseinszustand eines Kulturkreises anpassen, eine Art *Mimikry-Verhalten.*

Fiebag: »Das Grundmuster ist seit Jahrtausenden das gleiche. Wir können die Wirklichkeit dieses Musters leugnen und glauben, von UFOs Entführte seien einfach nur betrunken gewesen, hatten Visionen oder halluzinierten. Sie erfänden Lügenmärchen und führten uns seit ewigen Zeiten gleichlautend hinters Licht. Doch all das wird *die Anderen* nicht daran hindern, weiterhin zu erscheinen, Menschen zu entführen und ihre unergründlichen Wege zu gehen. Wir sind die ersten, die überhaupt etwas von ihren Motiven zu ahnen beginnen. Aber vom Erkennen der Wahrheit, ihrer Wahrheit, sind wir noch immer Lichtjahre entfernt.«

19 Wunder oder Wunderbares?

Von Marienerscheinungen und den Wunden des Heilands

Im September 1989 macht sich der Italiener Giorgio Bongiovanni aus Porto Sant'Elpidio auf, um im portugiesischen Fatima zu Füßen der Madonna zu beten. Der fröhliche Mittdreißiger hat im Gegensatz zu den vielen anderen Pilgern, die zu dieser weltbekannten Wallfahrtsstätte reisen, keine großen Sorgen. Als praktizierender Christ möchte er ganz einfach der Mutter Gottes an jenem Ort seine Dankbarkeit erweisen, an dem sie 1917 den Schafe hütenden Kindern Jacinta, Lucia und Francisco erschienen ist. Doch dann passiert es: Bongiovanni beginnt noch während seiner Pilgerfahrt zu bluten. An den Händen, an den Füßen und an der Seite treten die *Wundmale Christi* auf, jenes Phänomen, das die katholische Kirche als Stigmatisation (lat. stigma = Wundmal) in ihrer Geschichte bisher an etwa 500 ihrer Gläubigen festgestellt hat.

Giorgio Bongiovanni »wußte in diesem Augenblick, daß meine Stigmen ein Zeichen dafür sind, daß das ›Dritte Geheimnis von Fatima‹ im Begriff ist, Wirklichkeit zu werden«.

Während ihres mehrmaligen Erscheinens hatte die mysteriöse Frauengestalt damals den Kindern Weisungen aufgetragen, die heute als »Marianische Botschaft von Fatima« bekannt sind. Da geht es um Aufforderungen zu Buße und Gebet, aber auch um Informationen, die in geradezu prophetischer Weise die Schrecken des Zweiten Weltkrieges voraussahen. Nachdem die zwei ersten »Geheimnisse« veröffentlicht wurden, gibt es noch immer ein großes Rätselraten um das »Dritte Geheimnis von Fatima«, das seinerzeit versiegelt Papst Pius XII. übergeben worden war, der es an das *Heilige Offizium* weiterleitete, weil – so das Seherkind Lucia – »es die Jungfrau so will«. Als schließlich 1960 Papst Johannes XXIII. zusammen mit einigen seiner Kardinäle und Staatssekretäre die versiegelte Botschaft öffnete, soll er erbleicht sein. Ein damaliger Sekretär, der die Kirchenmänner beim Verlassen des Raumes beobachtete, erklärte: »Sie sahen aus wie jemand, der gerade ein Gespenst gesehen hat.«

Das Dokument blieb bis heute unter Verschluß. 1963 wurde eine »diplomatische Version« veröffentlicht, in der es unter anderem heißt: »Über die Menschheit wird eine große Züchtigung kommen, noch nicht heute und noch nicht morgen, aber in der zweiten Hälfte des zwanzigsten Jahrhunderts…« Kenner ähnlicher Botschaften halten diesen Text nicht für so dramatisch, um Kardinäle »erbleichen zu lassen«. Prophezeiungen vom »Ende der Welt« gab es schon zu biblischen Zeiten. Was also steht wirklich in diesem »Dritten Geheimnis«?

Giorgio Bongiovanni jedenfalls, der Mann mit den Wundmalen Christi, meint »eine Mission erfüllen zu müssen und die Menschheit darauf vorzubereiten, daß die Apokalypse (Enthüllung über den Weltuntergang) unmittelbar bevorsteht«. Er spricht von der »himmlischen Miliz«, die den »göttlichen Kampf gegen die fehlgeleitete Menschheit« aufnehme. Diese Heerscharen hätte man früher als Engel bezeichnet, heute seien es die Außerirdischen.

Weniger dramatisch war die Reaktion des römischen Blumenhändlers Antonio Ruffini auf ein ähnliches Geschehen, das sich an einem Sommertag des Jahres 1951 zutrug. Es war heiß und Antonio nicht gerade bester Laune. Ein Junge bettelte ihn um Brot an, aber Ruffini wandte sich schroff ab und ging weiter. Doch dann plagte ihn das schlechte Gewissen. Er lief dem Jungen nach und schenkte ihm sein ganzes Geld.

Als ob das Schicksal ihn auf diese Situation besonders aufmerksam machen wollte, verspürte Ruffini plötzlich brennenden Durst. »Ich konnte in kein Café gehen, um mir ein Wasser zu kaufen«, erzählt er später. »Da entdeckte ich am Rand des Dorfes eine kleine Quelle. Ich beugte mich vor und wollte aus meinen Händen trinken. Da erschrak ich, weil sich das Wasser plötzlich rot färbte.« Entsetzt blickt der Mann auf – direkt in das Gesicht einer Frau, die leise hinzugetreten war.

»In diesem Moment war mein Durst verschwunden«, erinnert er sich. »Aber auf meinen Handflächen bemerkte ich zwei kreisrunde Wunden.« Nach einem »kurzen Gespräch über das Wetter, die allgemeine Lage und den Papst in Rom«, habe sich die Frau vor seinen Augen erhoben und »im wahrsten Sinne des Wortes in Luft aufgelöst«.

Antonio Ruffini glaubt, damals der Madonna begegnet zu sein. Die Erinnerung behielt er sein ganzes Leben: die Wundmale an den Händen, die mehrmals leicht bluteten. Auch an den Füßen und an der linken Brustseite sickerte bei Ruffini Blut hervor, meistens an hohen kirchlichen Feiertagen.

Nachdem ein Arzt nicht helfen konnte, betete Antonio um Heilung. Tatsächlich vernarbten die Wunden an den Füßen und an der Seite, die in den Handflächen blieben: zwei kreisrunde Löcher von etwa zwei Zentimetern Durchmesser, so daß Ruffini fingerlose Handschuhe tragen muß, um nicht zum Objekt von Sensation und Neugierde zu werden.

Jahre später baute Antonio Ruffini am Kilometerstein 70 auf der neuen Via Appia, die von Rom nach Neapel führt, zusammen mit seinem Sohn eine kleine Kapelle, zu der er regelmäßig fährt, um in Erinnerung an sein wundersames Erlebnis zu beten. Das Gelände für diese Gnadenstätte hatten ihm wohlmeinende Dorfbewohner geschenkt. Ruffini, ein fröhlicher, bescheidener Mann, lebt inzwischen krank und allein in Rom.

Es gehört zum Wesen der großen Weltreligionen, daß sich in ihrem Umfeld oft Ereignisse abspielen, die bisher mit dem Begriff »Wunder« recht ungenügend umschrieben sind und deren Rätsel sich möglicherweise schon recht bald mit den Mitteln der modernen Bewußtseinsforschung lösen lassen. Seit der Reformation wird von Hunderten von Marien-Erscheinungen berichtet, in denen die »Heilige Jungfrau« meist zu Kindern und einfachen Menschen gesprochen hat. Einige dieser Mirakel sind vom Vatikan anerkannt: Hunderttausende von Gläubigen strömen jedes Jahr in die Wallfahrtskirchen von Lourdes, Tschenstochau, Altötting und Fatima.

Fast jeden Tag werden auch heute noch - hauptsächlich in den Ländern rund um das Mittelmeer - ähnliche Erscheinungen registriert. Da ist die inzwischen 14 Jahre alte Roberta dell'Ollio aus dem italienischen Bisceglie, die als Siebenjährige in einem Feigenbaum ihres Hinterhofes eine Frauengestalt bemerkt haben will, die ihr Botschaften in ein Schulheft diktierte. Robertas seltsame Treffen zogen sich über Jahre hin. Immer wenn sie zum Baum kam, hatte sie die Vision dieser »strahlenden Frau in einer kleinen blauen Wolke«. Erst als sich ein Kult um das Mädchen und ihre tägliche Andacht im Hinterhof entwickelte, Pilger auch aus anderen Städten kamen und Heiligenbilder rund um den Baum drapierten, schritt der Hausbesitzer ein. Mit

einem Bulldozer ließ er den Feigenbaum herausreißen. Seitdem fließt dort eine Quelle mit handwarmem Wasser. Roberta ist ein fröhlicher Teenager, den nur noch seine vielen
beschriebenen Schulhefte mit den Botschaften an die rätsel-
haften Begegnungen erinnern.

Anders in Medjugorje. In der kargen Hügellandschaft der
Herzegowina wollen junge Leute am 24. Juni 1981 um
18.45 Uhr zum ersten Mal die Gottesmutter gesehen haben. Die erste Reaktion war Angst. Sie schlossen sich in
ihre Zimmer ein und hatten Schwierigkeiten, Schlaf zu finden. Am zweiten Tag nahmen die Kinder Freunde mit auf
den felsigen Hügel. Inzwischen sind es mehr als fünfzig
Kinder und Jugendliche, die diese Vision gehabt haben
wollen – auf dem Berg und später in der Sakristei der Kirche oder im Pfarrhof. Offenbar zeigt sich die Erscheinung
jedoch nur, wenn die Gruppe der sechs ursprünglichen Seher vereint ist: Vicka, Marija, Ivan, Jakov, Mirijana und
Ivanka. Nach ihren Aussagen tritt ihnen die Mariengestalt
dreidimensional entgegen, »so wie man einen Menschen
sieht«. Ihre Ankunft kündigt sich durch ein besonderes
Licht an. Im selben Moment fallen die Seher auf die Knie
und bewegen stumm ihre Lippen. Am Ende der Erscheinung bewegen sich Köpfe und Augen in exaktem Gleich-
maß nach oben. Völlig synchron verfolgen die jungen Leute
mit ihren Blicken die sie wieder verlassende Erscheinung.
Das »Wunder von Medjugorje« geschieht auch heute noch.
Der Ort ist bisher von den blutigen Wirren des Bürgerkrie-
ges verschont geblieben.

Im fränkischen Heroldsbach leben die Zeuginnen eines
über 40 Jahre zurückliegenden Geschehens völlig zurückge-
zogen. Gretel G. und Erika M. wollen die Erlebnisse, die
sie zusammen mit fünf anderen Mädchen zwischen dem
9. Oktober 1949 und dem 31. Oktober 1952 hatten, »still

und in demütiger Einkehr« für sich selbst verarbeiten. In dieser Zeit wurden die damals elfjährigen Mädchen mit Eindrücken konfrontiert, die sie an die Grenze ihrer psychischen Belastbarkeit brachten. Da war plötzlich eine hellgrüne Schrift im Wald: *JHS*. Danach erstrahlte in einem weißen Licht die Gestalt einer Frau. Erst viel später will den Kindern die Idee gekommen sein, daß es sich dabei um die »Jungfrau Maria« gehandelt habe. Dieses Mirakel hat sich innerhalb von drei Jahren öfter wiederholt, wobei Hunderte von Menschen Zeugen wurden. Sie beobachteten, wie die Kinder verzückt und mit offenem Mund scheinbar ein Getränk zu sich nahmen, ein – für die Beobachter unsichtbares – Jesuskind streichelten, schwebende Rosenkränze beschrieben oder auf bloßen Knien Hunderte von Metern zur Erscheinungsstelle rutschten, ohne sich zu verletzen.

Viele Dorfbewohner beschimpften die Kinder als »Aufschneider und Spinner«, andere verehrten sie als »kleine Heilige«. Der Dorfpfarrer glaubte ihnen, der Weihbischof verlangte einen Widerruf und schloß sie – als sie bei ihrer Darstellung blieben – von der Teilnahme an den Sakramenten aus – für Kinder in einer vom Katholizismus geprägten Umgebung eine demütigende Strafe.

Eindrucksvoll war für die Seher-Kinder und die Einwohner von Heroldsbach das »Sonnenwunder«. Ähnlich wie in Fatima und Medjugorje haben damals im Frankenland 10 000 Menschen das himmlische Schauspiel beobachtet, als am 8. Dezember 1949 – dem Fest der »Unbefleckten Empfängnis Mariens« über dem Wald bei bedecktem Himmel eine »glühende Scheibe auftauchte«, die ihren Standort veränderte und »in den herrlichsten Farben leuchtete«. Die meisten Menschen fielen auf die Knie.

Der 31. Oktober 1952 war für die Seher-Kinder der Tag des Abschieds. Maria schwebte an der Stelle, an der heute der

Herz-Jesu-Altar steht, in die Wolken. Erika M. und Gretel G. erinnern sich noch heute genau an die letzten Worte der Frau: »Ich bin immer bei Euch, auch wenn Ihr mich nicht seht. Der Sieg wird unser sein.«

Versuch einer Erklärung

Von den etwa 500 Menschen, die als Stigmatisierte in die Kirchengeschichte eingingen, waren die meisten Frauen. Einzige Ausnahme blieben bis vor kurzem Franz von Assisi, bei dem neben den Wunden sogar die Einschläge der Kreuznägel sichtbar waren, und der kürzlich in Rom selig gesprochene italienische Pater Pio. In Deutschland ist die 1962 verstorbene Therese Neumann als »Visionärin von Konnersreuth« bekannt, die seit der Fastenzeit 1926 die Wundmale des Jesus von Nazareth trug und für weitere paranormale Phänomene bekannt war: Hellsehen, Telepathie, Levitationen und jahrelanges Fasten, bei dem sie außer Wasser keine feste Nahrung zu sich genommen haben soll.
Nach ärztlicher Ansicht war sie eine Hysterikerin, doch eine zufriedenstellende medizinische Kontrolle hat nie stattgefunden. Der den Fall untersuchende Theologe Josef Hanauer läßt von allen – über die fromme Therese verbreiteten – Behauptungen lediglich jene »unerklärlichen blutigen Tränen« gelten, die sie des öfteren geweint haben soll.
Über Giorgio Bongiovanni liegt ein psychiatrisches Gutachten von Dr. Stanis Previato aus Rovigo vor, nach dem dieser »keinerlei Anzeichen psychischer Unausgeglichenheit« zeige und auch körperlich völlig gesund sei. Er lege im übrigen »eine bewundernswerte Selbstkontrolle in bezug auf die Schmerzen seiner fast täglich blutenden Wunden an den Tag«.

172

Dem jungen Antonio Ruffini versuchte der ihn behandelnde Arzt einzureden, er sei ein Hysteriker und solle sich »von seinen religiösen Wahnvorstellungen befreien«, dann würden auch die Wunden verschwinden. Erst bei einem Pfarrer fand Antonio das nötige Verständnis. Der Priester riet ihm jedoch, niemandem von den Stigmata zu erzählen und dieses Erlebnis als »ein nur für ihn bestimmtes religiöses Wunder zu betrachten, einen intimen Wink Gottes«.

Interessant ist, daß sowohl bei Ruffini als auch bei Bongiovanni eine *Marienerscheinung* der Auslöser für ihre Stigmata gewesen ist – und dies im mariengläubigen Italien. Vor ungefähr 130 Jahren wurde im Vatikan das Dogma der »Unbefleckten Empfängnis« verkündet und 1950 das von der »Leiblichen Himmelfahrt Mariens«. Erst seit relativ kurzer Zeit nimmt Maria damit eine zentrale Stelle ein in der Geschichte Gottes und der Menschen. Sie ist nicht die einzige wichtige Frauenfigur in den Mythen der Welt. So hieß Buddhas Mutter ebenfalls »Marija«. Frauen in Religionen sind nach Ansicht von C. G. Jung der »Archetypus des Weiblichen«, der für Seelenaspekte stehe wie Sanftmut, Geduld, Zärtlichkeit und Mütterlichkeit. Nicht umsonst tritt ja Maria bei ihren Erscheinungen als »die Mahnende« auf.

Die italienische Parapsychologin Dr. Anna Maria Turi hat das Geschehen um die kleine Roberta dell'Ollio ebenso untersucht wie Material über andere zeitgenössische Marienerscheinungen gesammelt. »Ich denke«, sagt sie, »daß es ein übernatürliches Element gibt, das sich in der heutigen Zeit in der menschlichen Wirklichkeit zeigt. Besonders sensible Menschen empfangen dieses Etwas, das – so möchte ich sagen – von oben kommt.«

Maria taucht stets in einer hellen Wolke auf und ist nur für bestimmte Menschen sichtbar. »Ich glaube«, so Anna Maria Turi, »daß an historisch wichtigen Stationen der Evolution, bei weltweiten Problemen und globalen Krisen, ein bestimmter Teil der Menschheit sensibel reagiert. Wir sind an einer seltsamen Wandlung des Denkens und Fühlens angekommen, wie es typisch ist am Ende eines Jahrtausends.«

Geben also mediale Menschen mit der besonderen Gabe der Sensitivität einen Beitrag zur Bewußtseinsveränderung weiter, indem sie eine »göttliche Botschaft« aus sich heraus verkünden?

»Marienverehrung hat immer entscheidend mit Jesus zu tun«, sagte der Theologe Dr. Bert Gruber. »Sie wird von Anfang an als Mittlerin zwischen den Menschen und Christus verstanden, als Zubringer, als Weg zum Göttlichen. Es geht immer darum, die Persönlichkeit Jesu für uns alle sichtbar zu machen.«

Der Autor Jacques Vallée hat für sein Buch *Passport to Magonia* eine Erscheinung aus dem Jahr 1879 im irischen Knock recherchiert. Damals sahen 14 Personen unmittelbar neben der Außenmauer einer Kirche drei leuchtende und merkwürdig unbewegliche Gestalten: Maria, Josef und den Evangelisten Johannes. Sie erkannten die Figuren genau, weil sie große Ähnlichkeit mit einer Gruppe von Statuen im Nachbardorf hatten. Die hell schimmernden Gestalten waren so real, daß die Augenzeugen, als sie sich näher heranwagten, sogar die Schrift auf einem Buch, das Johannes in der Hand hielt, lesen konnten. Als jedoch eine der Frauen die Madonna umarmen wollte, hielt sie nur leere Luft in den Armen.

Mit religiös motivierten Wundern beschäftigt sich der Philosoph Michael Grosso, der am *Jersey City State College* arbeitet und auch zahlreiche Berichte über Stigmatisierte untersuchte. Er kann sich gut vorstellen, daß die Erscheinungen der Jungfrau Maria als hologrammähnliche Projektionen erklärt werden können, die durch den kollektiven Glauben der Menschen hervorgebracht werden. Ihr Auftreten kündigt sich stets durch ein helles Licht an. Gleich Hologrammen, die ihre Frequenzaspekte verschieben, waren sie zunächst konturlos und fügten sich langsam zu menschlichen Gestalten. Nach Überprüfung des vorliegenden Materials ist Grosso davon überzeugt, daß solche Erscheinungen jedenfalls nicht die historische Maria darstellen, sondern Projektionen »jener Ängste der Menschheit vor den Auswirkungen der modernen Technologie auf das gegenwärtige Leben« sind. Daß nicht alle erschienenen Marien stumm sind, sondern oft eine apokalyptische Botschaft verkünden – wie in Lourdes und Fatima –, sieht Grosso als ein weiteres Indiz für seine Theorie.

Einen Schritt weiter bei der Interpretation der Marienwunder geht der Autor Dr. Johannes Fiebag, der in mehreren Veröffentlichungen die Erscheinungen der Madonna für Projektionen einer außerirdischen Zivilisation hält, die mit einer uns unbekannten, hochentwickelten Technik solche Hologramme künstlich herstellt. Der Wissenschaftler hat zum Beweis akribisch Fakten gesammelt und veröffentlicht, die verblüffen. So seien die ausgewählten Kinder schon vor Beginn der Marien-Visionen möglicherweise suggestiv auf das eigentliche Ereignis vorbereitet worden. Wochen vor der ersten Begegnung berichteten zum Beispiel die drei Hirtenkinder von Fatima ihren Eltern von merkwürdigen Begegnungen mit engelhaften Wesen, von denen sie dreimal die Hostie bekommen hätten.

Für Fiebag sind die Kinder von den Außerirdischen lange Zeit observiert worden, wobei man ihr Wissen analysiert habe, ihr Vorstellungsvermögen und ihre Phantasie. Das überreichte Mittel ähnelte einer Droge, denn die Kinder berichteten, daß sie nach den Begegnungen unkonzentriert gewesen seien und kein Zeitgefühl mehr gehabt hätten.

Am 13. Oktober 1917 erschien vor etwa 70 000 Menschen eine helle, sich drehende Scheibe, nachdem sie vorher die Wolken zerteilt und der Regen aufgehört hatte. Genau wie später die Seherkinder von Medjugorje und Heroldsbach meinen auch die Augenzeugen von Fatima, während des Sonnenwunders ein »leises Knistern« gehört zu haben. Außerdem hätten sie dabei »jedes Gefühl für Zeit« verloren.

Dr. Johannes Fiebag: »Diese Beschreibung ähnelt Hunderten von Berichten über UFOs. Die Menschen sollten durch ein solches Objekt beeindruckt und die Kinder in ihren Aussagen bestätigt werden.«

Im Verlauf von zwei Jahren starben Jacinta und Francisco, Lucia lebt noch heute als Nonne in einem Kloster. »Möglicherweise sind sie mit dem radioaktiven Antriebssystem des Raumschiffes oder anderen unbekannten Strahlen in Berührung gekommen«, meint Fiebag. »Gerade das Sonnenwunder, das bislang als unzweifelhaftes ›Zeichen Gottes‹ galt, entpuppt sich nun als eindeutiger Hinweis dafür, daß wir es mit einem durchaus realen, physikalisch erfaßbaren und in keiner Weise wunderbaren Phänomen zu tun haben.«

Eine hochentwickelte Technik grenzt an Magie, und für eine raumfahrtbetreibende Zivilisation dürfte es – laut Fiebag – ein leichtes sein, Bilder zu projizieren, die den Menschen aus ihrer abendländischen Tradition vertraut sind: Maria, Jesus und die Engel. Dafür wird ein Energiefeld aufgebaut. Durch Feinabstimmung und Konzentration eines Laserstrahls oder eines äquivalenten Teilchen-Strahls wird ein Bild auf einer Schwingungsebene erzeugt, die den Gehirnfrequenzen der Empfänger angepaßt ist. So wird es möglich, daß nur die Seherkinder die Erscheinungen wahrnehmen können. Welchen Zweck solche Manipulationen haben, darauf weiß sich auch Johannes Fiebag keinen Reim zu machen.

Wie aber kommt es dann zu den an vielen Wallfahrtsorten zu beobachtenden Spontan-Heilungen an meist Schwerkranken, die von der Kirche als »Wunder« anerkannt werden, nachdem eine Ärztekommission sie als »vom medizinischen Standpunkt unerklärlich« eingestuft hat.

So kann der Mediziner Dr. Erwin Theiss als Mitglied einer für die Heilungen von Lourdes zuständigen Ärztegruppe 65 unerklärbare Heilungen bestätigen, die auch vom Vatikan anerkannt werden. Die kleine Stadt in Südfrankreich ist auch heute noch Schauplatz von spontanen, unerklärlichen Geschehnissen, seit 1858 dort dem Hirtenmädchen Bernarda Soubirous Maria erschienen war.

Die angeblich wunderbaren Heilungen werden anerkannt, wenn sie innerhalb von 24 Stunden nach dem Besuch in der Erscheinungsgrotte erfolgen, ein Jahr anhalten und medizinisch unerklärbar sind. Außerdem darf der Patient nicht geisteskrank und muß seine Vorgeschichte überprüfbar sein.

Ähnlich streng geht man an anderen offiziell anerkannten Wallfahrtsorten vor. Im Mai 1986 kam Agnes Heupel im Rollstuhl von Deutschland nach Medjugorje. Sie hatte sich 1974 als Krankenschwester bei einer schweren Patientin verhoben und war nach komplizierten Bandscheibenvorfällen zweimal erfolglos operiert worden. Außer an einer partiellen Querschnittslähmung litt sie auch an Blasen- und Darmstörungen sowie an einer Trigeminusneuralgie.

»Als ich in Medjugorje in den Erscheinungsraum kam, waren da schon die Seherkinder Maria und Eva, die den Rosenkranz beteten«, erzählt Agnes Heupel. »Ich schloß mich ihrer Andacht an. Nach einiger Zeit ist bei mir der Satz gefallen: Wenn die Mutter Gottes auch noch für mich etwas übrig hätte, wäre es schön.«

Schon kurz darauf will die Schwerkranke »ein vom Mund ausgehendes, warmes und friedvolles Gefühl« gespürt haben, »das sich vom Kopfbereich aus bis in die Finger- und Fußspitzen verbreitet hat«. Noch in der Kirche erhob sich die Frau aus dem Rollstuhl und ging ein paar Schritte ihrer Betreuerin entgegen. Wochen später trat Agnes Heupel einem gerade gegründeten Orden zur Marienverehrung von Medjugorje bei. Bis an ihr Lebensende will sie an die göttliche Gnade glauben, die ihr zuteil geworden ist.

Wie hatte Jesus formuliert: »Dein *Glaube* hat dich geheilt!« Darf man angesichts eines solchen Geschehens noch vom möglichen Einfluß einer »außerirdischen Intelligenz« sprechen, die nicht »göttlicher Natur« ist?

»Das eine hat mit dem anderen nichts zu tun«, antwortet Fiebag. »Wenn ein Mensch oder ein Ort erst einmal eine bestimmte Faszination erlangt haben, werden sie zum Transformator für unser Unbewußtes. C. G. Jung spricht von *Heilung im affektiven Feld*, oder anders gesagt: Der Glaube versetzt Berge!«

Was aber bedeutet das »Dritte Geheimnis von Fatima«, bei dessen Aufdeckung Papst und Kardinäle blaß geworden sind?

»Ich bin sicher«, antwortet Fiebag, »daß diese Botschaft keine Prophezeiung über künftige Katastrophen enthält, sondern es sich eher um eine Information handelt, die mit den Strukturen der katholischen Lehre zu tun hat. Allein die Tatsache, daß es außerhalb der uns bekannten Welt intelligentes Leben gibt, verstößt gegen jeden Glauben von der Einzigartigkeit menschlichen Lebens.«

178

20 Von Geist und Geistern ...

Der Ritter von Kahlbutz und Spukhäuser in Bayern

In der kleinen Dorfkirche von Kampehl – wenige hundert Meter von der Bundesstraße 5 – liegt in seinem Sarg der Ritter von Kahlbutz, der vor knapp 300 Jahren starb, aber mit Haut und Haar erhalten und nur wenige Zentimeter geschrumpft ist. Christian-Friedrich von Kahlbutz war 51 Jahre alt geworden, als er in die Kirchengruft gelegt wurde. Seine Frau Margarete von Rohr mitsamt ihren elf Kindern sind längst zu Staub zerfallen.

Die eigentliche Geschichte beginnt an einem Herbsttag des Jahres 1690. Als Fähnrich, der gemeinsam mit dem Prinzen von Hessen-Homburg in die Schlacht von Fehrbellin gegen die Schweden gezogen war, und als gestandener Landedelmann nahm er sich das Recht heraus, auf seinem Grund und Boden alles zu tun, was er wollte. Deshalb muß er besonders pikiert gewesen sein, als sich die hübsche und ehrbare Magd Maria Leppin ihm verweigerte, hatte sie sich doch längst dem Schäfer Pickert versprochen, der im benachbarten Buckwitz die Herde hütete. Obwohl Christian-Friedrich von Kahlbutz auf das »Recht der ersten Nacht« pochte, blieb Maria standhaft. Was dann genau folgte, bleibt im Dunkel der Geschichte. Aber noch heute schwören die Leute von Kampehl Stein und Bein, daß es nur so gewesen sein kann: Der Junker erschlug den Schäfer in einer mondlosen Nacht auf einer der Gutswiesen. Damit wollte er ein Zeichen setzen, wer der wirkliche Herr im Lande war.

Maria Leppin schaffte es, ihren Peiniger vor dem Gericht im benachbarten Neustadt an der Dosse des Mordes an ihrem Verlobten anzuklagen. Ist auch der genaue Prozeßverlauf nicht überliefert, weil die Akten im 19. Jahrhundert vernichtet wurden, so weiß die örtliche Chronik doch zu berichten, daß der Herr von Kahlbutz standhaft behauptet hätte, mit dem Mord an Pickert nichts zu tun zu haben. Als örtlicher Feudalherr stand ihm auch das Recht zu, sich mit einem *Reinigungseid* von jedem Verdacht zu befreien. Diese Möglichkeit nutzte er auf dramatische Weise. »Wenn ich der Mörder war, dann wolle Gott, daß mein Körper nicht verwese«, rief er aus. Der tief beeindruckte Richter sprach ihn frei. Das Opfer, so meinte er, müsse dann wohl »vom Blitz erschlagen worden sein«.

Der feine Landedelmann hat die ruchlose Tat zwölf Jahre überlebt. Mit großem Pomp wurde er in der Patronengruft im Anbau der kleinen Kirche von Kampehl bestattet.

Die Dorfchronik berichtet, daß danach mehrere Male der »Geist« des Edelmanns an einer Brücke über der Schwenze aufgetaucht sei, einem Nebenfluß der Dosse und nahe dem Tatort. Spannend wurde es, als 1749 der neue Besitzer des Gutes die Kirche renovieren ließ. Dabei wollte er die im Gruftanbau befindlichen Särge des Kahlbutz-Clans entfernen und auf dem benachbarten Friedhof der Erde übergeben lassen. Wie üblich, wurden die Särge noch einmal geöffnet. Während von der gesamten Sippe nur ein paar Knochen übriggeblieben waren, lag in seinem Sarg wohlbehalten - wenn auch leicht geschrumpft - Christian-Friedrich von Kahlbutz. Hatte sich der falsche Eid des Mannes erfüllt?

Jedenfalls wurde die Leiche nicht wieder bestattet, sondern nach dem Ende des Geschlechts derer von Kahlbutz in der jetzigen Gruft ausgestellt. Seitdem verhilft der arme Ritter der kleinen Gemeinde vor den Toren Berlins zu erklecklichem Wohlstand. Hunderte kommen nach dem Fall der Mauer, um dieses *Phantastische Phänomen* eines nicht verwesenden Leichnams zu betrachten.

Geschichten von sich erfüllenden Flüchen, Geistererscheinungen und Spukhäusern gehören zur Kultur. Je ländlicher die Gegend, desto eindrucksvoller die Berichte. So ist Oberbayern eine wahre Fundgrube für Leute, die auch in der Zeit flimmernder Fernsehapparate von mysteriösem Poltern, schwebenden Schatten und schemenhaften Wesen nicht lassen wollen. Da beobachten Autofahrer des Nachts häufig um den *Viertel-Stein* in der Nähe des *Pflegegerichts Kling* seltsame, blau gefärbte Wolken, die sich wie bei einem Reigen zusammenfinden und wieder auseinanderstreben. An diesen Stein, keine zwei Meter von der Landstraße, hat man zwischen 1200 und 1803 die Leiber der hingerichteten Bauern gebunden, die zuvor unter freiem Himmel verurteilt und dann gehängt, geköpft und auf der Streckbank gefoltert worden waren.

Unweit des Pfarrhofes von Wang steht ein verlassenes Haus, in dem es nachts »nicht geheuer« ist. Im Keller, wo Mönche in langen Reihen Bierfässer gestapelt hatten, quietscht wie von Geisterhand gezogen hin und wieder eine alte, eiserne Lore. Aus dem Pfarrhaus – an der Straße von Gars nach Schnaitsee gelegen – berichten Generationen von geistlichen Herren über unerklärliche Vorfälle, in die sie gegen ihren Willen verwickelt worden waren. Oft sahen auch die Küster und Pfarrköchinnen Türklinken, die von »geheimnisvoller Hand« niedergedrückt wurden, und Fenster, die mit solcher Wucht zuschlugen, daß ihre Scheiben zersprangen, obwohl kein Wind dafür verantwortlich gemacht werden konnte. Im Hof des Klosters Seeon soll bisweilen jene Frau geheimnisvolle Spuren im frischen Schnee hinterlassen, die auf dem nahegelegenen Friedhof als Zarentochter Anastasia beerdigt wurde. Dafür verbürgt sich der Schauspieler Hans Wyprächtiger, der lange im Kloster Seeon wohnte und Augen- und Ohrenzeuge seltsamer Vorfälle war. Die »weiße Frau« des Opern- und Rocksängers Peter Hofmann gehört inzwischen fast zur Familie, nachdem sie kurz nach dem Einzug des Künstlers in das kleine Schloß Schönreuth im Frankenland zum ersten Mal aufgetaucht war. »Wortlos und schwebend« zieht sie manchmal noch durchs Gemäuer. Ein 500 Jahre altes Schloß darf seine Geheimnisse haben.

Ein »Geist« taucht auch regelmäßig bei dem früheren Manager Roberto Buscaioli in seiner Villa am Stadtrand von Ravenna auf. Vor zwölf Jahren saß der Mann noch in der Vorstandsetage eines petrochemischen Konzerns, bis ein tragisches Ereignis sein Leben veränderte: Am 14. September 1980 starb sein Sohn bei einem Autounfall. Buscaioli erinnert sich: »In jenem Augenblick, in dem ich die tödliche Unbeweglichkeit meines Jungen wahrnahm, habe ich mich gefragt, ob dies das Ende oder der Anfang von etwas war. Ich kann jetzt mit großer Freude sagen, daß es die Kontinuität ist und nicht das Ende. Es ist die Kontinuität, in der wir uns wiederfinden, für alle Zeiten, die noch kommen werden.«

Der geschockte Buscaioli versuchte alles, um die damalige Endgültigkeit des Geschehens zu verändern. Er konnte und wollte nicht glauben, daß sein Sohn einfach »verschwunden war, unwiederbringlich verloren«. Der Geschäftsmann wußte von der Existenz des *Tonbandstimmen-Phänomens* (siehe auch das Kapitel »Eine Brücke zum Jenseits«). In einem Kreis Gleichgesinnter gelang es ihm auch, einen Kontakt zu seinem Sohn herzustellen. Doch bald brauchte er dafür keine technischen Geräte mehr. Erstaunt stellte der

182

Mann fest, daß er oft selbst in Trance fiel und dabei mit einer fremden Stimme sprach. Auch seine Freunde bemerkten die Veränderungen in Aussehen und Persönlichkeit, wenn dieses Stadium eintrat. Seitdem versammelt sich jeden Samstag eine kleine Gruppe bei Buscaioli, um den Belehrungen des Geistführers »Pope« zu lauschen, der angibt, aus dem Mund des Mannes zu sprechen.

»Im Augenblick der Trance dringe ich in eine Dimension ein«, erklärt Buscaioli, »die ich als *universell* bezeichnen würde. Es ist eine Ebene der wahren Liebe. Diese große Harmonie setzt sich aus verschiedenen Elementen zusammen, wie die Instrumente eines Orchesters. Eindringen in die universelle Harmonie oder die Harmonie zu werden, das sind zweierlei Dinge. Wir alle *benutzen* die Liebe, aber wir *kennen* die Liebe nicht.«

Seine philosophischen Einsichten verdankt Buscaioli dem »Geistführer Pope«, dessen Anmerkungen und Belehrungen über die Jahre hinweg aufgezeichnet wurden. Längst nämlich ist Roberto nicht mehr in seinem früheren Beruf tätig; auch seine soziale Umgebung hat sich verändert. Während viele frühere Bekannte den Kontakt abgebrochen haben, hat sich Buscaioli einen neuen Freundeskreis geschaffen, in dem lange Gespräche geführt und in Trance-Sitzungen »Kontakte zu anderen Bewußtseinsebenen gepflegt werden«.

Zum ersten Mal gestattet Roberto Buscaioli einem Fernsehteam, eine dieser Sitzungen zu filmen, die nie in okkultem Halbdunkel, sondern im hellen Licht stattfinden.

Stundenlang spricht »Pope« aus dem Mund des Mediums Roberto, wachsam von den Anwesenden und unserem wissenschaftlichen Berater Dr. Elmar R. Gruber beobachtet. Er erzählt von »universellen Dimensionen und der Bedeutung des spirituellen Wachstums«. Als die Sitzung sich dem

Ende nähert, fordert Buscaioli den Psychologen Gruber auf, hinter ihn zu treten und die Hände unter sein Kinn zu halten: Ein kleines silbernes Kreuz fällt aus seinem Mund, in dem es sich vorher materialisiert haben soll.

»Es ist ein Geschenk von ›Pope‹«, lächelt Buscaioli. Die Anwesenden bestätigen, daß der »Geistführer« sich nach jeder Sitzung außerordentlich generös zeige und für Gäste Muscheln, wertvolle Kreuze, Broschen und ganze Halsketten im Mund des Italieners materialisiere. Begonnen hätten diese Phänomene mit dem »Erscheinen einer leuchtenden Schnur«, die Buscaioli »plötzlich in den Händen hielt und aus der sich eine Blume entfaltet« habe. Die verwelkten Blüten hat er aufbewahrt.

Wie ist das mit den Geistern?

Geist und Geister sind aus dem gleichen Wortstamm. Ist jeder Mensch hoch erfreut, wenn man ihn als »geistreich« charakterisiert und seinen »universellen Geist« lobt, so schreckt er doch zusammen bei der Vorstellung, eines Tages als »Geist« zu erscheinen. Leicht akzeptiert man den Geist als ein Prinzip hoher menschlicher Fähigkeiten, tut sich dann aber schwer, Geist als eine Art Stoff, etwa als einen anderen Begriff für Seele zu begreifen. Doch gibt es ohne Geist wohl keine Geister.

Im Glauben an die Unsterblichkeit der Seele tritt die Vorstellung von »Geistern der Verstorbenen« auf, die nach spiritistischer Ansicht auf die materielle Welt einwirken können. Ist das Phänomen einer nicht verwesenden Leiche letztendlich von einem *geistigen Prozeß* gesteuert, der durch den Fluch des Edelmannes ausgelöst wurde? Könnte eine umfassende Untersuchung von vergleichbaren Verwünschungen Aufschluß geben über die Funktionsweise *geistiger Kräfte?* Verantwortlich für den guten Zustand des toten Ritters wären demnach die Leute von Kampehl und Umgebung, die fest von der Schuld des verhaßten Junkers über die Jahrhunderte hinweg überzeugt gewesen sind. Immer und immer wieder wurde die Geschichte in den Wohnstuben und Dorfschänken erzählt. Auch vor seiner Exhumierung war jedem Menschen in der Gegend bewußt, »daß der Kahlbutz unverwest in seinem Sarg liegt«. Dürfte damit ein ausreichender Nährboden gelegt worden sein, um eine *morphische Resonanz* zu erzeugen, ein die Materie bestimmendes *Geistfeld?* Nach den Entdeckungen in der modernen Physik ein durchaus denkbares Phänomen.

Jedenfalls entzieht sich sein heutiges Aussehen allen üblichen naturwissenschaftlichen Erklärungen. Sollten jedoch wirklich Blei-, Radium- oder Salpetergehalt in der Umgebung der Leiche für deren Zustand gesorgt haben – was nicht nachgewiesen werden konnte –, warum sind dann nicht seine Angehörigen in den andern Särgen ebenfalls unversehrt geblieben? Von Kampehl ist es nicht weit nach Kyritz, wo man 1928 die Särge des Oberpredigers Dr. Heinrich Bauer und seiner Frau öffnete und feststellte, daß auch diese schon 1846 bestatteten und nicht einbalsamierten Leichen gut erhalten waren. In Berlin-Buchen ruhen in einer Gruft 22 solcher Mumien, und auch die Toten in ihrem kühlen Keller im Kreis Königs Wusterhausen sind bisher kaum zerfallen. Ähnliche Beobachtungen sind in den Grabgewölben der Schloßkirche von Quedlinburg und in den Bleikammern unter dem Dom von Bremen gemacht worden. In all diesen Fällen sind es Einwirkungen von bestimmten Luft- und Bodenbeschaffenheiten, Entgasungen des Gesteins sowie Trockenheit oder leichte Radioaktivität des Bodens, die zu einer natürlichen Erklärung des Phänomens führen. Beim toten Ritter von Kahlbutz sind die Experten ratlos. Schon 1895 untersuchte der Berliner Professor Rudolf Virchow den verblichenen Kahlbutz und stellte fest, daß auch die inneren Organe – wenn auch vertrocknet – noch vorhanden waren. Eine Leberprobe ergab, daß der Ritter weder Arsen noch ein anderes Gift genommen hatte, das vielleicht eine Mumifizierung bewirkt haben könnte. Auch der berühmte Professor Ferdinand Sauerbruch stellte nach einer Untersuchung 1930 fest, daß »die Leiche zu keiner Zeit präpariert« worden war.

Was nun das Erscheinen des Kahlbutz als Geist betrifft, darüber sind sich die Parapsychologen längst einig. Sie unterscheiden bei solchen Phänomenen zwischen einem »personengebundenen Spuk«, der gewissermaßen von den beobachtenden lebenden Personen selbst ausgelöst wird, und einem »ortsgebundenen Spuk« in alten Häusern, Burgen oder Schlössern, deren Lokalitäten von einem schrecklichen Geschehen – Mord, Folterung, Brandschatzung – »geistig imprägniert wurden«. Ist es also kein Gespenst, das da erscheint, sondern Geist von unserem Geist?

Dazu meint der Physiker John Wheeler von der Universität von Texas: »Wir erschaffen mit unserem Bewußtsein zwar ständig subatomare Teilchen und damit das gesamte Universum, aber umgekehrt erschaffen sie auch uns. Eins erschafft das andere im Rahmen einer sich selbst regulierenden Kosmologie.« In einem Universum, das bis in seine tiefsten Tiefen mit Bewußtsein ausgestattet ist, können alle Lebewesen – ja sogar die Materie selbst – an der Erschaffung dieser Phänomene beteiligt sein.

Bei Roberto Buscaioli könnten wir es uns leicht machen und den Mann als bedauernswertes Opfer eines nicht überwundenen Schicksalsschlages betrachten, dessen Sinne sich verwirrten. Tatsächlich wird ein Teil des Phänomens heute als *Channeling* bezeichnet. Immer mehr Menschen werden zum *Kanal* für Bewußtseins-Dimensionen, deren Existenz topographisch nicht einzuordnen ist und die sich offensichtlich einer Standortsuche entziehen, weil sie sich außerhalb von Raum und Zeit befinden. Da fallen Menschen in Trance und sprechen dabei Texte, die zu ihrer derzeitigen bürgerlichen Existenz nicht passen. Oder sie vernehmen intuitiv Botschaften, die sie geradezu zwanghaft und »fast automatisch« niederschreiben. Bekannt sind die Bücher der Amerikanerin Jane Roberts, die von einer »multidimensionalen Wesenheit« namens »Seth« diktiert sein sollen. Ähnlich wie bei Roberto Buscaioli veränderte sich sowohl Gesichtsausdruck wie auch Stimme, als »Seth« durch Jane Roberts sprach.

Ob nun »Pope« tatsächlich ein Geist aus einer anderen Dimension ist, der sich da mitteilt, oder eine Art *Teilpersönlichkeit* von Roberto, die im *Unbewußten* versteckt war und durch den Schock plötzlich »zum Leben erweckt wurde«, kann niemand sagen. Dr. Elmar R. Gruber meint, daß »die Aussagen dieser Medien ausschließlich für sie selbst eine Bedeutung haben und dem jeweiligen Empfänger neue Impulse seiner Lebensführung geben sollten«.

Was die von ihm beobachtete Materialisation eines Kreuzes im Mund seines Gastgebers betrifft, ist sich Gruber nicht sicher. »Sollte er tricksen, müßte er das kleine Schmuckstück während der stundenlangen Ausführungen irgendwo im Mund verborgen gehalten haben«, vermutet Gruber. Hat er es getan, um dem Vortrag von »Pope« mehr Gewicht zu verleihen?

Materialisationen gehören zum Verständnis der parapsychologischen Forschung, doch ist im Moment kein *Materialisations-Medium* in Europa bekannt, das seine Fähigkeiten im Labor unter Beweis stellen würde. Buscaioli sieht sich eher als Überbringer philosophischer Weisheiten, bei dem die Materialisationen eine untergeordnete Rolle spielen.

Die spiritistische Version sieht vor, daß es die »Geister von Verstorbenen« sind, die Gegenstände ihrer Welt in eine andere transportieren. Nach der animistischen Erklärung sind es die Medien selbst, die mit ihrer Psyche Materie *reproduzieren*. Der Physiker J. Wüst hält es für möglich, daß »lebende Wesen unter vorerst nicht bekannten Bedingungen in der Lage sind, Neutronen, Elektronen und Protonen auszustoßen, die sich außerhalb des Körpers zu Gebilden organisieren.«

21 Licht am Ende des Tunnels

Erfahrungen und Erlebnisse im Grenzbereich des Todes

Es war ein herrlicher Spätsommertag, als der Züricher Architekt Stefan von Jankovich zusammen mit einem Geschäftsfreund in einem schnellen *Alfa Romeo* unterwegs nach Lugano war. Kurz vor Bellinzona passierte es: Um 13.10 Uhr kam dem Sportwagen auf der zweispurigen Landstraße eine langsam fahrende Militärkolonne entgegen, die von einem schweren Lastwagen überholt wurde. Der frontale Zusammenstoß war nicht mehr zu vermeiden.

Ein Unfall, der das Leben des Architekten veränderte und Tausende über eine Situation informierte, die bisher nur besonders fromme Menschen zu erreichen gehofft hatten: das Schweben in einem himmlischen Zustand.

Jankovich hatte die Todesgefahr bewußt erlebt, er schrie, wurde erst gegen die Windschutzscheibe und dann auf die Straße geschleudert, wo er mit 18 Knochenbrüchen liegenblieb. Als wenige Minuten später ein Arzt den Verunglückten erreichte, war Herzstillstand eingetreten. In diesem Moment geschah das Unglaubliche: Jankovich »schwebte über der Unfallstelle« und beobachtete die Szenerie unter sich.

»Ich sah meinen leblosen Körper genau in der Lage, die ich später im Polizeibericht beschrieben fand«, sagt er. »Ich beobachtete, wie der Arzt meinen Mund mit einem Spatel aufspreizte und mich zu beatmen versuchte. Dann sagte er: ›Man kann nichts machen, er ist tot.‹«

189

Jankovich fand es »interessant, diese schreckliche Szene zu sehen, wie nach einem Unfall ein Mensch ›unten‹ starb: ich selber«. Und er war dabei »ohne Emotionen, ganz ruhig, in einem glücklichen Zustand«.

Was dann folgte, hat Stefan von Jankovich in Aquarellen gemalt, in Büchern niedergeschrieben und in zahlreichen Fernsehsendungen verbreitet: »Ich entfernte mich von meinem Körper; ich schwebte und hörte wunderschöne Klänge ... Eine nie wahrgenommene Harmonie erfüllte mein Bewußtsein ... Die Musik wurde transparenter, stärker und schöner, überflutete alles und wurde durch Farben, Formen und Bewegungen begleitet ... Dann erlebte ich wie im Zeitraffer alle meine Taten im Leben und auch meine Gedanken ... Ich selbst war gefordert, mich zu beurteilen, und ich tat es in kosmischer Harmonie ... Das glücklich machende Licht überflutete und durchdrang mich noch einmal ... Alles war Licht, alles war Musik, alles war Schwingung.«

Dieses euphorische Erlebnis endete abrupt, als ein vom nahen Campingplatz herübergeeilter zweiter Arzt eine Adrenalinspritze direkt ins Herz des verunglückten Mannes schob.

»Ich fiel in eine schwarze Tiefe hinunter, und mit einem unheimlichen Schock schlüpfte ich in meinen schwerverletzten Körper zurück«, erinnert sich Stefan von Jankovich. Während des folgenden Klinikaufenthaltes hatte er Gelegenheit, über das Erlebte nachzudenken. Er grübelte über den Sinn seines Daseins und kam zu dem Ergebnis: »Das schönste Erlebnis meiner bisherigen Existenz war der Tod.« Wie er heute weiß, war er nicht eigentlich *tot,* sondern befand sich in einem *klinisch toten Zustand.* Seitdem vermittelt Stefan von Jankovich in Seminaren und Vorträgen die Botschaft, daß wir weiterleben, nachdem wir gestorben sind.

Es gibt immer mehr Menschen, die mit Hilfe der modernen

Medizin aus ihrem Sterben zurückgeholt werden und die berichten, was ihnen zwischen Leben und Tod widerfahren ist.

So fand die Frau des Schriftstellers Henry Jaeger eines Morgens ihren Mann am Boden liegend, in einer eigenartigen Haltung, die *Pfötchenstellung* genannt wird. Ein *Aneurysma* hatte ihn im Gehirn getroffen; er war niedergestreckt worden wie mit dem Schlag eines Hammers. Von seinem Haus in Ascona wurde er ins Krankenhaus nach Locarno gebracht. Eine Röntgenuntersuchung ergab, daß tatsächlich eine Arterie geplatzt war. In einem Spezialwagen wurde der Patient ins Kantonalspital nach Zürich gebracht und operiert.

»Es war mir klar, daß ich in einem Krankenwagen lag«, erinnert sich Jaeger. »Ich fürchtete nichts, hatte aber die unbestimmte Ahnung, daß ich in höchster Gefahr schwebte.«

Die Erinnerungen der vom klinisch toten Zustand ins Leben zurückgeholten Menschen laufen nicht immer nach dem gleichen Muster ab, doch haben viele von ihnen »Modellcharakter: das Schweben über dem Körper, ein helles Licht, der »Lebensfilm« und später der Tunnel, an dessen Ende oft früher verstorbene Verwandte oder Freunde – manchmal auch sogenannte *Lichtwesen* – den Sterbenden erwarten.

Jaegers Erlebnis war ähnlich: »Ich kam zu einem gewaltigen Felsen – mehr ein Tor –, hinter dem ich einen hellen Schein erkannte. Das Gelände schien mir vertraut. Ich sah nur freundliche Farben und vernahm eine Musik, wie ich sie niemals zuvor gehört hatte. Es waren Tonabläufe von großer Harmonie und Schönheit, eine Musik der Stille, die von niemandem gespielt oder gemacht wurde, sondern die aus sich selbst zu wachsen schien.«

Wie viele andere in seiner Lage erzählt auch Jaeger von »einem tiefen Frieden, einer unvorstellbaren Harmonie, einem nie gekannten Glücksgefühl«.

»Glasklare blaue Seen, sanfte Hügel und freundliche Bäume«, sagt er. »Ich hatte meine Welt verlassen und war in einer anderen, besseren Welt angekommen, nach der ich mich gesehnt hatte, seit ich denken und fühlen kann. Diese Worte reichen nicht, dieses erhabene Gefühl zu beschreiben.«

Ein meisterhafter Neurochirurg hat ihn durch seine Kunst aus dieser heilen Welt wieder zurückgeholt. Was auf den ersten nüchternen Blick als Glücksfall erscheinen mag, wird von vielen – auf diese Weise geretteten – Menschen eher als traurig empfunden. Ihr Sterben hatten sie nämlich durchweg als »angenehme Reise« geschildert, einen »Zustand, den zu beschreiben Worte nicht ausreichen«.

Der Arzt und Psychiater Carl Gustav Jung schildert sein Sterbeerlebnis, nachdem er sich 1944 den Fuß gebrochen und einen Herzinfarkt erlitten hatte. Während er »in unmittelbarer Todesgefahr schwebte«, erlebte Jung sich in seiner »Urgestalt oben im Weltraum, etwa 1500 Kilometer hoch«, und sah, was nach ihm erst wieder die Astronauten gesehen haben: »Weit unter mir die Erdkugel in herrlich blaues Licht getaucht, das tiefblaue Meer und die Kontinente! Tief unter meinen Füßen lag Ceylon, und vor mir der indische Subkontinent. Mein Blickfeld umfaßte nicht die ganze Erde, aber ihre Kugelgestalt war deutlich sichtbar, und ihre Kontinente schimmerten silbern durch das wunderbare blaue Licht.«

Damals gelang es, Jung »mit Sauerstoff und Kampfer« ins Leben zurückzubringen. Einige Jahre später betrat er dann endgültig jenes »unentdeckte Land, von des Bezirk kein Wanderer wiederkehrt«. Shakespeare mag freilich bei diesem *Hamlet*-Zitat nicht an jene Menschen in Asien ge-

192

dacht haben, für die eine Wiedergeburt nicht nur Glaubenssatz, sondern Naturgesetz ist.

Jankovich, Jaeger und Jung sind nur drei von Abertausenden, die an einer Grenze standen, für deren Übertritt wir alle schon Paß und Visum in der Tasche haben. Sind die Berichte der durch Ärzte-Kunst reanimierten Todeskandidaten ein Hinweis darauf, daß es ein Leben nach dem Tod wirklich gibt?

Was passiert beim Sterben?

Der Wissenschaftler unterscheidet zwischen klinischem und biologischem Tod. Der biologische Tod, das sind die großen »Maschinen«, die stehenbleiben: Gehirn, Atmung, Herz. Der klinische Tod ist umkehrbar; man kann ins Leben zurückfinden. Doch wenn eine gewisse Schwelle überschritten ist, gibt es keine Wiederkehr mehr: Der Gehirntod führt zum eigentlichen Aus.

Was genau Leben ist, weiß man nicht. Also weiß man auch nicht, ob oder in welchem Augenblick es genau endet. Was geschieht zum Beispiel mit unserem *Energiekörper,* dem von Professor Popp nachgewiesenen *Biophotonenfeld*? Ist es gleich der Seele tatsächlich unsterblich?

Die Sterbeforscherin Professor Dr. Elisabeth Kübler-Ross, eine in der Schweiz geborene und in den USA lebende Psychiaterin, hat 1000 reanimierte Patienten untersucht. Ihr Kollege Dr. Raymond Moody hat ähnliches getan und mit seinem Bestseller *Leben nach dem Tod* (erschienen im Rowohlt-Verlag) einen Klassiker geschaffen. Die Botschaft ist allemal gleich: Die Überlebenden sprechen von einem »außerordentlichen Licht, einer Art unzerstörbarer Substanz der Liebe«, in der sie das Gefühl hatten, »zu schmelzen, ohne das Bewußtsein zu verlieren«. Dieses »Licht« scheine auf ein wahres Märchenland, in dem man verstorbene Angehörige und Freunde in »kristallenen Städten und Traumlandschaften« wiederfinden könne.

Menschen, die von dort zurückkehren, erleben fast immer einen Identitätswechsel. Sie gestalten ihre Existenz sinnvoller und wenden sich von der rein materialistischen Welt ab, indem sie sich mit spiritueller Literatur, Malerei und Musik beschäftigen. Sie behalten zwar die Gewohnheiten des Alltags bei, versuchen aber sie in einer harmonischen Balance zu den neu gewonnenen Einsichten zu halten. Sie haben in der Regel keine Angst mehr vor dem Tod und beschäftigen sich oft mit Phänomenen der neuen Physik. So meldete sich bei unserer Redaktion ein Gabelstaplerfahrer, der nach einem Nah-Todeserlebnis eine *Vision der Allwissenheit* hatte, obwohl er sich vorher nie für wissenschaftliche Fragen interessiert hatte. Auch wenn er sich nach seiner Wiederbelebung nicht mehr genau an den Inhalt der Vision erinnern konnte, blieben verschiedene physikalische Fachbegriffe haften. Der Mann hat sich inzwischen mit weiterführender Literatur eingedeckt.

Für Dr. Raymond Moody ist dieser nachhaltige Identitätswechsel ein überzeugender Beweis dafür, daß Nah-Todeserfahrungen tatsächlich »Reisen in eine spirituelle Wirklichkeitsebene« sind, die uns auch durch tiefe Meditation und in bestimmten Träumen zugänglich wird, ohne daß wir dabei gleich *tot* sein müssen.

Für die amerikanische Psychoneuroimmunologin Candace Pert ist unbestreitbar, daß alle uns zugänglichen Informationen im Gehirn gespeichert werden. »Wohin gehen diese Informationen aber nach dessen Zerstörung?« fragt sie. »Materie kann weder erschaffen noch vernichtet werden. Vielleicht verschwindet der biologische Informationsstrom nicht einfach nach dem Tod, sondern nimmt eine andere Dimension an.«

Die moderne Physik dringt in Bereiche vor, die in der Vergangenheit ausschließlich den Mystikern vorbehalten blieben. Bereiten Menschen mit Nah-Todeserfahrungen durch ihre Erlebnisse unbewußt die Verschmelzung von Wissenschaft und Spiritualität vor?

Es darf nicht übersehen werden, daß der *Ich*-Austritt keineswegs auf das Sterbeerlebnis beschränkt bleibt. Auch Drogensüchtige erleben zuweilen eine Spaltung von Leib und Geist, und nicht nur mittelamerikanische Schamanen berichten von außerkörperlichen Erfahrungen, bei denen sie – losgelöst von Raum und Zeit – zu kosmischen Reisen aufbrechen. Einer der berühmtesten ist der ehemalige Fernsehmanager Robert Monroe, der *zufällig* einen *Körperaustritt* hatte und verrückt zu werden glaubte. Die Ärzte konnten keinen Defekt feststellen, doch erst als Monroe von indischen Yogis hörte, die ihre Körper jederzeit verlassen können, vervollständigte er sein ungebetenes Talent. In einem Tagebuch dokumentierte er zahlreiche *außerkörperliche Exkursionen* und entdeckte dabei, daß er sowohl durch feste Gegenstände hindurchfliegen wie große Entfernungen sekundenschnell zurücklegen konnte, wenn er nur »an einen bestimmten Ort dachte«. Dort anwesende Menschen bemerkten ihn jedoch nicht. Die Freunde, die er in seinem außerkörperlichen Zustand aufsuchte, ließen sich schnell überzeugen, wenn er ihre Kleidung und Aktivitäten zur fraglichen Zeit exakt beschrieb.

Schon bald fand Monroe heraus, daß er nicht der einzige Reisende auf diesem Trip war. »Wer diese anderen Wesen auch sein mögen, sie strahlen jedenfalls eine Menschenfreundlichkeit aus, die vollkommenes Vertrauen schafft«, sagt er.

195

Michael Talbot stellt sich in seinem Buch *Das holographische Universum* (erschienen im Droemer-Verlag) die Frage: »Wenn ein Besucher der inneren Dimension einem Lichtwesen begegnet, ist dieses Wesen dann eine Realität oder nur eine Phantasiegestalt?« Seine eigene Antwort lautet, daß es »ein bißchen von beidem ist, denn in einem holographischen Universum sind alle Erscheinungen Illusionen, hologrammartige Bilder, entstanden aus der Interaktion des betreffenden Bewußtseins«.

Soll das heißen, daß wir uns neben der diesseitigen auch eine jenseitige Wirklichkeit *selbst* erschaffen? »Natürlich«, bestätigt der Gehirnforscher Karl Pribram. »Aber wir können dabei natürlich nur auf *etwas* zurückgreifen, was tatsächlich vorhanden ist.«

Nach den Analysen des Psychiatrieprofessors Joel Whitton von der Universität in Toronto sind die Gestalten und Strukturen, die Sterbende in der *Nachlebensdimension* wahrnehmen, »Denkformen, die der Geist hervorbringt«. Whitton ergänzt: »René Descartes' berühmter Ausspruch ›Ich denke, also bin ich‹ hat nirgendwo *mehr* Gültigkeit als in diesem Zwischenstadium.«

Was ist aber unsere *wahre Gestalt,* wenn wir uns außerhalb des uns gewohnten Körpers befinden? Nach Monroe sind wir »ein Schwingungsmuster, zusammengesetzt aus vielen in Wechselwirkung befindlichen Resonanzen«.

Wie außerkörperliche Erlebnisse, so scheinen auch Nah-Todeserfahrungen ein multikulturelles Phänomen zu sein. Sie werden ausführlich in den alten ägyptischen, tibetischen und indianischen Totenbüchern beschrieben. Fromme Menschen machen sie genauso wie Ungläubige. Anzumerken ist, daß nicht alle reanimierten Patienten sich an solche Vorgänge erinnern und sie – wenn vorhanden – nicht immer *gleich* ablaufen. Professor Kübler-Ross glaubt, daß diese Menschen nicht an Halluzinationen oder Sinnestäuschungen leiden, sondern »tatsächlich in eine völlig andere Wirklichkeitsschicht vordringen«.

Merkmale für ein durchaus akzeptables *holografisches Erklärungsmodell* weist der sogenannte »Lebensfilm« auf, ein Rückblick auf alle sinnlich erfahrbaren Details, eine totale Erinnerung. Während dieses blitzartigen und umfassenden Vorgangs durchleben Sterbende noch einmal sämtliche Emotionen, die Freuden und Leiden ihres Lebens. Zugleich *haben* sie auch die Gefühle jener Menschen, mit denen sie in Beziehung standen. Selbst das banalste Geschehen taucht wieder auf, Gesichter, die man nur einmal gesehen, aber jahrelang im Gedächtnis behalten, Witze, über die man gelacht hat, die Freude beim Anblick eines Sonnenaufgangs und längst vergessener kindlicher Kummer – nicht der kleinste Gedanke ist verlorengegangen.

»Der Lebensrückblick im Stadium des Sterbens«, so Michael Talbot, »ist demnach holographisch nicht nur in seiner Dreidimensionalität, sondern auch hinsichtlich der Informationsspeicherkapazität verblüffend.« Ein Augenblick, der alle Augenblicke umfaßt.

Universell dabei ist auch die Aufforderung, das Geschehen *selbst* zu bewerten: Eine Gerichtssitzung, bei der wohl der sterbende Mensch Richter, Staatsanwalt, Verteidiger und Angeklagter in einer Person ist. Das gefällte Urteil ist ein Selbst-Urteil, das aus den Schuld- und Reueerfahrungen des Betroffenen resultiert.

Daß viele Theologen den Nah-Todeserlebnissen skeptisch begegnen, dürfte daran liegen, daß religiöse Aspekte dabei kaum oder nur eine untergeordnete Rolle spielen. So fehlt in den Berichten sowohl ein kosmisches *jüngstes Gericht* als auch ein göttliches Bestrafungs- und Belohnungssystem. Lediglich die hin und wieder geschilderten *Lichtwesen,* die als eine Art *geistige Helfer* auftreten, könnten bei gutem Willen als *Engel* identifiziert werden.

Einige der reanimierten Patienten berichten von solchen Begegnungen, wobei für diese *Wesen* die Liebe ein Schlüsselwort zu sein scheint. Ein kleiner Junge, der von einem Auto angefahren worden war und »von zwei Gestalten in weißen Gewändern in die jenseitige Welt geleitet wurde«, berichtete anschließend: »Was ich dort erlebt habe, ist, daß das Wichtigste im Leben die Liebe ist.«

Andere werden mit Sätzen belehrt wie »Lernen ist ein unaufhörlicher Prozeß, der auch nach dem Tod weitergeht«, oder »Wissen gehört zu den wenigen Dingen, die du mitnehmen kannst, wenn du gestorben bist«.

Manche Menschen mit Nah-Todeserfahrungen behaupten auch, während ihres Zustandes »Information in Schüben« erhalten zu haben: Fakten, Details, Bilder und Erkenntnisse seien nicht linear gegliedert wie die Wörter eines Satzes oder die Kapitel eines Buches, sondern »dringen schlagartig in das Bewußtsein«. Ein Gedankenbündel.

Versuche, all diese Vorgänge im Grenzbereich zwischen Leben und Tod rein medizinisch zu erklären, scheitern oft an den subtilen, allumfassenden Erkenntnissen der reanimierten Menschen und an deren – oft totalem – Kurswechsel bei der Gestaltung ihres restlichen Lebens.

»Es ist doch legitim«, so Professor Elisabeth Kübler-Ross, »diese Erlebnisse als rein physiologische Vorgänge zu erklären, die mit der Welt der Geister oder gar einer anderen Definition überhaupt nichts zu schaffen haben.« Die einfachste Lösung wäre, daß die Sterbenden durch Sauerstoffmangel in *euphorische Zustände* geraten. Auch die Ausschüttung von Hormonen der Nebennieren mit einer entsprechenden Beeinflussung des Gehirns käme als Auslöser derartiger Visionen in Frage.

Der Internist und Sterbeforscher Dr. Paul Becker findet
»durchaus akzeptable Gründe, ein Leben nach dem Tode
anzunehmen«. Der Arzt in einem Interview mit dem *Spiegel*: »Das Sterben ist für einen auf den Tod nicht vorberei-
teten Menschen offenbar etwas ganz Übermenschliches,
das er aus eigener Kraft gar nicht durchstehen kann – so
daß ihm von irgendwoher Hilfe zuteil wird.«

22   Schach mit einem Toten

Die ungewöhnlichste Partie des Jahrhunderts

Ein sanfter, weißhaariger Mann sitzt vor einem leeren Blatt Papier. In seiner rechten Hand hält er einen Bleistift, die Augen sind geschlossen. Mit großen, ausladenden Buchstaben beginnt er zu schreiben: »Unser Freund ist neben uns und neben Dir und sagt, daß er bereit ist für das Spiel. Er wählt weiß, und sein erster Zug lautet *e 4*.«
Damit begann am 15. Juni 1985 gegen 19.30 Uhr in St. Augustin die wohl ungewöhnlichste Partie in der 1400 Jahre alten Geschichte des Schachs. Das *Medium* Robert Rollans hat diese französische Eröffnung von dem Großmeister Geza Maroczy erhalten, der von 1870 bis 1951 in Ungarn lebte. Der in Rumänien geborene Rollans ist ein begabter Mann, der Opern, Konzertstücke und Liederzyklen schreibt und auf »eine besondere Art« auch mit »anderen Ebenen des Bewußtseins« verbunden ist. Er hat noch nie in seinem Leben Schach gespielt und bezeichnet sich deshalb nur als »Postbote« zwischen einer *jenseitigen* und einer *diesseitigen* Welt. Den Eröffnungszug des Ungarn schickt er per Post an Dr. Wolfgang Eisenbeiss in St. Gallen, der sich diese Partie ausgedacht hat, um einer zweifelnden Menschheit ein weiteres Indiz für die Theorie zu liefern, daß es ein Weiterleben nach dem Tode gibt. Eisenbeiss reicht den Eröffnungszug an den in der Nähe von Zürich lebenden Exil-Russen und Großmeister Viktor Kortschnoi weiter. Der reagiert auf die etwas »altmodische Eröffnung« mit *e 6*.

200

Kortschnoi verschmitzt: »Mein Gegner hat lange nicht gespielt. Deshalb dachte ich, die Partie könne nicht sehr lange dauern.«

Kortschnoi irrte. Das Spiel befindet sich inzwischen im 46. Zug und wird wohl im Frühjahr 1993 mit einem knappen Sieg von Kortschnoi enden. Daß sich das Duell knapp acht Jahre hinzog, liegt an dem umständlichen Verfahren: Die einzelnen Spielzüge werden von Dr. Eisenbeiss jeweils schriftlich an die Spieler vermittelt, die dann darauf reagieren müssen. Da Kortschnoi oft zu internationalen Turnieren unterwegs ist, verzögert sich die Übermittlung wochenlang.

Anfangs wußte Kortschnoi nicht, daß sein Gegner – jedenfalls im konventionellen Sinne – nicht mehr am Leben ist. Er wunderte sich nur über den etwas ungewöhnlichen Stil. Inzwischen ist er von der Partie begeistert, die anfangs von dem Schweizer Meister Heinz Wirthensohn kommentiert wurde, der in der ersten Phase die Namen der Spieler und die näheren Umstände nicht kannte. Nach Maroczys siebtem Zug *Dg 4* schrieb Wirthensohn: »Die schärfste Fortsetzung, aber nicht sehr in Mode.« Den 27. Zug von *Weiß, h 4,* kommentierte der Sachverständige: »Reichlich unvorsichtig. Nun muß Schwarz seine Gewinnchancen wahrnehmen und *f 5* spielen.«

Der Börsenmakler Dr. Wolfgang Eisenbeiss, der in seinem Büro mit den wichtigsten Finanzmärkten der Welt korrespondiert und als Anlageberater Vermögen in Millionenhöhe verwaltet, ist fest davon überzeugt, daß Kortschnoi gegen einen Toten spielt, »der freilich nicht in dem Sinne tot ist, daß er nicht mehr lebt«.

Das klingt kurios, doch für Eisenbeiss ist es eine wichtige Erkenntnis. »Bisher waren die Religionen für das Sterben und den Tod zuständig«, sagt er. »Aber wer glaubt ihnen noch? Diese Vorgänge müssen von der Wissenschaft untersucht werden. Die Menschen würden den Sinn ihres Lebens anders interpretieren, wenn sie von einem Überleben des Todes überzeugt wären.«

Zu Beginn der Partie hat Eisenbeiss über seinen Kontaktmann Rollans »in der geistigen Welt anfragen« lassen, ob jemand von den großen verstorbenen Schachmeistern »mal wieder eine Partie wagen wolle«. Solche Kontakte kommen über das *automatische Schreiben* zustande, eine seit Jahrhunderten übliche okkulte Praxis. In den von Rollans in deutscher – später auch in ungarischer – Sprache erhaltenen Texten tauchte der Name Geza Maroczy auf, der Anfang dieses Jahrhunderts zu den drei besten Schachspielern der Welt gehörte.

Um seine wahre Identität zu erforschen, stellte Eisenbeiss über das Medium Rollans ein paar Fragen, die nur Maroczy beantworten konnte. So wollte er wissen, wie ein bestimmtes Spiel in einem zu Lebzeiten des Ungarn absolvierten Turnier angelegt worden sei. Die Antwort deckte sich mit den überlieferten Unterlagen: »Es war die Königs-Bauer-Eröffnung und auch die Französische Verteidigung.« Einmal fragte Eisenbeiss den *Mann im Jenseits,* ob er denn einen Gegner namens »Romi« gekannt habe. Nein, einen solchen Namen kenne er nicht, antwortete Maroczy. Wenn Eisenbeiss aber einen Spieler namens »Romih« meine – mit einem »h« am Ende – dann könne er sehr wohl mit einer Auskunft dienen. Wie sich später herausstellte, schrieb sich der Gesuchte tatsächlich so, wie Maroczy es angegeben hatte.

Der ungarische Historiker Laszlo Sebastyen suchte in der Zwischenzeit nach Details aus dem Leben des ungarischen Großmeisters und stellte aus dem umfangreichen Material 39 Fragen zusammen: 15 zu privaten Ereignissen, 13 zu persönlichen Schacherlebnissen und 11 zu Maroczys Turnieren.

Beim Vergleich der von Rollans erhaltenen Antworten und den von Sebastyen recherchierten Fakten stellte Eisenbeiss weitgehende Übereinstimmung fest, wenn auch einige Auskünfte geringfügig anders ausfielen. In der daraufhin medial übermittelten Botschaft hieß es: »Wie kann ein Historiker in meine Seele schauen?«

Wolfgang Eisenbeiss hofft, mit seinem Experiment die Zweifler an der *Überlebens-Theorie* zum Nachdenken zu bringen. »Nicht das Spiel ist wichtig«, sagt er, »sondern die Botschaft, die wir dadurch erhalten. Wenn wir davon überzeugt sind, daß es ein Leben nach dem Tod gibt, werden wir verantwortlicher und bewußter handeln und dieses ›Nach-mir-die-Sintflut‹-Denken beenden.«

Kontakte zu Verstorbenen gibt es, seit Menschen leben. In allen Kulturvölkern »sprechen die Toten«, meist durch den Mund von Medien. Für die Menschen unserer Zeit ist dies mehr ein folkloristischer Aspekt, gern fotografiert bei Begräbniszeremonien auf Bali oder Sri Lanka.

Doch weder das *schreibende Tischchen* noch das *wandernde Glas* – beliebte okkulte Praktiken, um mit Verstorbenen in Kontakt zu treten – haben die Skeptiker bisher überzeugt. Deshalb denken sich findige Parapsychologen immer außergewöhnlichere Experimente aus, um den längst überfälligen Beweis für ihre Theorien zu liefern. Der englische Wissenschaftler Robert Thouless in Cambridge hinterließ seinen Mitarbeitern einen von ihm entworfenen Code. »Wenn es tatsächlich eine nachtodliche Existenz geben sollte, werde ich versuchen, mich bei euch zu melden. Dann werde ich euch den Schlüssel zu meiner Botschaft geben.«

Obwohl dieser Code mehrfach einer großen Öffentlichkeit

zugänglich gemacht wurde, hat ihn bisher niemand knakken können. Und der *Schlüssel zum Jenseits* wurde offensichtlich noch nicht geliefert …

Wie funktionieren die Kontakte?

Um gleich auf die obige Frage zu antworten: Niemand weiß es. Daß es Kontakte gibt, darauf weist das von Eisenbeiss organisierte Schachspiel hin. Oder doch nicht? Skeptiker entgegnen, daß Robert Rollans in seinem Unterbewußtsein sehr wohl »ein großer Schachspieler« sein könne. Doch woher kämen dann die detaillierten Auskünfte über die Vergangenheit des toten Ungarn? Auch hier gäbe es eine – wenn auch wenig überzeugende – Antwort: Telepathie. Rollans würde unbewußt die noch lebenden Nachfahren Maroczys *anzapfen.*
Eisenbeiss' spirituelle Variante klingt plausibler. Erlaubt sei der Hinweis auf die mehrfach erwähnte Theorie eines *holographischen Universums* und die von Professor Rupert Sheldrake für möglich gehaltenen *morphogenetischen Felder,* eine Art Resonanzboden für alles Leben. Gäbe es dieses *Weltgedächtnis,* wäre natürlich auch Geza Maroczy dort vorhanden, mitsamt seinen vergangenen Amouren, Spielzügen und Meisterschaftserfolgen.
»Wir denken komplizierter, als es nötig ist«, sagt Wolfgang Eisenbeiss. »Warum akzeptieren wir nicht die Wahrheit? Es gibt ein Leben nach dem Tod, auf einer feinstofflichen Ebene. Dort werden wir nicht zu Engeln, sondern wir behalten unsere Persönlichkeit bei. Deshalb ist Maroczy noch immer ein Schachspieler, weil es seine Leidenschaft war und sein Leben.«
Dr. Arthur Berger von der *Revival Research Foundation* in

Los Angeles hat mit Mitarbeitern seines Institutes verschiedene Tests entwickelt, um dem Geheimnis des Todes auf die Spur zu kommen. »Wir müssen Informationen erhalten, die nur den Verstorbenen zugänglich sind«, sagt er. »Ohne diese Kommunikation kann es keine Beweise geben.«

Ist die Partie zwischen dem toten Maroczy und dem lebenden Kortschnoi dabei nicht wenigstens ein Indiz?

23 Eine Brücke zum Jenseits

Gibt es technische Kontakte zu Verstorbenen?

Nur widerstrebend hat sich die Hausfrau Ulrike Nebel mit in das Hinterzimmer einer Krefelder Gastwirtschaft nehmen lassen. Dort treffen sich an diesem Abend die »Tonbandstimmenfreunde«, eine Gruppe von Menschen, die einem der beiden großen Vereine angehören, die sich bundesweit mit diesem Phänomen beschäftigen: dem technischen Kontakt zu Verstorbenen.

Ulrike Nebel findet es schlicht »makaber«, was hier geschieht. Doch sie klammert sich an einen Strohhalm. Wird sie vielleicht doch ihren Sohn Patrick hören können, ihr einziges Kind, das vor einem Jahr mit dem Fahrrad tödlich verunglückt ist?

»Ich kann Dir nichts versprechen«, hat ihre Freundin Carmen gesagt. »Aber versuchen sollten wir es.«

Ein freundlicher Mann begrüßt die beiden Frauen. »Sie brauchen keine Angst zu haben«, sagt er. »Wir sind keine Spiritisten, die irgendwelche Geister beschwören. Wir wissen durch unsere Experimente, daß der Tod lediglich so etwas wie eine Tür in ein anderes Zimmer ist, in dem unsere Lieben weiterleben.«

Ulrike Nebel ist immer noch skeptisch. Hin und hergerissen zwischen Furcht und Neugier, willigt sie in den Versuch ein. Der Mann bittet die Anwesenden um Ruhe. Dann schaltet er einen Kassettenrekorder ein. »Es ist heute Mittwoch, der 16. Dezember«, spricht er ins Mikrofon. »Wir rufen Patrick Nebel. Wenn Du uns hören kannst, antworte bitte.«

Frau Nebel hat jetzt Angst. Wie soll sie reagieren, wenn er antwortet? Oder wie wird sie es verkraften, wenn keine Nachricht kommt? Der Mann wiederholt seine Ansage. Dann läßt er die Kassette zurücklaufen. Angestrengt hören die Anwesenden auf das leise Rauschen im Lautsprecher. Wieder und wieder versucht der Mann, eine Antwort zu erhalten. Dann hören es alle: »Patti lacht.« Es ist nur ein Flüstern, aber Ulrike Nebel hat es genau verstanden: »Patti.« Für sie ist es ein Zauberwort, ein Indiz dafür, daß die Antwort von Patrick kam, der in der Familie nur »Patti« genannt wurde. An diesem Abend ist dies die einzige Information für die trauernde Frau. Zusammen mit ihrer Freundin verläßt sie die Kneipe. Aufgewühlt trinken beide noch Kaffee in einem Imbiß. War es wirklich der tote Patrick, der sich da auf dem Kassettenrekorder gemeldet hat?

Die vorangegangene Szene ist rekonstruiert, aber sie spielt sich ähnlich allwöchentlich in Hinterzimmern von Gaststätten, Bürgerhäusern und Turnhallen in ganz Deutschland ab. Regelmäßig tagen die örtlichen Gruppen des *Vereins für Tonbandstimmenforschung* und der *Forschungsgemeinschaft für Tonbandstimmen.* Dort finden wir auch Marlene Dohrmann, die seit Jahren einen *technisch gestützten Kontakt* zu ihrer im Alter von 16 Jahren mit dem Moped tödlich verunglückten Tochter Anja unterhält, und die Hausfrau Dina Tölke, deren Sohn Frank sich regelmäßig auf Tonbändern bei ihr meldet, seit er während eines Klassenausfluges aus dem Fenster einer Jugendherberge gestürzt ist.

Die beiden Frauen fühlen sich getröstet, weil sie davon überzeugt sind, daß ihre Kinder in einer »anderen Dimension« leben und »dort glücklich« sind. Zum Beweis legen sie Kassetten in den Rekorder, auf denen – gut hörbar – Sätze sind wie »Die Toten leben« oder »Wir sind alle glücklich hier«.

Marlene Dohrmann glaubt, daß auch die Aussage »Liebe ist Leben für immer« von ihrer Tochter Anja stammt.

Längst hat das Phänomen internationale Resonanz gefunden. Auf dem Düsseldorfer Kongreß »Leben nach dem Tod« im Mai 1992 und auf der wenig später im brasilianischen Sao Paulo veranstalteten Tagung über *Transkommunikation* wurden vor Tausenden von Besuchern neue Techniken zur *Kontaktaufnahme mit dem Jenseits* vorgestellt und diskutiert.

1985 hatte der Elektroakustiker Hans-Otto König in Mönchengladbach einen Stimmengenerator konstruiert, der solche Verbindungen verfeinert und für ungeübte Ohren hörbar macht. Eine weitere technische Stufe war seine Entwicklung der *Infrarot-Lichtbrücke,* mit der es ihm möglich ist, »höhere Dimensionen« zu erreichen.

»Wir treffen immer nur auf Individuen, die mit uns auf gleicher Schwingungsebene sind«, sagt er. »Da die spirituelle Entwicklung schon auf unserer Ebene beginnt, braucht es nicht unbedingt einen Reifeprozeß in anderen Sphären, um eine bestimmte Stufe zu erreichen. Wir sind natürlich auch in unserer Welt angetreten, uns zu vervollkommnen.«

König weiß, daß das Bild von den »Stufen« nur eine verbale Notlösung sein kann, wenn sich das *Jenseits* außerhalb von Raum und Zeit befindet und es deshalb weder eine *Hierarchie* noch ein *Oben* oder *Unten* geben kann.

Unabhängig von Königs Arbeit erhielt zeitgleich der Aachener Rentner Klaus Schreiber im Keller seines Reihenhauses auf Video die Bilder seiner verstorbenen Angehörigen. Der Mann hatte ein besonderes Verfahren entwickelt: So hielt er eine elektronische Kamera einfach auf den ein-

25 Nach dem Tod seines Sohnes veränderte sich das Leben des italienischen Geschäftsmannes Roberto Buscaioli (rechts). Spricht aus seinem Mund jetzt ein Geistwesen namens »Pope«?

26 Antonio Ruffini trägt seit seiner Jugend an den Händen die Wundmale des gekreuzigten Jesus. Zum Dank erbaute er eine kleine Kapelle an der neuen Via Appia.

27 In den Ländern rund ums Mittelmeer ein verbreitetes Phänomen: Die Erscheinungen der Jungfrau. Das Mädchen Roberta (hier mit Autor Rainer Holbe) will über Jahre hinweg die Madonna in einem Feigenbaum beobachtet haben.

28 Der Rentner Klaus Schreiber empfing auf Videobildern die Portraits seiner verstorbenen Angehörigen. Waren es technische Botschaften aus dem Jenseits, die auf ein Überleben des Todes hinweisen möchten?

29 Karin Schreiber (links) starb als junges Mädchen an einer Blutvergiftung. Materialisierte sie sich wenige Jahre danach auf den Videobildern ihres Vaters Klaus?

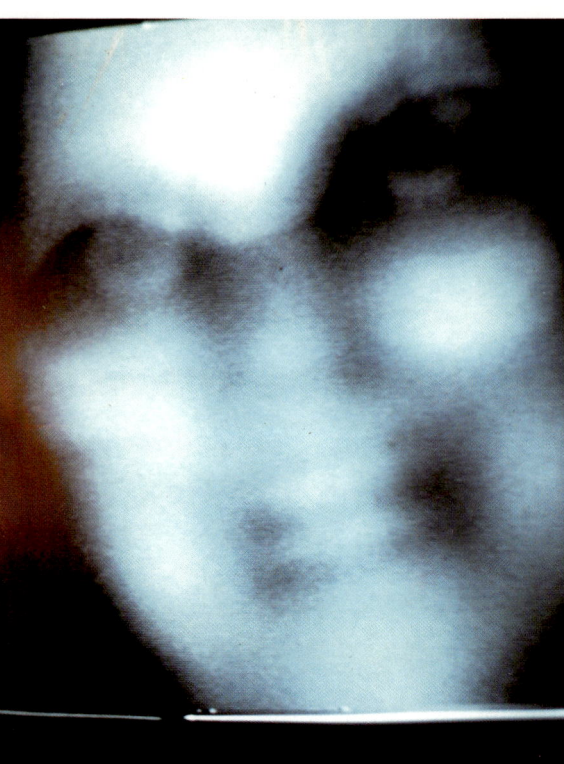

30   Auf den Videobändern von Klaus Schreiber zeigten sich nicht nur verstorbene Angehörige und Prominente, sondern auch dem Experimentator unbekannte Personen, die bis heute nicht identifiziert werden konnten.

31   Transkommunikation nennen die Experimentatoren ihre Versuche, mit technischen Geräten das Geheimnis des Todes zu entschlüsseln und Kontakt zu Verstorbenen aufzunehmen. Der Statiker Manfred Boden aus Bühl bekam seltsame Botschaften über seinen Computer, eine inzwischen auch von anderen Forschern verwendete Methode.

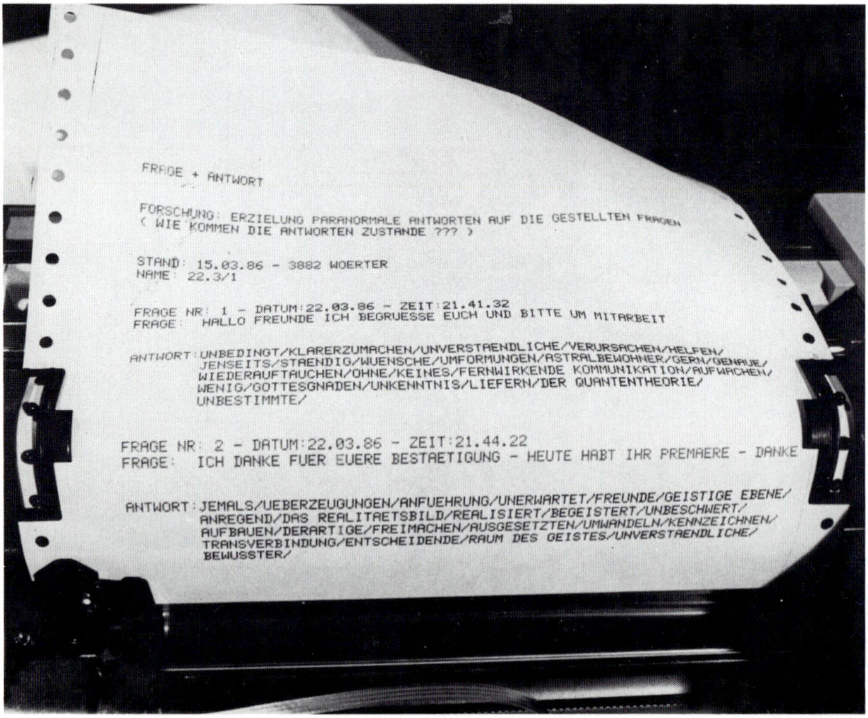

geschalteten Monitor, der gleichzeitig das Bild übertrug. Aus dem folgenden Wirrwar von Lichtblitzen und Spiralen kopierte Schreiber mit der Stop-Taste des Rekorders Einzelbilder, auf denen er die Gesichter seiner verstorbenen Tochter Karin und seiner – bei deren Geburt – ums Leben gekommenen ersten Frau Gertrud erkannte. Im Laufe der Zeit erhielt Schreiber auch die Portraits seines toten Sohnes Robert, seines Vaters sowie von Schwager und Schwägerin. Als die zweite Frau Agnes an einem Herzinfarkt starb, erschien ihr Bild kurze Zeit später ebenfalls in dem Fernsehapparat im Keller. Klaus Schreiber hatte im Laufe von zehn Jahren eine Familientragödie erlebt, deren Ausmaß Menschen schwermütig machen kann. Als er jedoch die ersten Stimmen und Bilder seiner verstorbenen Angehörigen erhielt, wandelte sich sein Leid in Neugier. Er wollte mehr erfahren über ihre Existenz und begann, als Autodidakt der wohl größten Menschheitsfrage nachzugehen: Was geschieht mit uns nach dem Tode? Seine Versuche wurden in dem Buch *Bilder aus dem Reich der Toten* (erschienen im Droemer-Verlag) beschrieben, das auch ins Italienische übersetzt wurde. Es enthält eine detaillierte Beschreibung seiner Geräteanordnung, die von Diplom-Ingenieur Martin Wenzel und dem Mainzer Physiker Professor Dr. Ernst Senkowski stammt. Trotz der veröffentlichten technischen Einzelheiten ist es bisher niemandem gelungen, Schreibers Versuche ähnlich erfolgreich fortzusetzen.

Schreiber starb plötzlich im Winter 1988. Doch schon bald tauchte sein Bild im Drucker eines Computers in Luxemburg auf. In einem von dem dortigen *Cercle d'Etudes sur la Transcommunication* veranstalteten Experiment war es offenbar gelungen, einen audiovisuellen und verbalen Kontakt zu Schreiber herzustellen. Erfreut melden die Initiatoren der Gruppe weitere Bild- und Ton-Informationen von

Verstorbenen, die sie in einer regelmäßig erscheinenden Zeitschrift publizieren.

Was bedeutet Transkommunikation?

Schon der geniale Erfinder Thomas Alva Edison glaubte daran, daß das Leben ebenso unzerstörbar ist wie die Materie. Es hat, so sagte er, »auf dieser Welt immer eine bestimmte Quantität an Leben gegeben, und es wird immer dieselbe Quantität geben«. 1920 arbeitete Edison an einem hochempfindlichen Gerät, das die Kommunikation mit Toten ermöglichen sollte. Trotz seiner bis ins Alter bewahrten geistigen Flexibilität hat er den Apparat nicht vollenden können.

Im Sommer 1959 hörte der Schwede Friedrich Jürgenson merkwürdige Stimmen auf seinem Tonband. Zuerst glaubte er, ein fremdes Radioprogramm aufgenommen zu haben, bis er darunter Aussagen bemerkte, die von bekannten verstorbenen Menschen stammten.

Nach Veröffentlichung des Buches *Sprechfunk mit Verstorbenen* (erschienen im Goldmann-Verlag) haben einige tausend Experimentatoren in verschiedenen Ländern durch Aufzeichnung unzähliger Stimmen vergleichbarer Formen und Inhalte die Existenz des Phänomens der Tonbandstimmen bestätigt.

Während der letzten drei Jahre hat sich der technische Kontakt zu einem uns unbekannten Jenseits erweitert: Elektroakustische Stimmen aus Radio- und Fernsehgeräten werden durch spezielle Apparaturen und einige hundert Computertexte ergänzt.

Der Mainzer Physiker Professor Dr. Ernst Senkowski hat über diese instrumentelle Transkommunikation eine detaillierte, wissenschaftliche Untersuchung veröffentlicht.

210

In der von ihm und dem Frankfurter Arzt Dr. Vladimir Delavre herausgegebenen Zeitschrift *Transkommunikation* wird regelmäßig über den aktuellen Stand der Forschung berichtet. In einem dort erschienenen »Editorial« heißt es unter anderem:

»Apparative ›Transkommunikation‹ ist ein Phänomen, das von vielen Menschen erfolgreich in Gang gebracht werden kann. Eine paranormale Begabung scheint nicht erforderlich zu sein, allerdings eine solchen Erscheinungen gegenüber offene, nicht feindliche oder ängstliche Haltung des Experimentators. Grundlage der Erscheinungen ist eine bis jetzt unerklärliche Änderung der normalen Funktionsweise elektronischer Systeme, wie von Radio- und Fernsehgeräten oder Computern. Diese vom Experimentator beeinflußte Funktionsänderung läßt Stimmen, Bilder und Texte erscheinen, die nach allen bekannten Gesetzen der Physik ›nicht entstehen dürften‹. Es handelt sich dabei um eines der wenigen Grenzphänomene, die sich sowohl relativ gut wiederholen lassen, als auch auf Anhieb von allen Beobachtern als ›paranormales Ereignis‹ registriert werden können. Dies ermöglicht wissenschaftliche Untersuchungen, ohne den Umweg über nachträgliche statistische Auswertungen.

Warum bleibt ein so außergewöhnliches Phänomen 30 Jahre nach seiner Entdeckung noch immer von Wissenschaft und Allgemeinheit unbeachtet? Dies ist um so erstaunlicher, als der Inhalt der Mitteilungen auf ein ›Weiterleben nach dem Tode‹ deutet.

Man ist versucht, die altbekannte Schlußfolgerung zu ziehen, daß die Zeit noch nicht reif genug ist. Vielleicht sollten wir uns aber eher fragen, ob die apparative Transkommunikation bereits genügend reif ist, um ›ein Teil unserer Zeit‹ zu werden. In einer Epoche, die von Wissenschaft und Aufklärung geprägt ist, kann nur ein wirkliches Verständnis solcher Erscheinungen breitere Wirkungen auslösen. In diesem Licht betrachtet wäre es die Verpflichtung der besonders erfolgreichen Transkommunikatoren, daran mitzuarbeiten, das Phänomen auf eine wissenschaftlich fundierte Basis zu stellen.

Bis heute fehlt uns aber nicht nur jede wirkliche Erklärung, sondern auch eine vernünftige Möglichkeit, die beobachteten Erscheinungen sinnvoll in das eigene Leben einordnen zu können. Persönliche Erfahrungen mögen vielleicht individuellen Trost bringen und zu einer Erweiterung des eigenen Weltbildes führen; sie bieten aber in unserer auf Nutzen bedachten Welt dem durchschnittlichen Betrachter keinen sichtbaren Vorteil. Ganz zu schweigen von der großen Gruppe derjenigen, deren materialistisches Weltbild den Glauben an Transzendentes gar nicht zuläßt.«

Es scheint zu den Zielen der Evolution zu gehören, die Grenzen zwischen den einzelnen Ebenen unseres Bewußtseins durchlässig zu machen, um sie eines Tages ganz aufzuheben. Das Phänomen der *Transkommunikation* ist ein weiterer Schritt in diese Richtung.

Übungen für den Leser

Experimentelle Kontakte zu anderen Bewußtseinsebenen sind nicht immer ungefährlich und können zu psychischen Belastungen führen, denen nicht jeder gewachsen ist. Außerdem müssen *jenseitige Informationen* nicht unbedingt wahr sein. Der Experimentator sollte sich seinen gesunden Menschenverstand bewahren und jede Abhängigkeit von solchen Versuchen vermeiden. Empfehlenswert ist ein genaues Studium der zahlreich angebotenen Literatur (siehe auch Hinweise am Ende dieses Buches). Wer aus weltanschaulichen Gründen von einem Leben nach dem Tode überzeugt ist, braucht keine Bestätigung seines Glaubens durch technische Apparate. Dem oft in diesem Zusammenhang angeführten Bibelzitat »Ihr sollt die Toten ruhen lassen« hält der französische Theologie-Professor und Autor des Buches *Les Morts nous parlent (Die Toten sprechen zu uns)*, François Bruûe, entgegen: »Das Tonbandstimmen-Phänomen zeigt uns, daß die Toten gar nicht so tot sind, wie wir denken. Sie suchen den Kontakt zu uns genauso intensiv, wie wir mehr von ihnen erfahren möchten.«

24   Besuch im früheren Leben

Die Wiedergeburt als ein Naturgesetz

An einem August-Tag des Jahres 1983 biegt der 35 Jahre alte Suresh Verma mit einem kleinen Fiat in den Hof seines Hauses in einem Vorort der indischen Stadt Agra ein. Ein langer Arbeitstag im eigenen Radiogeschäft liegt hinter ihm. Er freut sich auf das gemeinsame Abendessen mit seiner Frau Uma und den Söhnen Ronu und Sonu. Plötzlich rennen zwei Männer auf ihn zu und schießen. Eine Kugel trifft Suresh am Kopf. Als seine Frau die Tür des Autos aufreißt, fällt ihr der tote Ehemann entgegen. Der Mord ist bis heute nicht aufgeklärt; das Motiv unklar.

Vier Monate später wird in einem Dorf in der Nähe von Agra ein Baby geboren: Titu. Es wächst heran; ein Sonnenschein der Familie. Im Alter von vier Jahren beginnt Titu immer öfter von einem Leben als Radiohändler in der benachbarten Stadt zu erzählen. Suresh Verma sei damals sein Name gewesen, er habe eine Frau namens Uma und zwei Söhne gehabt. Er sprach detailliert von seinem Tod: Feige sei er ermordet worden.

Titu steigerte sich so in diese Geschichte hinein, daß er gegenüber seinen Eltern immer aggressiver wurde und oft den Wunsch äußerte, »sein altes Leben in Agra« wieder aufzunehmen. Titus älterer Bruder fuhr schließlich völlig genervt in die Stadt und war geschockt, als er tatsächlich im Bazar einen »Suresh Radioshop« entdeckte, der von Uma geleitet wurde, der Witwe des 1983 ermordeten Suresh Verma. Die

Inder leben mit dem Gefühl, nach dem Tod wiedergeboren zu werden. Für sie ist es kein Glaube, sondern ein Naturgesetz. Also war Uma neugierig, ihren reinkarnierten Mann wiederzutreffen. Zusammen mit ihrer Mutter, dem Vater und den drei Brüdern fuhr sie in das Dorf. Freudestrahlend lief Titu auf seine »Eltern« zu, umarmte sie und war enttäuscht, daß sie nicht mit dem alten Fiat, sondern mit einem anderen Auto gekommen waren, das sie kurz nach dem Tod von Suresh gekauft hatten. Seiner »früheren Frau« näherte er sich schüchtern. Durch vorsichtiges Fragen versuchte die Familie, Einzelheiten von Titu über die Lebensumstände von Suresh zu hören. Bereitwillig erzählte der Junge von seiner »früheren Arbeit, vom Aufbau des Ladens und den Söhnen Ronu und Sonu«. Doch besonders sein früherer »Bruder« Maresh blieb mißtrauisch: »Sag mir, was während meiner Hochzeit passiert ist?« Titu antwortete verärgert: »Da habe ich mit Tellern geworfen.« Suresh hatte sich damals über eine Kleinigkeit geärgert und das Fest durch seinen Jähzorn gestört. In diesem Moment war auch Maresh davon überzeugt, seinen früheren »Bruder« wiedergetroffen zu haben.

Die seltsamen Übereinstimmungen im Leben des kleinen Titu mit der Vergangenheit des ermordeten Radiohändlers Suresh Verma und vor allem die Tatsache, daß sich das Kind diese Informationen nicht hatte auf irgendeine andere Weise beschaffen können, veranlaßten Professor N. K. Chadha von der Universität in Delhi, den Fall zu untersuchen und später als besonders überzeugenden Beweis von Reinkarnation zu veröffentlichen. Chadha hat als ordentlicher Professor für Psychologie mit seinen Assistenten bereits 25 ähnliche Fälle überprüft und elf von ihnen als echte »Wiedergeburten« akzeptiert.

Zusammen mit einem Fernsehteam der britischen *BBC*

brachte Chadha den Jungen Titu in das Geschäft des ermordeten Suresh Verma nach Agra. Verschämt näherte er sich seinen »früheren Söhnen« Ronu und Sonu, die jetzt viel älter waren als er, freute sich über ein großes Foto aus seinem ehemaligen Leben an der Wand und beschrieb den erstaunten Beobachtern die »nach seinem Tod« ausgeführten baulichen Veränderungen im Laden. Inzwischen war auch Uma überzeugt: »Ich bin sicher, daß Titu mein früherer Mann Suresh ist.«

Dramatisch wurde es, als ein Friseur mit einer klapprigen Schere Titus Haare an den Schläfen entfernte und die Kamera groß eine kugelrunde Narbe zeigte, eine kleine Delle in der Schädeldecke. Das Einschußloch aus einem früheren Leben? Die körperliche Erinnerung an seinen letzten Tod? Ein endgültiger Beweis?

Reinkarnationsforscher sagen, daß Narben bei gerade geborenen Kindern, Leberflecke oder Muttermale physische Indizien für einen gewaltsamen früheren Tod sein können. Titu ist natürlich auch ohne diesen Beweis davon überzeugt, der Radiohändler in Agra gewesen zu sein.

Titus Eltern in seinem jetzigen Leben waren über diese Entwicklung nicht glücklich. Wie kann, so fragten sie, sich ihr Sohn auf die jetzigen Umstände seines Lebens konzentrieren, wenn er sich ständig mit dem Leben des toten Suresh beschäftigt? Die BBC-Kamera begleitete die Familie zum alten Dorf-Weisen, der Titu in die Arme nahm und Vater und Sohn belehrte: »Das Universum in seiner Erhabenheit und Weisheit sieht einen ewigen Kreislauf vor zwischen Tod und Wiedergeburt. Wir werden so lange auf diese Erde kommen, bis wir endlich erkennen, daß wir nicht immer wieder verschiedene Personen sind, sondern eine einzige Seele in vielen verschiedenen Rollen. Dann endlich wird sich das Karma auflösen.«

Der Rat des Weisen: »Gebt Titu viel Liebe und Geborgenheit. Dann wird er vergessen und endlich das sein dürfen, was er heute wirklich ist: Ein Junge, der eine Aufgabe in einem neuen Leben gefunden hat.«

Inzwischen ist das Thema Wiedergeburt auch im Westen heftig im Gespräch. Schon bevor Franz Beckenbauer mit seinem öffentlichen Bekenntnis, er habe schon einmal gelebt und könne sich auch ein zukünftiges Leben als Frau vorstellen, Aufsehen erregte, hatten sich zahlreiche Prominente zur Reinkarnation bekannt. Shirley McLaine schrieb Bücher darüber, Ruth-Maria Kubitschek und Penny McLean vertreten in Talk-Shows den Wiedergeburtsgedanken als Naturgesetz. Zahlreiche Therapeuten bieten Reinkarnationssitzungen an, in denen ihre Patienten in Trance – von der Hypnose ist man inzwischen weitgehend abgekommen – in die Vergangenheit zurückgeführt werden.

Ziel einer solchen Aufarbeitung früherer Geschehnisse ist es, Blockaden und Ängste in diesem Leben abzubauen, indem man die *Ursache* dafür aufspürt. So unterzog sich die Werbekauffrau Beate Schneider (der Name ist auf Wunsch geändert) aus der Schweiz im Etora-Zentrum auf Lanzarote einer solchen Therapie, weil sie hoffte, damit endlich ihr »manisches Schlucken« zu verlieren, das die Ärzte »Kropfgefühl« nennen.

In den zwei Behandlungswochen bei einem Reinkarnations-Therapeuten – der gleichzeitig auch praktischer Arzt ist – stieß Beate nicht nur an die Grenzen ihres jetzigen Daseins, sondern wurde über die Geburt hinaus in ein Leben vor dem Leben geführt. Die junge Frau betrachtete ihren Aufenthalt auf der Kanareninsel als Exerzitium (geistige Übung). Sie fastete und legte sich außerhalb der Therapiestunden Redeverbot auf. Diese Umstellung ihrer Lebensweise führte dazu, daß sich der Zugang zu ihrem

217

Unbewußten weniger problematisch gestaltete, als sie zuvor gefürchtet hatte. An einem Nachmittag sah sie sich als Zwölfjährige, die ihren Großvater auf einer Alm oberhalb von Luzern besuchte. Beate kannte sich dort gut aus, lebte sie doch auch in der Gegenwart in einem Dorf am Vierwaldstätter See. Es war ein Frühlingstag, und das junge Mädchen machte sich bereit zum Abstieg. Sie wollte wie immer einen Hohlweg nehmen, die kürzeste Verbindung zwischen Alm und Dorf. Doch der Großvater warnte sie: Die schon recht kräftige Sonne könne Schneefelder lösen, die dann als Lawinen zu Tal donnern. Das Mädchen solle doch lieber den Umweg über den Wald nehmen, der weniger steil und viel sicherer sei. Offenbar hörte sie nicht auf die Warnung, sondern fand sich während der Therapie in einer recht bedrohlichen Situation wieder: Über ihr türmten sich Schnee- und Geröllmassen. Verzweifelt schrie sie um Hilfe. Beate durchlebte auf dramatische Weise noch einmal ihr damaliges Sterben. Sie spürte, wie sie sich erbrach, nach Luft rang und erstickte.

Als der Arzt sie langsam in die Gegenwart zurückführte, war sie schweißgebadet. Doch der Knoten war gelöst. Die junge Frau hatte erkannt, welches traumatische Ereignis der Auslöser für die heutige Manie – das »Kropfgefühl« – gewesen war: der Erstickungstod unter einer Lawine. Von diesem Moment an hörte das unmotivierte, ständige Schlucken auf, und Beate konnte die Therapie beenden.

Kritiker wenden ein, daß wohl auch eine starke Phantasie am Zustandekommen solcher Reinkarnations-Erinnerungen beteiligt und dies noch längst kein Beweis für die Authentizität des Erlebnisses sei. Doch darauf kommt es auch den meisten Therapeuten gar nicht an. Es ist ohnehin schwer, aufgrund der vagen Angaben in solchen Rückerinnerungen die Ereignisse historisch zu überprüfen. Im Fall der jungen Schweizerin gab es jedoch eine unfreiwillige Pointe.

Nach ihrer Rückkehr stieg Beate Schneider an ihrem ersten freien Tag auf die Alm, die sie von früheren Ausflügen in die Berge kannte und liebte. Sie war schon immer gerne hier oben gewesen, hatte aber im Traum nicht daran gedacht, den Platz aus einem früheren Leben zu kennen, sinnigerweise als »Heidi-Idylle« mit dem gütigen »Alm-Öhi« als mustergültigem Großvater. Zweifellos ein gelungener Archetypus, an dem ihr Landsmann Jung seine Freude gehabt hätte.

Beate Schneider nahm sich für den Abstieg genau den Hohlweg vor, den sie während ihrer Therapie gesehen und in dem sie damals – ja, wann eigentlich? – hinuntergestiegen war. Es war ein herrlicher Tag. Der See schimmerte in der Mittagssonne, und vor einem blauen Himmel hoben sich die noch schneebedeckten Berge ab, majestätisch geradezu das Brienzer Rothorn und der Luzerner Hausberg Pilatus. Auf halber Höhe bemerkte Beate auf einer Wiese den Hubschrauber der Schweizer Bergwacht, deren Besatzung über eine Felsspalte gebeugt war. Einer der Männer hatte sich nach unten abgeseilt. Neugierig trat die junge Frau zu der Gruppe.

»Hier gibt es nicht viel zu sehen«, sagte der Mann. »Und zu machen ist schon gar nichts mehr. Dazu ist es schon viel zu lange her.« Beate schaute in die Tiefe und erschrak. Da unten lagen ein paar Knochen, undeutlich zu einem Skelett geformt. »Es muß ein Kind gewesen sein, das vom Weg abgekommen ist«, sagte dann der Mann. »Spaziergänger haben es durch Zufall entdeckt.« Wie lange die Überreste dort schon gelegen hatten, konnte Beate nicht erfahren ...

Berichte über mögliche Reinkarnationen sind eine spannen-

de Sache. Der in Bad Krotzingen lebende ehemalige Angestellte Richard Kegel veröffentlichte nach seiner Pensionie-
rung einen detaillierten Bericht über sein Vorleben als Richard Wagner. Schon immer war er von dessen Musik begeistert und saß häufig als junger Mensch im Bayreuther
Festspielhaus. Die schwierigsten Partituren kannte er auswendig. Als Fünfjähriger machte sich Richard II. zum ersten Mal auf den Weg nach Bayreuth. Er hatte seinen
gleichaltrigen Freund überredet, ihn dabei zu begleiten.
»Ich muß zur Villa Wahnfried. Ich will auf den Hügel, auf
dem mein Festspielhaus steht«, erklärte er den entsetzten
Eltern, die die beiden Ausreißer rasch entdeckten.
Später reiste Richard Kegel auf den Spuren Richard Wagners, erkannte die weiße Villa in Tribschen, wo er sich damals - als der große Komponist - beim Pfeifeschnitzen in
den Finger geschnitten hatte. An der Stelle hatte Kegel eine
kleine Narbe unbekannter Herkunft. Begeistert erzählte er
von der Begegnung mit einer Frau im Zug von München
nach Schliersee, die ihn so faszinierte, daß er später des
Rätsels Lösung fand: Er kannte sie aus seinem früheren Leben als Mathilde, die gottvolle Geliebte Wagners.
Richard Wagner, der Liebling der Götter, war ein mit sich
zerstrittener Mensch. Ehefrauen, Kinder und Mätressen lit-
ten unter seiner Maßlosigkeit. Er war in Skandale verwik-
kelt und durchlebte zahlreiche Krisen. »Ich will das eigene
Nest nicht beschmutzen«, sagte Kegel, »aber ich wurde in
meinem jetzigen Leben als Komponist mit Erfolglosigkeit
bestraft, weil ich als Wagner so ein Miststück war.«
Richard Kegel hat tatsächlich 400 Lieder geschrieben, fünf
Opern, eine Operette, ein Musical und unzählige Klavier-
stücke. Keines seiner Werke wurde aufgeführt, und ein Leben als erfolgreicher Komponist blieb ihm versagt.
Die Hausfrau Beate Chong aus Bremerhaven wurde schon

als Kind von heftigen Alpträumen geplagt, in denen sie sich mitten im Feuersturm Hiroshimas befand. Das Grauen war derart heftig, daß Beate im Schlaf schrie und schweißgebadet aufwachte. Später heiratete sie in zweiter Ehe einen in Malaysia geborenen Chinesen, weil sie sich von fernöstlichen Männern schon immer angezogen fühlte. Auch ihr kurz danach geborener Sohn Denis litt unter diesen Feuerträumen. Niemand dachte an eine Therapie, aber als Beate vom Phänomen der *Tonbandstimmen* hörte, begann sie auch gleich mit den »Einspielungen«. Schon ihre ersten Versuche waren erfolgreich. Deutlich hörte sie Sätze wie »Kannst du uns verzeihen?« oder »Bitte, verzeih' uns«. Viele Worte konnte sie nicht verstehen, sie wußte aber, daß es sich nur um Japanisch handeln konnte. Zu dieser Zeit lernte Beate Youko Sasamori aus Tokio kennen, die ihr beim Übersetzen der paranormalen Aussagen half.

Nach diesen Informationen rekonstruierte Beate Chong, daß sie als Tochter eines Fischers in der Provinz Kouchi als Yumiko Ueida aufgewachsen war. Ihre damaligen Großeltern schickten die Sechzehnjährige mit ihrem kleinen Bruder Toshiro für ein paar Tage zu Verwandten in die 120 Kilometer entfernte Stadt Hiroshima.

Aus heiterem Himmel fiel am Morgen des 6. August 1945 dann die Bombe aus einem amerikanischen Flugzeug. Wer nicht sofort atomisiert wurde, starb in den gewaltigen Feuerstürmen, die in der Stadt ausbrachen. Yumiko versuchte zu fliehen, aber ihr Bruder und sie hatten keine Chance, der atomaren Hölle zu entrinnen.

Beate Chongs Wunsch, in Japan vor Ort die zahlreichen Einzelheiten zu überprüfen, ist noch nicht in Erfüllung gegangen. Sie ist überzeugt, daß ihre Großeltern noch leben und nicht in Frieden sterben können, weil eine große Last ihre Seele bedrückt. Und noch eines weiß Beate genau: Daß

ihr damaliger Bruder Toshiro als ihr Sohn Denis wiedergeboren ist.

Wie funktioniert Wiedergeburt?

Für fast ein Drittel der Menschheit ist der Glaube an die
Wiedergeburt ein über die Jahrtausende gewachsenes Wissen. Wie ein Schauspieler nach der Vorstellung sein Kostüm
auszieht, um an einem anderen Tag in neuen Kleidern in einem anderen Stück zu spielen, so ähnlich mag es auch mit
der Reinkarnation sein.
Sowohl über das individuelle Leben nach dem Tod als auch
über die Möglichkeiten der Wiedergeburt gibt es zahlreiche
Veröffentlichungen, in denen der Versuch gemacht wird,
durch gründliche Recherchen mögliche Vorleben *nachzuweisen*. Die Abläufe der Reinkarnation sind sicher nicht so
einfach, wie man sich das oft vorstellt. Die Welt wimmelt
von wiedergeborenen Pharaos, römischen Cäsaren und Na-
poleons. Es darf jedoch vermutet werden, daß sich allenfalls *Persönlichkeitsfragmente* aus einem früheren Leben in
einer heutigen Existenz wiederfinden.
Um dies zu erklären, verwenden Therapeuten gerne das
Beispiel von dem mit Wasser gefüllten Glas: Das Glas re-
präsentiert unseren Wesenskern, die Flüssigkeit ist unsere
Persönlichkeit. Wenn wir sterben, vermischt sich das Wasser mit dem Inhalt eines »kosmischen Ozeans«, und wenn
wir wiedergeboren werden, wird das Glas - aus diesem
Ozean - neu gefüllt. Natürlich sind in der Substanz auch
Teile unserer alten Persönlichkeit. Unser Wesenskern - das
Glas - bleibt davon unberührt.
Nach dieser Theorie wäre also der indische Junge Titu nur
in einigen Aspekten der wieder auf die Welt gekommene

222

Suresh Verma, der mit seiner jetzigen Persönlichkeit als Titu allenfalls eine entfernte Ähnlichkeit hat.

Auch Beate Schneider hat mit dem toten Kind in der Gletscherspalte eine periphere Schicksalslinie, und Beate Chong ist erst einmal – und dies mit aller Entschiedenheit – jene Beate Chong aus Bremerhaven, die mit den Problemen ihrer jetzigen Existenz schon genug zu tun hat.

Reinkarnationstherapie ist kein Partyspaß, sondern ein klinisches Hilfsmittel zur Auflösung von krankhaften Angewohnheiten und nicht nachvollziehbaren Ängsten. Vor den in esoterischen Zirkeln angebotenen Gruppenrückführungen ist daher abzuraten. Denn was wäre, wenn wir um all die Probleme früherer Inkarnationen wüßten, um die Tode, die wir gestorben, die Geburten, die wir durchlebt haben?

Die amerikanische Psychologin Helen S. Wambach, die ihre Patienten mit Teilbereichen möglicher früherer Leben konfrontierte, ist davon überzeugt, »daß nur Menschen, die reif genug sind, damit fertigzuwerden, mit den Erinnerungen früherer Leben bekanntgemacht werden sollten.«

Eine gütige Bestimmung legt den Schleier des Vergessens über die Vergangenheit und lüftet ihn nur aus bestimmten hilfreichen Gründen. Die ethischen Werte aber, die in den verschiedenen Erdenleben erworben werden, sind im Charakter der einzelnen Menschen präsent.

Der Philosoph Rudolf Steiner – ähnlich wie Kant, Schopenhauer oder Platon ein Verfechter der Reinkarnationslehre – sagte einmal: »In jeder Verkörperung findet sich der Mensch in einem physischen Organismus, der den Gesetzen der äußeren Natur entspricht. Und in jeder Verkörperung ist er derselbe Menschengeist. Als solcher ist er *das Ewige* in den mannigfaltigen Verkörperungen; Körper und Geist stehen einander gegenüber. Zwischen beiden muß etwas sein, wie das Gedächtnis zwischen meinen Taten von gestern und denen von heute. Und dies ist die Seele. Sie bewahrt die Taten aus den früheren Leben. Sie bewirkt, daß der Geist in einer neuen Verkörperung als dasjenige erscheint, was vorgehende Leben aus ihm gemacht haben.«

Auch der entschiedenste Kritiker wird der Reinkarnationstheorie nicht vorwerfen können, sie sei ohne Ethik. Keine Lehre weist so unmißverständlich auf die Einheit allen Lebens hin und auf die Verantwortung, die jeder Mensch für sich selbst und damit für diesen Kosmos trägt.

Das christliche Gebot »Liebe Deinen Nächsten wie Dich selbst« könnte ein karmischer Leitsatz sein. Denn dieser »Nächste« war uns vielleicht wirklich einmal nah.

Der englische Philosoph Paul Brunton schrieb: »Ein Mensch, der sich mit dem Karma-Gedanken (Karma = Sanskritwort für ›Handlung‹; es reflektiert die Vergangenheit des Menschen) vertraut macht, wird sich bemühen, niemandem Schaden zuzufügen. Er ist sich der Tatsache bewußt, daß er sich letzten Endes selbst verletzt, wenn er andere verletzt; denn das unfehlbare Gesetz des Karmas bringt ihm entweder die Schmerzen oder den Segen zurück, welchen er anderen zuteil werden ließ. Seine Sympathie mit allen Lebewesen, ob menschlicher oder nichtmenschlicher Natur, ist so total, daß er darauf bedacht ist, keinem von ihnen ein Leid zuzufügen; ganz im Gegenteil freut er sich, ihr Wohlergehen zu verbessern.«

In der Tat scheint die Karma-Lehre die einzige wirksame Philosophie zur Bewältigung unserer ökologischen Probleme zu sein. Die »Ex-und-Hopp-Mentalität« des ausgehenden Industriezeitalters ist die Folge von Denkmustern, die dem Menschen nur eine begrenzte Lebenszeit auf diesem Planeten gestatten. »Nach uns die Sintflut« ist ein zutiefst inhumanes Lebensmotto, das der Verantwortungsbereitschaft für unsere Welt und unsere Nachkommen keinen Platz läßt.

Wenn wir uns aber vor Augen führen, daß wir selbst unsere eigenen Enkel sein könnten, werden wir unser Denken und Handeln radikal verändern.

Das Abholzen der tropischen Wälder, der Ausstoß von Schadstoffen aus unseren Autos wird das Klima weltweit verändern und Katastrophen in der Ökosphäre zur Folge haben. Unkontrollierter Umgang mit der Chemie verursacht eine Verseuchung des Trinkwassers und ist damit möglicherweise Auslöser künftiger Kriege, die um das unentbehrliche Element auf diesem Planeten geführt werden.

Es ist daher wichtig zu wissen, daß diese Welt auch noch in Jahrhunderten bewohnt werden soll, und deshalb alles dafür getan werden muß, sie zu erhalten.

Ärzte, die um das Leben nach dem Tod wissen, werden unheilbar kranke Menschen nicht mit inhumanen Mitteln am Leben erhalten und sie damit zu einem unwürdigen Dasein auf Intensivstationen verurteilen. Das *Sterben* eines alten, zermarterten Körpers ist die *Geburt* einer freien Geistseele.

Der Sinn des Lebens erhält eine neue Dimension, wenn wir uns dem Gesetz der Einheit nähern, der Unzerstörbarkeit des Geistes und damit einer ewigen Existenz. Ein Mensch, der sich selbst tötet, muß wissen, daß er sich damit nicht auslöscht, sondern daß er die Probleme, die zu seiner Tat führten, auf andere Weise lösen muß.

Üble Nachrede, Diebstahl, aber auch hilfreiche Gesten lösen ebenso Karma aus wie das Quälen von Tieren in Versuchslabors, in Zuchtanstalten oder im eigenen Haus.

Eltern, die den Karma-Gedanken akzeptieren, werden ihre Kinder nicht als Eigentum betrachten, sondern als »Wesen auf einem langen Weg durch die Ewigkeit«. Nicht selten kommt es vor, daß sich in einem Baby eine alte verständnisvolle Seele mit einem großen Wissen inkarniert, um den jetzt leiblichen Eltern ihr Leben bewußter zu machen, vermuten Kenner der Reinkarnationslehre.

Kluge Eltern sind ohnehin der Überzeugung, daß sie von einem kleinen Kind genau so viel lernen können wie umgekehrt: Poesie, Spontaneität und die Kunst, sich vorbehaltlos zu freuen, sind in ganz jungen Menschen auf wundersame Weise bereits angelegt. Singen, Malen und Erzählen sind jene Gaben, die sie als Geschenke im Füllhorn des Lebens mitbringen. Erst uneinsichtige Erwachsene nehmen ihnen den Mut, sich in diesen Talenten zu vervollkommnen. Wenn ein Vater zum Beispiel sagt, der gelbe Klecks könne doch unmöglich die Sonne sein, oder ein unsensibler Musikpädagoge seine Formalien einfordert, kann die zarte Pflanze der Muse schon recht bald verdorren.

Gerade die jetzige Generation von Mädchen und Jungen entpuppt sich als selbstbewußt, phantasievoll und mutig. Neugierig und ohne Vorurteile erkunden sie alles, was ihnen begegnet. Kinder sind Realisten, und darum ist auch im Zeitalter der Medien und Computer nicht zu befürchten, daß ihre Kindheit verlorengeht.

25 »Früher, als ich groß war«

Sind Wunderkinder
Genies aus der Vergangenheit?

Der vier Jahre alte Nicolas Mac-Mahon aus einem Dorf bei London ist kein gewöhnliches Kind. Er studiert Computerwissenschaften, spricht französisch, spielt Geige wie Paganini, hat ganze Lexika im Kopf und kennt die lateinischen Namen von tausend Insekten. Außerdem liest er täglich drei Zeitungen, kennt die Straßenverkehrsordnung auswendig und verbessert seine Eltern bei Rechtschreibefehlern. Als Nicolas ein Jahr alt war, konnte er fließend sprechen und lesen. Im Moment studiert er mit Lehrer-Referendaren Computersprachen. Seine Eltern sind ratlos, haben aber kein Geld, um ihn auf eine Begabten-Schule zu schikken.

Ein *Phantastisches Phänomen* ist auch der acht Jahre alte David Gregory aus Hannover. Das erste Wort, das er als Baby sprach, war: »Bach.« Kein Wunder, daß es ihn auf Reisen mit seinen Eltern in jede Kirche drängt, wo er den Wunsch verspürt, auf der Orgel zu spielen. Wie Johann Sebastian Bach komponiert er Barock-Musik, ist aber auch ein begeisterter Pianist.

Der Junge ist mit einem ungewöhnlichen Denkvermögen ausgestattet: Wirft er nur einen kurzen Blick auf einen Schaltplan, kann er danach die kompliziertesten Geräte auseinandernehmen und wieder zusammensetzen. Im Haus seiner Eltern hat er eine Alarmanlage installiert. In seinem mit allen technischen Finessen eingerichteten Hobbyraum hört er Kassetten mit Stücken von Shakespeare und George Bernard Shaw und ist begeistert von den Satiren Tucholskys.

Die Eltern – der Vater ist Physiologe, die Mutter Lehrerin – haben es nicht leicht mit David. »Er hat einen unbeeinflußbaren Willen«, sagt Mutter Brigitte. »Alles kommt aus ihm selbst.«

Die Schule langweilt ihn, er mag nicht lesen, schreiben oder rechnen, weil er ohnehin »schon alles weiß«. Jetzt geht er auf eine Gesamtschule, hat aber wie alle hochbegabten Kinder Schwierigkeiten mit seinen Kameraden, die ihn ablehnen, weil seine Interessen »zu abgehoben« sind. Ist sein Lieblingslehrer nicht da, wird er von den Mitschülern oft verprügelt. Daher weigert er sich manchmal, in die Schule zu gehen, und reagiert mit hohem Fieber.

Als Kleinkind wählte David seine Fernsehprogramme selbst aus, wobei er ein Faible für sprach- und naturwissenschaftliche Programme entwickelte. Entsprechend hoch ist sein Intelligenzquotient: 134.

Schon als David geboren wurde, sagten die Ärzte, Schwestern und Freunde der Familie, daß er wohl »ein besonderes Kind« sein müsse. Schon als Baby lernte er den Umgang mit Messer und Gabel; er ist außergewöhnlich gesellig, aber – nach Aussage der Eltern – »stinkfaul«. Er möchte morgens am liebsten liegenbleiben, weil ihn die Schule total langweilt.

Ähnlich ist es mit der sieben Jahre alten Annika Gräbel aus Elterhausen, die mit fünf Jahren sämtliche Namen für die recht umfangreiche Dinosaurierfamilie kannte und am ersten Schultag Michael Endes Buch *Die unendliche Geschichte* in einem Stück durchlas. Ihren Vater schlägt sie im Schach und ihren Computer programmiert sie selbst.

Seit Jodie Fosters Film *Das Wunderkind Tate* ist die Problematik der hochbegabten Kinder einem großen Publikum bekannt. In Deutschland leben 100 000 von ihnen, die sich durch ihre Intelligenz oft zu Außenseitern machen. 300 000 weitere Wunderkinder scheinen im Verborgenen zu leben, weil ihre hohe Begabung noch unerkannt geblieben ist.

Mysteriös wird es, wenn ein holländischer Junge mit vier Jahren von »geheimen Räumen in der großen Pyramide« erzählt, die er »mit meinen Leuten einst selbst mit Sand zugeschüttet hat«. Für ihr Buch *Früher, als ich groß war* (erschienen im Aquamarin-Verlag) sprach die Autorin Joanne Klink mit Hunderten von Mädchen und Jungen zwischen zwei und vier Jahren über Erlebnisse aus einer Zeit, als sie »keine Kinder, sondern erwachsene Leute« waren.

»Ich habe damals die Pyramiden konstruiert«, erzählt der Junge weiter und berichtet von Details, »wie sie die Steinblöcke immer höher geschichtet« hätten. »Ich habe die anderen gelehrt, die riesigen Quader mit dem kleinen Finger zu heben, weil wir imstande waren, die Schwerkraft aufzuheben«, sagt er inmitten seiner Plüschtiere.

Verkündet er die künftige Lösung eines archäologischen Rätsels, wenn er behauptet, daß sich unter der Cheopspyramide »intakte Menschenkörper« befinden, die sogenannten »Schläfer«, und daß viele unterirdische Gänge zu noch geheimen Räumen führen? »Dort gibt es auch einen Materie-Umformer, der vor 20 000 Jahren auf das Jahr 1999 eingestellt wurde, auf den Wendepunkt der Weltgeschichte«, erzählt das Kind.

Joanne Klink warnt davor, solche Berichte einfach als Phantasie oder Spinnerei abzutun. »Es scheint fast, als sei mancher von uns schon öfter auf Erden gewesen als andere Menschen«, sagt sie. »Und es gibt Hinweise darauf, daß sich gerade in unserer Zeit zahlreiche alte und schöne Seelen wieder auf der Erde reinkarnieren. Diese Babies haben die Möglichkeit, später den Himmel auf Erden zu schaffen.«

Wieso gibt es Wunderkinder?

Früher hieß es, Wunderkinder würden alle hundert Jahre einmal geboren. Heute weiß die Statistik, daß zwei Prozent aller Neugeborenen mit einem Intelligenzquotienten zur Welt kommen, der sich zwischen 130 und 150 bewegt, während der momentane Durchschnitt bei Erwachsenen zwischen 90 und 110 angesiedelt ist. Das Genie Albert Einstein hatte einen IQ von 172, der Universal-Mensch Goethe den IQ von 168.

Lehrer fühlen sich von hochbegabten Kindern überfordert, da ihre Schüler sich beim normalen Unterricht langweilen, weil das schrittweise Erklären des Stoffes das Kind unterfordert. Es nimmt seine Eindrücke offenbar holografisch auf und ist unfähig, das ganzheitlich integrierte Wissen in verschiedene Sparten einzuteilen. Bereitet die Natur einen weiteren geistigen Evolutionsschritt vor oder liegt die Erklärung für das Phänomen der Wunderkinder in ihren – möglicherweise vorhandenen – früheren Existenzen?

Gibt es eine geistige Brücke über die Jahrhunderte zwischen dem Kind David Gregory und dem Musikgenie Johann Sebastian Bach? Ist das holländische Kind mit seinem Wissen über die Pyramiden mit den Eingeweihten aus dem alten Ägypten auf mysteriöse Weise verbunden?

Anhänger der Wiedergeburtstheorie meinen, daß »die Seelen, die gerade jetzt geboren werden wollen, einen besonderen Auftrag haben«. Sie kommen nicht, um in dieser Welt unterzugehen, sondern um über sie hinauszuwachsen.

230

In einer Überlieferung der Hopi-Indianer heißt es, daß um die Jahrtausendwende fünf Millionen Lichtwesen als Kinder aller Nationen auf der Erde leben werden, um dem sich am Abgrund befindlichen Planeten zu helfen, die Waagschale von der Seite der Dunkelheit zur Seite des Lichtes hin zu bewegen.

»Die Anwesenheit der Seele ist bei Kindern stark spürbar«, schreibt die amerikanische Lebensberaterin Chris Griscom. »Dabei sind Babies ganz besondere Wesen. Es ist, als ob ihre Augen immer noch jene Dimension erblicken, aus der wir alle einmal gekommen sind.«

Besonders kleine Kinder sprechen gern mit unsichtbaren Spielkameraden oder Tieren. Kaum ein Erwachsener nimmt sie dabei ernst. Wer aber sagt, daß kleine Kinder - ohne den rationalen Verstand des Alters - nicht vielleicht doch mit anderen Bewußtseinsebenen verbunden sind?

Kinder gehören niemandem. Ihre Eltern dürfen sie ein Stück ihres Lebensweges begleiten, dürfen von ihrer spontanen Art lernen und ihre Liebe als Geschenk begreifen. Doch niemals ist es den Erwachsenen gestattet - Lehrern, Eltern und Verwandten -, Macht über ihre Kinder auszuüben.

Ein Kind darf nicht daran gehindert werden, sich zu entfalten, um seine ganze Persönlichkeit in der Welt zum Ausdruck zu bringen.

Schauen wir in die Augen der Kinder. Vielleicht sind es ja wirklich uralte, wiedergeborene weise Seelen, die es auf sich genommen haben, mit uns eine lebenswerte Erde zu schaffen. Begegnen wir ihnen mit Achtung und Respekt!

26　Der erste Schritt

Ein Nachwort

In einer Talk-Show wurde ich gefragt, ob ich denn an all die *Phantastischen Phänomene* glaube, die ich da präsentiere. Meine Antwort war ein klares Nein. Das hat viele Zuschauer irritiert und mir böse Briefe eingetragen. Ich sagte nämlich auch, daß der *Glaube* keine gute Ausgangsbasis ist für einen Journalisten. Unser Stoff darf nicht aus Träumen sein, sondern aus Wissen. So phantastisch sie auch immer sein mögen, unsere Phänomene sind recherchiert und hinterfragt.

Natürlich können auch geschickte Zauberkünstler die vorgestellten psychokinetischen Experimente nachvollziehen. Aber was passiert, wenn zu Hause vor dem Bildschirm kleine Kinder mühelos stabile Löffel verbiegen, als seien sie aus Wachs? Oder wenn längst kaputte Uhren wieder gehen, nachdem sich die Zuschauer auf sie konzentriert haben?

Natürlich gibt es auch UFOs. Wir haben so viel Material über dieses Phänomen, daß wir nur einen kleinen Teil in den Sendungen zeigen konnten. Es stammt meist aus den Archiven der Militärs oder von internationalen Fernsehstationen, die einen Echtheitsbeweis mitlieferten. Auch ich kenne die Fotos von gefälschten Raumschiffen, die als Modelle an einem Faden hängen. Solche und ähnliche Fälschungen haben wir niemals gezeigt.

Schwierig wird es, wenn schwerkranke Menschen die Adressen von Heilern erbitten, die wir in der Sendung vorgestellt haben. Immer wieder muß ich darauf hinweisen, daß auch in diesem Bereich keine Wunder zu erwarten sind. Manchen Kranken kann geholfen werden, bei vielen versagt auch das Talent des Heilers.

Niemand erhält von mir die Anschrift eines Hellsehers oder Wahrsagers, weil ich meine, daß Präkognition - das Sehen künftiger Ereignisse - nicht abrufbar ist. Leute, die damit Geld verdienen, kann ich nicht empfehlen.

Manche fragen nach der Wirksamkeit von angeblichen Wunderpflanzen oder Amuletten. Dafür bin ich wirklich der falsche Mann. Überhaupt möchte ich entschieden klarstellen: *Ich bin kein Esoteriker.*

Damit ist nichts gegen all die Bücher gesagt, die von seriösen Verlagen in esoterischen Reihen herausgegeben werden, oder gegen Seminare, die sich um mehr Licht in der Welt bemühen. Ich meine, daß sich im esoterischen Sumpf viele Scharlatane und Betrüger tummeln und Leute, die als »Erleuchtete« durch die Welt gehen und sich vom Alltag ganz schön abgehoben haben. Die *Phantastischen Phänomene* in diesem Buch öffnen uns einen Zugang zu den Geheimnissen der Natur, die noch längst nicht alle entschlüsselt sind. Antworten auf viele Fragen werden wir in der modernen Physik, Biologie und Astronomie finden, besonders natürlich in den Erkenntnissen der Bewußtseinsforschung. Wir sind dabei, ein Wesensmerkmal des Universums zu entdekken: daß nämlich Geist und Materie eine Einheit bilden.

Als Leser dieses Buches sind Sie mit mir den *Phantastischen Phänomenen* etwas nähergerückt. Als Autor konnte ich nur die Tür ein klein wenig öffnen zu einer Wirklichkeit, die reicher und phantastischer ist, als wir ihr zugestehen wollen. Es liegt jetzt an Ihnen, ob Sie durch diese Tür gehen wollen. Jeder Weg beginnt mit dem ersten Schritt.

Rainer Holbe

Begriffserklärungen

Amnesie: Gedächtnisblockade.

Apokalypse: Das letzte Buch des Neuen Testaments, die Offenbarung des Johannes. Schilderung des Weltuntergangs.

Archetypus: Urbild. C. G. Jung versteht darunter die bildhafte Traumsprache.

Astrophysik: Physikalische und chemische Erforschung kosmischer Objekte. Teilgebiet der Astronomie.

Aura: Feinstoffliches, nicht-materielles Energiefeld bei Mensch, Tier und Pflanze. Auch Ätherleib oder Energiekörper genannt.

Außersinnliche Wahrnehmung: Sammelbegriff für Hellsehen, Präkognition und Telepathie. Auch außersinnliche *Erfahrung.*

Automatisches Schreiben: Unbewußtes Schreiben im Trance-Zustand.

Biophotonen: Unsichtbares Licht, mit dem – laut Professor Popp – jedes Lebewesen umgeben ist. Dient der Übermittlung von Zellinformationen.

Elektron: Das Elementarteilchen mit der geringsten Masse. Ort und Geschwindigkeit eines Elektrons sind niemals genau meßbar. Bausteine des Lebens.

Erscheinungen: Manifestationen geistiger Substanzen auf der materiellen Ebene. Lassen sich konventionell-physikalisch nicht erklären.

Exobiologen: Biologen, die nach organischem Leben außerhalb der Erde suchen.

Feinstoffkörper: Körper von geringer Materie, der den grobstofflichen Körper umgibt. Physikalisch nicht nachgewiesen.

Fernheilung: Durch geistige Impulse ausgelöst. Heiler und Patient sind dabei räumlich getrennt.

Frequenz: Anzahl der Schwingungen pro Zeiteinheit.

Galaxie: Eine riesige Ansammlung von Sternen – ein Sternensystem –, die durch Gravitation zusammengehalten werden. Unsere Milchstraße zum Beispiel.

Gravitation: Eine durch die Raum-Zeit-Struktur hervorgerufene Eigenschaft, die durch die Masse eines Objekts verursacht wird. Anziehungskraft.

Hologramm: Dreidimensional wirkendes Gebilde; materiell erscheinende Projektion. In allen seinen Teilen ist das Ganze enthalten.

Holografisches Universum: Von dem Physiker David Bohm und dem Neurophysiologen Karl Pribram konzipiertes Weltbild, nach dem unser Gehirn ebenso wie der ganze Kosmos holografisch konstruiert sind. Jedes Teilstück – und sei es noch so klein – enthält das Ganze. Erklärungsmodell für fast alle Phantastischen Phänomene.

Hypnose: Schlafähnlicher Zustand, der durch Suggestion herbeigeführt wird.

Jenseits: Im allgemeinen Sprachgebrauch der Ort, in dem sich Verstorbene aufhalten. Da es aber außerhalb von Raum und Zeit liegt, ist es eher *jenseits* unserer Vorstellungskraft.

Imagination: Einbildungskraft. Mit Imaginationsübungen läßt sich das körpereigene Abwehrsystem trainieren.

Karma: Schicksal, das der Mensch durch sein Handeln erschafft.

Kirlian-Fotografie: Von dem Russen Kirlian entwickeltes Verfahren, organische und anorganische Objekte im hochfrequenten Feld zu fotografieren. Es sind *nicht* – wie früher angenommen – Bilder der Aura oder des feinstofflichen Körpers.

Levitation: Das freie Schweben von Körpern und Objekten, das physikalisch nicht erklärt werden kann.

Magie: Das Wissen um die Kräfte der Seele und ihre bewußte Anwendung, die mit dem *Ritual* erreicht wird. Ziel ist die Entdeckung und Erweiterung veränderter Bewußtseinszustände.

Mantra: Silben oder Worte – akustische Hilfsmittel – zur Konzentration bei der Meditation. Zum Beispiel: »Aum.«

Meditation: Eine den ganzen Menschen umfassende Übung zur geistigen Sammlung und Besinnung. Dem regelmäßig Übenden bringt sie Einsichten in den Kern seines Wesens.

Mirakel: Anderes Wort für Wunder oder Unerklärbares.

Mimikry: Anpassungsverhalten in der Natur. Tiere nehmen die Farbe ihrer Umgebung an, um nicht gesehen zu werden.

Morphogenetische Felder: Nach der Theorie von Professor Rupert Sheldrake eine Art Weltgedächtnis, in dem Form und Verhalten von Organismen enthalten sind. Entwickelt eine bestimmte Anzahl von Mitgliedern einer Spezies ein bestimmtes Verhalten, dann wird dies automatisch von den anderen Mitgliedern übernommen. Diesen geistigen Kontakt nennt Sheldrake »morphische Resonanz«.

Neutron: Elektrisch-neutrales Elementarteilchen. Zusammen mit dem Proton ist es der Baustein des Atomkerns.

Okkultismus: Das Unbekannte, außerhalb der Enge des Bewußtseins Gelegene. Der englische Autor Colin Wilson: »Die Zivilisation wird sich nicht weiterentwickeln, wenn wir das ›Okkulte‹

nicht mit gleicher Selbstverständlichkeit anzunehmen lernen wie die Atomenergie.«

Parapsychologie: Erforschung von PSI-Phänomenen wie Telepathie, Spuk u. a. Eigentlich veraltete und kaum mehr praktizierte Sicht dieser Phänomene. »Parapsychologe« ist keine geschützte Berufsbezeichnung.

Präkognition: Zukunftsschau, die durch außersinnliche Wahrnehmung meist spontan entsteht.

PSI: Sammelbezeichnung für alle paranormalen Fähigkeiten; eigentlich der 23. Buchstabe im griechischen Alphabet.

Psychokinese: Einwirkung des Geistes auf Materie, wie Metallbiegen, Feuerlaufen, Beeinflussung von Kompaßnadeln. Die Existenz von Psychokinese ist durch zahlreiche systematisch durchgeführte Laborversuche bestätigt.

Quanten: Bei mikrophysikalischen Vorgängen werden die Q. als kleinste Energieteilchen von Atomen aufgenommen oder abgegeben. Viele der Phantastischen Phänomene gehören in den Bereich der Quantenphysik.

Radiästhesie: Wünschelruten-Gehen.

Reanimation: Wiederbelebung nach klinisch totem Zustand.

Reinkarnation: Wiedergeburt.

Reinkarnations-Therapie: Rückführung in frühere Erlebnisbereiche, möglicherweise frühere Existenzen.

Remote-Viewing: Fernwahrnehmung. Remote-Viewer sind eine Gruppe Amerikaner, die im Dienst des CIA diese Technik gelernt haben, um vermißte Personen und Gegenstände aufzuspüren.

Spiritualität: Suche nach dem Sinn und Ziel des Lebens. Die geistige Anerkennung des Seins.

Spiritisten: Anhänger von Geisterbeschwörungen.

Spuk: Akustische und visuelle Phänomene, die auch von lebenden Menschen ausgelöst werden können. Spiritisten vermuten dahinter die Aktion von Geistwesen, möglicherweise Verstorbener. Ortsgebundener Spuk ergibt sich aus der Manifestation eines grausigen Geschehens.

Stigmatisation: Die Wundmale Christi an Händen, Füßen und an der Brust.

Suggestion: Auftrag, der einer hypnotisierten Person erteilt wird.

Telepathie: Gedankenübertragung als außersinnliche Wahrnehmung.

Tonbandstimmen: Angeblich paranormal erhaltene Stimmen von Verstorbenen auf Kassetten und Tonbändern. Nach der animistischen Erklärung beeinflussen lebende Menschen die Bänder psychokinetisch. Nach der spiritistischen Variante sind es Nachrichten aus dem Jenseits.

Transkommunikation: Technisch gestützte Kontakte zu Verstorbenen über Telefon, Tonbänder, Video oder Computer.

Unterbewußtsein: Alle nicht im Bewußtsein enthaltenen Informationen der Seele und des Geistes.

Vision: Optisches, außersinnlich wahrgenommenes Bild, das während des Erlebens als »wirklich« empfunden wird.

Wunder: Theologischer Begriff für ein ungewöhnliches Ereignis, das den Naturgesetzen widerspricht. Dagegen Augustinus: »Wunder geschehen nicht im Widerspruch zur Natur, sondern zu dem, was wir von der Natur wissen.«

Literaturverzeichnis und Quellennachweis

Bücher

Allgeier, Kurt: *Die Wunderheiler.* Zürich 1990.

Backster, Cleve: *Evidence Of A Primary Perception In Plant Life.* New York 1968.

Baldwin, Christina: *Das Kreative Tagebuch.* Bern 1992.

Bonin, Werner F.: *Faszination des Unfaßbaren.* Stuttgart 1983.

Delgado, Andrew: *Kreisrunde Zeichen.* Frankfurt a. M. 1991.

Diamond, John: *Der Körper lügt nicht.* Freiburg 1991.

Eersel, Patrice von: *Sterben – der Weg in ein neues Leben.* München 1991.

Fiebag, Johannes: *Die Anderen.* München 1993.

Fiebag, Johannes und Peter: *Himmelszeichen.* München 1992.

Fißlinger, Johannes: *Aura-Visionen.* Germering 1990.

Good, Timothy: *Sie sind da.* Frankfurt a. M. 1992.

Hawking, Stephen W.: *Eine kurze Geschichte der Zeit.* Hamburg 1988.

Hewitt/Lorie: *Die Unglaublichen Weissagungen des Nostradamus zur Jahrtausendwende.* München 1992.

Holbe, Rainer: *Bilder aus dem Reich der Toten.* München 1987.

–: *Neue Unglaubliche Geschichten.* München 1987.

–: *Ein Toter spielt Schach.* München 1988.

–: *Die Botschaft der Engel.* München 1989.

–: *In hundert Tagen um die Welt.* München 1992.

Holbe, Rainer (Hrsg.): *Knaurs Lesefestival der Unglaublichen Geschichten.* München 1985.

Holbe, Rainer / Gruber, Elmar R.: *Magie, Madonnen und Mirakel.* München 1987.

Hopkin, Budd: *Von UFOs entführt.* München 1987.

Jankovich, Stefan von: *Ich war klinisch tot.* München 1984.

Kirchner, Georg: *Pendel und Wünschelrute.* Genf 1977.

Klink, Joanne: *Früher, als ich groß war.* Forstinning 1992.

König/Betz: *Der Wünschelruten-Report.* München 1989.

Ludwiger, Illobrand von: *Der Stand der UFO-Forschung.* 1992.

Meckelburg, Ernst: *Zeittunnel.* München 1991.

–: *Transwelt.* München 1992.

Meinhold, Werner J.: *Das große Handbuch der Hypnose.* Genf 1989.

Mertz, B. A.: *Erkennen Sie Psyche und Charakter durch Handdeutung.* Niedernhausen/Ts. 1985.

Ostrander/Schroeder: *PSI-Training.* München 1984.

Petrie/Stone: *Autogennic – Das Selbsthilfeprogramm für Glück und Erfolg.* München 1984.

Polansky/Nielsen: *Die Magie des Pendels.* München 1986.

Popovich, Marina: *UFO-Glasnost.* München 1991.

Raikov, Vladimir: *Experimente und Erfahrungen mit Hypnose.* (Aufsatz. Moskau 1992.)

Schweighardt, Kurt E.: *Feuerlaufen.* München 1986.

Selby, John: *Das Immunsystem aktivieren.* München 1987.

Senkowski, Ernst: *Instrumentelle Kommunikation.* Frankfurt a. M. 1990.

Spiesberger, Karl: *Levitation.* Berlin 1988.

Tepperwein, Kurt: *Die hohe Schule der Hypnose.* Genf 1981.

White, Frank: *Der Overview-Effekt.* Bern 1989.

Wilson, Colin: *Das Okkulte.* Berlin 1982.

Zeitungen und Zeitschriften

Die Zeit. 12/90.

Esotera. 5/86, 5/91, 1/92, 2/92, 6/92, 10/92, 1/93, 2/93.

Frankfurter Rundschau. 257/91.

Profil. 38/87.

Spiegel. 26/77, 42/92.

Stern. 2. 4. 92.

Transkommunikation, Zeitschrift für Psychobiophysik. 3/91, 4/92.